屈辱現象學

吳汝鈞 著

臺灣 學 書局 印行

自 序

　　這本《屈辱現象學》是拙著《苦痛現象學》的姊妹篇，談的都是人生的負面問題。從邏輯的外延（extension）來說，苦痛的外延較屈辱的為大，所牽涉的範圍較廣。我們可以視屈辱為一種苦痛，但不能反過來說苦痛是一種屈辱。有些人天生便有腎病，每星期都要去接受洗腎，痛苦、難受得很，但這腎病與洗腎跟屈辱根本扯不上任何關係。我們可以說，人生的苦痛有很多方面，屈辱是其中的一方面。

　　我在《苦痛現象學》中曾說過，我的病痛特別多，倘若諾貝爾獎中有忍受病痛這一項的話，我應有資格作其中一個候選人。病痛再加上屈辱，則更是痛上加痛。病痛是肉體上的痛苦，屈辱則是心靈上的痛苦，後者常常較前者更難受。我是從農村長大的，父親長年在外，母親則雙腿癱瘓，在外邊不能照顧我，這已註定我自小便在外邊為其他野孩子所欺負（我自己其實也很野，也斯文不到哪裏去），而感受侮辱、羞辱、屈辱之苦了。對於欺負、屈辱這種現象，應付的方法其實很簡單，別人無理欺負你，你便還手打他，打不過便走。屈辱感是事發後才有的。

　　童年之後，在我自己的生命歷程中，我有榮光，也有屈辱。兩者又有一種因果關係：當受到別人欺凌、侮辱時，感到屈辱，當然

不能像童年那樣打架還手，也不能一走了之，而是更為發憤自強，努力取得好成績（主要是在學業、學問方面），別人便不敢看輕你，榮光也便來了。這當然有現象學的意味在裏頭。所謂現象學意味，扼要來說，是展示一種價值的、理想的導向，是追尋的目標，也是建立自信、懷有希望的源泉。不知何故，對於榮光，我很快便會淡忘；對於屈辱，總是比較敏感，有較深刻的印象，而且這印象時常是留在心中，揮之不去。這便造成自己在現實生活上的沈默、憂鬱與惆悵。不過，從長遠的角度看，我又對前程（也不光是自己的，同時也是世界的，以至天地宇宙的）有很多憧憬、盼望，覺得未來可以變得更美好、更完滿。我的生命便在這種矛盾的心情下挺進。

我的這種沈默、憂鬱與惆悵的狀態與心情，的確很像德國文豪赫塞（Hermann Hesse）的小說中所描繪的主角那樣。不過，在赫塞筆下的這些主角，總是喜歡緬懷過去，回想昔日的美好時光，有濃烈的思鄉情懷，所謂「鄉愁」，對於兒時在故鄉的種種活動，以至周圍的一草一木，都帶有深刻感情與回憶。我自己則不大喜歡緬懷過去，對於逝去的親人，想得不多，只有母親是例外。我倒是愛盼望未來，而且充滿信心地憧憬未來。往者不可追，很多不愉快的事情已然逝去，與其想著一些已經過去了、不可能再現的人與物，倒不如多思索一下未來，為將來的事多做些準備工夫。在這一點上，我承認自己是一個現實主義者。

倘若自己在學問上能說是有些成就的話，則我可以說是「晚成」，五十多歲才構思自己的純粹力動現象學的哲學體系。這部書可能要到六十出頭才能完成，情況與葛達瑪（H.-G. Gadamer）有點相似，後者在六十歲才出版他的最重要著作《真理與方法》（*Wahrheit*

and Methode）。其實我很早（二十七歲）便出國留學了，比台灣的朋友
早得多；而且一去便是三個地方：日本、德國、加拿大。這三個地
方的學風、語言、氣候，甚至人的思維與情感，都很不同。所追隨
的老師，也各有自己的個性、專長，他們對我都很好，在各方面都
很關照，唯有日本京都大學的梶山雄一是例外。梶山教授治學專
精，對自己的要求很高，對別人的要求更高（起碼在我的心目中是如
此）。我的佛學研究在文獻學知識方面的不足，甚至缺乏，一直是
他對我責難的焦點，讓我有屈辱感。不過，說來也奇怪，在學術研
究方面，我受他的影響最大，從他身上所學到的東西也最多。對你
客客氣氣的教授、指導教授反而沒有用。

　　在我那個年代，博士學位已變得非常重要。大學招聘講師，都
有一個 requirement，那便是要有博士學位。你沒有這個學歷，而
又要在大學任教，便需要在大學中有一個能作決定的恩師，保你進
去，像當年唐君毅先生對待他的新亞研究所的畢業生那樣。你這樣
做，表面上是幫助他，其實是害了他。他進了大學，便安逸地穩定
下來，不想動了，不會想到到外面深造的事，學問便「行人止步」
了。我自己是一個例外，最初到日本與德國，都沒有把學位放在心
上。特別是在德國，我住在漢堡大學（Universität Hamburg）附近，天
天到大學的圖書館鑽，目的是要為自己的學術研究特別是佛學研究
建立一套完備的方法論，為將來艱苦的研究作依循。這種方法論的
建立，當然也包括語文的學習在內。最後一次到加拿大留學，才讀
博士學位。這有被逼的成分在內。我在大學裏沒有甚麼恩師，要進
去找一份教職，便得依它的遊戲規則，要有這個學位。

　　我在四十歲以後才拿博士學位，才進入香港浸會大學任教，在

此之前逆推至大學畢業，中間幾乎有二十年是研究時期，我百事不理（連家中的事也做得少），幾乎都在弄自己的研究。初時專注於佛學，其後推廣到其他哲學領域方面去，包括禪學、京都哲學、儒家、道家、德國觀念論、現象學、詮釋學，以及歷程哲學等等，在這多個領域上都有專書出版，但還是覺得在哲學方面所知不夠。到了這個階段，才真的佩服唐君毅、西谷啟治、黑格爾（G. W. F. Hegel）、孔漢思（漢斯·昆 Hans Küng）他們的學問恁地廣闊與深刻。單是唐君毅先生的《哲學概論》與最後寫的《生命存在與心靈境界》兩種鉅著，已足以令人讚嘆了。一個人的年壽有限，怎麼能懂那麼多東西，能鑽得那麼深入呢？而且唐先生還用去很多時間與精力去料理行政上的事務，不像我三十年來都過著閒雲野鶴甚至是半閉關式的生活，要研究、探索甚麼，便可以馬上做了。特別遺憾的是，自己近年病痛很多，手術一浪接一浪地湧過來。每做一次手術，便得全身麻醉。這種麻醉有兩種很不良的、具有殺傷力的效應，便是身體的衰老與記憶力衰退。特別是癌症，醫生替你做手術，把毒瘤割除後，還要進行電療。我的電療醫生告訴我，人每接受五次電療，便會衰老、衰退一年。我患過腮腺癌，在腫瘤切除的手術後，接受過二十五次電療，這表示單在那次大病中，我已衰老、衰退了五年了。最近在中研院內因車禍而來的損傷更大，到目前為止，我因此事所接受的手術已有五次，中間一次真是痛苦得死去活來。這五次手術包含四次全身麻醉，對我的身體造成非常嚴重的衰老與衰退，特別是記憶能力方面。以往苦學過的語文，例如梵文、藏文、德文，在字彙（vocabulary）方面，很多都已記不清，需要用的時候，只能拿著多種文字的字典，翻來翻去。近日發覺，連

日文、英文都受影響，甚至中文，有很多字彙，時常是只知道它的
輪廓，但總覺得這樣寫也像，那樣寫也像，決定不下來，最後還是
要求助於字典來解決。另外一點很明顯的衰退是，手寫不很受大腦
的操控，每寫一兩句長長的句子，總是漏掉一兩個字，要事後重閱
來補上。這種情況有越來越嚴重的傾向。以後肯定會不斷地接受手
術，不斷地受麻醉，這些作業也會不斷地帶來負面的效果，致自己
不知如何做才好。

　　讀哲學是很辛苦的，而且有越來越辛苦的感受，起碼在我的經
驗來說是如此。在中學階段，我已立志做一個科學家，研究物理，
或化學，或醫學，都沒有問題。哲學麼，那是一種奢侈的學問，哲
學家的辯來辯去，沒完沒了，不能有確定的答案，即使有，最後達
成共識。找到答案，又如何呢？哲學不能當飯吃，人很難憑藉哲學
的知識來賺錢，養妻活兒。當時我是這樣想。中學畢業後，我最初
入讀香港中文大學崇基學院物理系。崇基的物理系是一個很熱門的
系，入讀的條件最苛，必須甲數、乙數、物理、化學四科在入學試
中全部及格，才能初步滿足系方的要求。這比數學系、化學系所要
求的入學條件還要苛刻。但我讀了一個月的物理便放棄了，跑到台
灣大學去讀醫科。為甚麼這樣做呢？自己也說不出一個所以然來，
只是被周圍的朋友、親戚與師長催促，說讀醫科將來可當醫生，賺
很多錢，又替人治好他的病痛，真是利己利人，有這個機會，為何
不抓緊呢？於是便這樣做了，轉到台灣大學。台灣大學的醫科一直
都是很吃香的，我和同班的僑生相處得很好，在做動物學、植物學
與化學的實驗時，我們僑生聚成一堆，一邊做實驗，同時有講有
笑，倒也快活。考試了，自己的成績不差，算是滿意，微積分（台

灣大學醫科一年級即醫預科需要讀微積分，我一直不明白為甚麼，微積分對醫科有甚麼用呢）竟拿個滿分，非常雀躍。但讀了第一年，心志開始動搖。我自己是喜歡思考的，對周遭的事情總是不感興趣，現實感很缺乏，想到醫科需要記很多東西，自己將來畢業，當了醫生，又要天天替病人看病，煩躁得很。雖然賺錢，但沒有樂趣的感覺。最後竟然不讀了，離開台灣，跑回香港中文大學讀哲學。朋友和師長都感到非常詫異，認為讀醫科前途無可限量，怎能輕易放棄，而選擇大家都不理解的、不能賺錢的哲學來讀呢？他們大抵都以為我沒本事，讀醫科讀不下去才回來的。他們的語氣與眼神，讓我生起屈辱感。最初我不習慣，感到難受，後來便不理他們如何看我了。人生有那麼多的事要做，你怎能要求每一個人都了解你呢？

　　哲學的難讀，一時不易說清楚，而且是愈後發展愈變得難以明白。就西方哲學來說，聖多瑪斯（St. Thomas Aquinas）比柏拉圖（Plato）、亞里斯多德（Aristotle）要難，康德（I. Kant）比聖多瑪斯要難，胡塞爾（E. Husserl）、海德格（M. Heidegger）和葛達瑪（H.-G. Gadamer）比康德都要難。他們三位的書的難懂，又不及懷德海（A. N. Whitehead）。你隨便找他的《歷程與實在》（Process and Reality）中的一段來看，每一個字的意思你都知曉，每一句的結構你都能拆解，但整段到底在說甚麼，你往往有茫無頭緒，困惑在濃霧中的感覺，以為哲學家總是故弄玄虛，讓人左思右想都不明白他在說甚麼。

　　另外一種困難是語文方面的。你要鑽進哲學的深淵中，不免要讀原典，總不能只靠中譯吧。不同的哲學，其原典很多時是用不同的語文來寫的。你想學貫東西，馳騁古今，便非要碰觸不同的語文

來寫的典籍（classics）不可。以我的經驗來說，我搞大乘佛教哲學，便需熟諳梵文、藏文、佛教漢文和日文。近年我從佛學跨越出去，把重點研究聚焦於現象學、詮釋學和歷程哲學（process philosophy），便需要讀用德文與英文寫的書了。日本人很有讀語文的本領，在這點上，他們比我國的陳寅恪還要強。例如宇井伯壽與中村元，你能想得出與佛學研究有關的語文，不管是原典的與研究的，他們幾乎都懂。而且，他們的學術壽命都超過八十歲，著作量之多，令人嘆為觀止。作為國際學者，他們的著作，幾乎流行到所有有佛學研究的地方去。中村元的成績，尤其值得關注，在文獻學與哲學分析兩方面所涉及的範圍，可謂無遠弗屆。只是他的著作有時流於粗淺而已。

　　我自己近年已很少作純粹的佛學研究，卻是把精力與時間用在構思自己的純粹力動現象學的體系方面，為了多方面吸收西方哲學的資糧，我不斷廣泛地和深入地研讀西方有關的哲學著作。除了自己比較熟悉的德國觀念論和柏格森（H. Bergson）的直覺哲學外，現象學、詮釋學和歷程哲學的重要的、經典的著作都拿來仔細地看，有很大的收穫，也在一定程度上受到啟發。牟宗三先生對當代西方哲學沒有很高的評價，他研究西方哲學，到了黑格爾便停下來了，然後弄一點羅素（B. Russell）與維根斯坦（L. Wittgenstein）便算了，康德後的西南學派如瓦興格爾（H. Vaihinger）、溫德爾班（W. Windelband）等也不管了。這樣，現代哲學與傳統哲學便斷了軌，脫了節。牟先生因而刻意強調康德的現象與物自身的關係特別是認識物自身的睿智的直覺（intellektuelle Anschauung）的問題要向中國的儒家、道家與佛教取經，才能解決。實際上不是這樣，費希特（J. G.

Fichte）與謝林（F. W. J. von Schelling）已解決了人的睿智的直覺的問題，認為人是可以培養出這種直覺的，而康德遺留下來的現象與物自身的分離問題，胡塞爾與懷德海都已經處理過，不必借助於中國哲學來解決。他們成不成功，當然可以爭議；而儒釋道三家的中國哲學，也不見得能馬上接上康德的軌跡。

哲學不單難讀，即使你成功地讀上了，它也會讓你曲高和寡，覺得孤獨與寂寞。在香港的哲學界，由唐君毅、牟宗三、勞思光、徐復觀諸先生下來的那一代中，我算是早期的那一批。在這一批人之中，能夠持續下去，到今天仍然站在哲學這個崗位上而不退下來的，沒有幾人。在我們這一批之後，有不少較年輕的朋友也同樣走這條路，在香港中文大學研究院畢業後，到歐美各地繼續進修，取得更高的博士學位。可惜在這些朋友之中，不少在大學中覓得教職後便停下來了，二十年來不再繼續努力，寫出好的論文，專書更不用說了。在他們看來，拿了博士學位和覓得高薪的教職以養妻活兒，是學問的終結，人生目的已經達致了。

但在我看來，剛好相反。我以為拿了博士學位與覓得教職，只是一個好的開始，學問園地還在後頭，有待大家一齊去開墾。博士學位只需花個三、五年的努力研究便可拿到，真正的學問則是一輩子的，在兩者之間劃上等號，是不正確的，也是不智的。一個人到了五十歲，倘若還拿不出有分量的著作成績出來，便很可惜。不過，哲學這條路是走不完的，有多少耕耘，便有多少收穫。在現實上，越到後來，同行的人的確越少。所以我說這條路是孤獨與寂寞之路。

以下是這本書的撰著旨趣與體例。我寫這本書，和《苦痛現象

學》一樣，是順著自己在生命歷程中的經驗、感受與體會而展開的。不過，這本書與《苦痛現象學》有點不同，它比較多談客觀的問題，如釋勒爾（M. Scheler）所說的羞感（Schamgefühl）、妒恨（ressentiment）、屈辱的反彈、生命的背反及其突破、純粹力動（reine Vitalität）、絕對無（absolutes Nichts）、睿智的直覺（intellektuelle Anschauung）、詐現（pratibhāsa）、老子的弔詭的智慧、德福問題、福的存有論的轉向、禍福的現象學的詮釋、自力與他力、意義的宗教救贖的轉向（soteriological turn）、理性的荒謬性（生命的荒謬性）、對苦痛與屈辱的包容、對惡魔的馴服（submission）、苦痛中的屈辱、體怨進道、對屈辱的行動轉向、人的尊嚴、生死問題，等等人生的觀念與問題。當然，屈辱的問題是探討的焦點，而如何從屈辱中反彈，以點化、轉化屈辱，讓它成為我們的生命歷程中的有用的資糧，讓它具有現象學的意義，則是全書的中心所在。

　　附錄中的三篇文字，第一篇〈給李遠哲院長的三封信〉是關聯著本書第九章〈屈辱與榮光〉而寫的，這也在本書第十四章〈苦痛、屈辱、失落、默思、騰飛、遊戲三昧〉中提過。第二篇〈第二次脊骨大手術的煎熬〉論的是苦痛問題，和我們應如何對待、對治苦痛。在對待、對治方面，對屈辱的處理也有參考作用。這篇文字未有收錄在《苦痛現象學》中，故放在本書中，作為補遺。第三篇〈我與梶山雄一教授：一點關係與哀思〉是對最近去世的、國際知名的、上面提及的梶山雄一教授的悼念的文字，文中敘述梶山教授與我自己的曲折關係，也牽涉及屈辱問題及其處理，他對我在學問上的批評及我如何善巧地參考他的批評以改善自己在研究上的不足之處。這不能不說是有一點現象學的意義。

　　這本拙著基本上是勵志性質的，是思想性與生命體驗性的，不能算是學術著作。因此，在附註方面，我只在第一章論述胡塞爾的現象學和其他有引文的地方，交代詳盡的出處，其他地方則免了。我不想把這本拙著弄得太學術化，增加讀者的壓力。不過，有些地方所談的問題，還是相當嚴肅的，需要思考的，例如羞感（Schamgefühl）問題、屈辱的反彈、生命的背反及其突破、德福問題、福的存有論的轉向、禍福的現象學的詮釋、意義的宗教救贖的轉向、理性的荒謬性、包容苦痛與屈辱、屈辱的行動轉向，等等。由於本書是從現象學的角度來論人生的屈辱問題，而這現象學又是指有代表性的胡塞爾的現象學，因此我首先很認真地論述了胡塞爾的現象學。或者可以說，我是要以胡塞爾的現象學的理念與方法，敘述和分析人生的屈辱問題，探討處理這些屈辱感的有效途徑，最後把屈辱點化、轉化，使它有助於我們的生活智慧的培養，甚至提升我們的精神境界，開拓更廣大的生命空間。

　　最後。屈辱（disgrace, Schande, Ungnade）是一個心理學的名相，但在心理學的著作中很少被提出來討論。在弗洛依德（S. Freud）的精神分析或榮格（C. Jung）的深層心理學中都沒有特別提及。弗洛依德很重視對夢的分析，榮格則強調集體無意識的重要性。二〇〇三年諾貝爾文學獎得主高慈（J. M. Coetzee）寫了一本小說，名為《屈辱》（*Disgrace*），但它的內容與屈辱問題扯不上密切關係，它只是披露出性別、種族與不同世代之間的張力、爭持與情緒上的不安與擾動，看了令人有點失望。德國的神經科專家、心理醫師佩塞舒基安（N. Peseschkian）寫了一本小書《日常的焦慮與憂鬱》（*Angst and Depression im Alltag*）；這本書與屈辱有些關係，但不緊密，而且只是

在現象的、經驗的層面上作描述，現象學的、解放性的意味不夠濃厚。大陸方面，署名「孤草」的作者編寫了一本《逆境心理學》的小冊子，談論種種逆境心理和心理反應，如焦慮、自卑、憂鬱、挫折、壓力、痛苦、負疚感等心理問題，這一連串的心理現象，不少與屈辱有交接、重疊之處，但此書寫來浮泛膚淺，讓人看後沒有深刻印象。這讓我覺得詫異與失望。像屈辱這種在我們日常生活中時常發生而又深沈地困擾人的精神、情緒的心理現象，總是未能得到學界的正視。日本方面也是一樣，我看過不少彼方學者所寫的心理學的書，沒有一本是專門處理屈辱問題的，甚至在討論心理學的著作中也沒有專門的、獨立的章節闡釋屈辱的心理和它的解決途徑。這種沒有一本現成的著書是嚴肅地、現象學地探討屈辱的問題的情況，更促發我以自己的生活經驗與感受為素材，透過描述的和現象學的方式與立場來探討屈辱這種恆常地困擾人的精神與心理的問題。我希望在不久的將來，可以看到一本深入而有系統地從現象學的導向來研究屈辱這種嚴重的心理問題的專門著作問世，這樣，我這本《屈辱現象學》便可以丟到廢物箱中去了。

人生的際遇真難逆料，我本來在香港的大學教書，好好的，只是由於難以培養一些好的學生為自己的學術研究接班，便辭去香港的教職，來到台灣。不料甫來到中央研究院幾日，便莫名其妙地碰上車禍，弄至雙腿重傷，只是撿回性命而已。由於在台灣的手術做得不好，又要回香港重做。現在距離車禍已超過二年，腿傷還未痊癒，我痛定思痛，又反彈起來，振作努力，恢復原來的撰著計劃。腦袋是在你的身體，你要怎樣做，便可以怎樣做。溪中的巨岩畢竟擋不住兩邊的不斷的流水，這是人生可貴之處。

略語表（Abbreviations）

Ideen I

E. Husserl, *Ideen zu einer Phänomenologie und phänomenologischen Philosophie*, Erstes Buch: *Allgemeine Einführung in die reine Phänomenologie*. Neu herausgegeben von Karl Schuhmann, Den Haag: Martinus Nijhoff, 1976.

Ideas II

E. Husserl, *Ideas pertaining to a Pure Phenomenology and to a Phenomenological Philosophy*, Second Book: *Studies in the Phenomenology of Constitution*. Tr. Richard Rojcewicz and André Schuwer, Dordrecht, Boston, London: Kluwer Academic Publishers, 1989.

Meditationen

E. Husserl, *Cartesianische Meditationen und Pariser Vorträge*. Den Haag: Martinus Nijhoff, 1973.

Idee

E. Husserl, *Die Idee der Phänomenologie*. Den Haag: Martinus Nijhoff, 1973.

Lebenswelt

E. Husserl, *Phänomenologie der Lebenswelt*. Ausgewählte Texte II, Stuttgart: Philipp Reclam Jun, 1986.

屈辱現象學

目 次

第一章　現象學的哲學方向

一、現象學的各種稱呼及其價值義

關於「現象學」（Phänomenologie, phenomenology）一詞，最易使人想起黑格爾（G. W. F. Hegel）的鉅著《精神現象學》（*Phänomenologie des Geistes*）。這可能是「現象學」一詞最先出現於哲學著作中的例子。在這裏，黑格爾把現象學視為對精神（Geist）實體發展的整個歷程的反省。胡塞爾的現象學則不是就精神實體言，而是就意識言，視現象學為對意識的性格、作用作深入與廣面的反省與探究，他亦有視意識為一種終極原理的意味，甚至有唯意識主義的想法。❶

一般的說法，多謂胡塞爾現象學的主要部分是超越的

❶　在這點來說，「唯意識」是可與佛學中的「唯識」相比較的，二者有初步的相同點，便是視意識和識為實在，在存有論上對於物質方面的東西有先在性。當然這只是很表面的看法。胡塞爾的意識有勝義諦的意味，唯識的識一般來說則是世俗諦義的心識，有虛妄的執著作用。不過，若把識說到「淨識」方面去，情況便不同，後者亦是有勝義諦意味的，淨識是轉識後所得的智。

（transzendental）現象學。❷他又常常把現象學稱為「描述心理學」、「本質心理學」、「理性心理學」。這都是對比著流行的「經驗心理學」而言的。

如要替現象學找一個恰當的稱呼，需要從基礎義、原理義與本質義著手。胡塞爾在其名著《純粹現象學和現象學哲學的概念》（*Ideen zu einer reinen Phänomenologie und phänomenologischen Philosophie*）第一卷的《純粹現象學通論》（*Allgemeine Einführung in die reine Phänomenologie*）❸中，表示現象學，或更確切地說，本質心理學（eidetische Psychologie），是關乎經驗心理學的方法論上的基本科學（methodologisch grundlegende Wissenschaft），其意義等同於物理學的基礎

---

❷ 關於 transzendent, transcendent 與 transzendental, transcendental, 我國學者的譯法，很不一致。如對 transzendent，李幼蒸譯為「超驗」，勞思光譯為「先驗」，牟宗三譯為「超離」、「超絕」。對 transzendental, 李幼蒸譯為「先驗」，勞思光譯為「超驗」，牟宗三和張慶熊譯為「超越」，我自己則曾譯為「超馭」，另外還有 a'priori，有人譯為「先天」，也有人譯為「先驗」。依康德，transzendental 較 transzendent 有更積極的、更進一步的內容，即除了有超離經驗，不受後者所決定之外，還有決定經驗的意味。但這決定，主要是就認識論一面言，存有論的意味是較輕的。其實對於 transzendental 一詞，歐陸哲學家的用法常不一致。關於這點，當筆者還在加拿大的麥克馬斯德大學（McMaster University）宗教系作研究時，歐陸神學教授羅拔臣（J. C. Robertson）已提過，要我小心使用這個字眼。在這裏，我以「超越」來譯 transzendental 或 transcendental。

❸ E. Husserl, *Ideen zu einer Phänomenologie und phänomenologischen Philosophie.* Erstes Buch: *Allgemine Einführung in die reine Phänomenologie.* Neu herausgegeben von Karl Schuhmann, Den Haag: Martinus Nijhoff, 1976. 此書以下省作 *Ideen I*。

是實質性的數學學科。❹即是說，現象學的內容是原則性的、原理性的、基礎的，以至本質的，這是對於經驗性的學科如心理學而言。胡塞爾在他的《純粹現象學通論》（按即上述的《純粹現象學和現象學哲學的觀念》的第一卷）的〈後記〉（Epilogue）中又提出「本質現象學」（eidetic phenomenology）一詞，表示這種現象學所涉及的，只限於純粹的本質、超越主體性所即時洞見到的「本質結構」（essential structures）。❺從「本質」這一字眼，我們可以初步推定胡塞爾的現象學具有勝義諦意味，與經驗性的心理學殊為不同，雖然他說本質與一般的說法並不完全相同。「現象學」可以是一價值語言（axiological language），這種學問不是描述現象的現象論（phenomenalism），而是具有轉化的導向（transformational orientation），指向一理想，一個可以安身立命的價值境界。這種價值的意味，由後面會提到的他的「懸置」（Epoché）一概念可見。它表示人要暫停一切對外界存在的實在性的設定，有勸人不要執著外界存在為實在而歸於觀念論特別是超越觀念論的意向。這與唯識學教人明瞭外

---

❹　*Ideen I*, S. 178.

❺　E. Husserl, *Ideas pertaining to a Pure Phenomenology and to a Phenomenological Philosophy*. Second Book: *Studies in the Phenomenology of Constitution*. Tr. Richard Rojcewicz and André Schuwer, Dordrecht, Boston, London: Kluwer Academic Publishers, 1989. 此書以下省作 *Ideas II*。按此書是胡塞爾之 *Ideen zu einer Phänomenologie und phänomenologischen Philosophie* 第二卷的英譯，由於找不到德文原本，故只能用此英譯本。又 *Ideen I* 的〈後記〉是刊於 *Ideas II* 中的。

境為識所變現因而不要執著外境的實在性一點有相通處。❻

　　除了「本質現象學」外，胡塞爾又有「意識現象學」（Phänomenologie des Bewußtseins）❼和「理性現象學」（Phänomenologie der Vernunft）❽的提法。這有以意識（Bewußtsein）和理性（Vernunft）對於經驗存在有先在性之意。如上面所說，這在結構上與唯識有相似之處。不過，在這裏，胡塞爾強調所謂意向作用學（Noetik, noetics），特別是在理性現象學方面，強調意向性（Intentionalität）的作用和對「理性意識」（Vernunftbewußtsein）的直觀性的探討。這種現象學和意向作用以普遍現象學（allgemeine Phänomenologie）為前提，強調準則或法則的支配力量，這準則或法則，又與胡塞爾一向重視的本質密切相連。❾這準則或法則是超越的，具有普遍性，故能形成普遍現象學。

---

❻ 日本學者上田閑照、柳田聖山合著《十牛圖》（東京：筑摩書房，1990）便以《自己的現象學》來說修行者對自己的心性的涵養的十個階段，此中有迷執之義、懸置之義，亦有對終極歸宿的追尋的理想、價值的義蘊。這裏所提的「現象學」，顯然具有轉化的意味。

❼ *Ideen I*, S. 298.

❽ 《純粹現象學通論》第四部分第二章即以此名作為標題。（*Ideen I*, S. 314.）

❾ *Ideen I*, S. 333.在這裏，胡塞爾提出「理性意識」（Vernunftbewußtsein）一複合概念，很堪注意。就此概念的構造言，他似乎有把理性（Vernunft）與意識（Bewußtsein）等同起來的意味。若依一般的理解，理性應是高於知性（Verstand）的一種超越機能；意識和它等同，則意識亦應是一種超越意識，亦即胡塞爾在另處所說的絕對意識（absolutes Bewußtsein）。這樣，意識便應是勝義諦層次，與唯識的心識（vijñāna）不同，亦與它的第六意識（manas-vijñāna）不同，後者是有執的、世俗諦的。

當然要一提的是胡塞爾很強調他的超越現象學（transzendentale Phänomenologie），他把自己的現象學稱為《超越的現象學觀念論》（transcendental-phenomenological idealism），對比於他所反對的心理學的觀念論（psychologistic idealism）。⑩後者其實是經驗現象學的另一說法。他晚年的一部專書《歐洲科學危機和超越現象學》（Die Krisis der europäischen Wissenschaften und die transzendentale Phänomenologie: Eine Einleitung in die phänomenologische Philosophie），即在書名中突出超越現象學，表示他對世界的關心，而提出「生活世界」（Lebenswelt）一概念。⑪這是他批判當代的實證主義和存在主義思想的書。這超越現象學當然是強調現象學的超越性與超越根源，這應是直前註⑨說的絕對意識。

二、現象學的構成要素與明證的出發點

胡塞爾的哲學或現象學主要由以下幾個概念構成：意識的意向性和它的對象，這是在《純粹現象學通論》中發揮的；自我與自然世界，發揮於《笛卡兒式沈思錄》（Cartesianische Meditationen）⑫；生活世界，發揮於《歐洲科學危機和超越現象學》。這裏列出的幾本

---

⑩　*Ideas II*, p.417.

⑪　E. Husserl, *Die Krisis der europäischen Wissenschaften und die transzendentale Phänomenologie: Eine Einleitung in die phänomenologische Philosophie.* Den Haag: Martinus Nijhoff, 1962.

⑫　E. Husserl, *Cartesianische Meditationen und Pariser Vorträge.* Den Haag: Martinus Nijhoff, 1973. 此書以下省作 *Meditationen*。

書,也是胡塞爾著作中挺重要的。其中的《純粹現象學通論》應該是最重要的,胡塞爾要在這書中建立他的超越現象學,追求理念的具有普遍性的原則。另外一部也是相當重要的,是兩卷本的《邏輯研究》(*Logische Untersuchungen*)⓭,它論證了心理主義的謬誤,提出現象學的基本原理。

胡塞爾的現象學的意圖,是要超越經驗的心理學主義的限制,建立超越的哲學,發揚普遍的理念與律則,以絕對意識或超越主體性為根基,透過它的意向性作用,對存在世界作全新的構架。其中的理想義、價值義是很明顯的。這項工作可以分為兩個階段,前一段是《邏輯研究》的工夫,討論和破解心理學的我思問題;後一段則是《純粹現象學通論》和《笛卡兒式沈思錄》的工夫,討論和建構超越的我思。⓮這種歷程,很類似唯識學的由識(vijñāna)以進於智(jñāna)的做法。心理學主義是以經驗義的心理活動為實在,

---

⓭ 《邏輯研究》(*Logische Untersuchungen*. Tübingen: Max Niemeyer, 1980.)第一卷為《純粹邏輯學導引》(*Prolegomena zur reinen Logik*),第二卷為《現象學與認識論研究》(*Untersuchungen zur Phänomenologie und Theorie der Erkenntnis*)。

⓮ 這裏提到的我思,令人想起康德在其《純粹理性批判》(*Kritik der reinen Vernunft*)中對笛卡兒(R. Descartes)的「我思故我在」的名言的批評。他說笛卡兒的我思(Ich denke),由於其中的「我」只是一個純智思的主體,我們對它不能有直覺(Anschauung),故我思不能得出我在,後者的我是具有對於這我的直覺的。(I. Kant, *Kritik der reinen Vernunft*, I. Frankfurt am Main: Suhrkamp, 1977, S. 151.)胡塞爾要建構的超越的我思,這個我應該不是笛卡兒所說的那種我,而應該是具有直覺意義的我,而這直覺又不應是感性直覺(sinnliche Anschauung),而應是睿智的直覺(intellektuelle Anschauung)。胡塞爾是有這種直覺的概念的,這其實相當於他所說的絕對意識。

在這方面，唯識學歸結為識心、情識的活動，視之為妄執，要轉化
的。絕對意識的意向性則相當於唯識學的智，是理想的、無執的層
次。由作為心理學主義的經驗的現象學進於超越的現象學，實是一
種轉識成智的歷程：由識的現象學以進於智的現象學。

　　現在的問題是，這樣一種心路歷程，如何開始呢？我們應先注
意哪些東西呢？胡塞爾提出具有明晰性格的明證（Evidenz），認為
應由這裏開始。他先強調現象學的基礎性格，認為一切徹底科學的
哲學都以現象學為根基，後者是一種超越主體的本質性科學（a
science of the eidetic essence of transcendental subjectivity）。❺這是由於現象學
具有作為明晰的起點的明證，這其實是主體性的超越的本質，它超
越了主客對立的自然的、經驗的範域，卻又是後者的基礎。❻對於
這種超越性或純粹性與經驗性或事實性之間的關係，胡塞爾說：

　　　純粹可能性的科學必定先行於事實性現實科學，並必須為後
　　　者提供指導與具體的邏輯。❼

這種先行的關係應是理論義、邏輯義的，而不是時間義的。

---

❺　　*Ideen* I 之〈後記〉，*Ideas* II，p.410.

❻　　這種主體性的超越的本質，就其超越主客的對立性而又為後者的基礎而言，
　　　極為類似日本當代哲學家西田幾多郎所提出的所謂「純粹經驗」，後者是一
　　　切自然經驗、一切對立性（duality）的根基。參看西田幾多郎著《善の研
　　　究》，《西田幾多郎全集》，第一卷（東京：岩波書店，1978），頁 9-18。
　　　又關於純粹經驗的哲學性的詮釋，參看拙著《絕對無的哲學：京都學派哲學
　　　導論》（台北：台灣商務印書館，1998），頁 5-10。

❼　　*Ideen* I 之〈後記〉，*Ideas* II，p.410.

這明證到底是甚麼東西呢？關於這點，胡塞爾批判經驗主義者，認為他們依賴未經說明、未加論證的意見，表示應該依賴本身被直覺地給出的和先於一切理論思考的整個範域（von dem Gesamtbereich des anschaulich und noch vor allem theoretisierenden Denken selbst Gegebenen），而由此開始作哲學探索；即是說，要從一切人們可以直接地見到和把握到的東西（von alledem, was man unmittelbar sehen und erfassen kann）著手去做。⓲他並稱自家一群為真正的實證主義者（die echten Positivisten）。這裏我們應注意明證的幾種性格：

　　1.被直覺地給予而為人直接地見到和把握到；
　　2.先於一切理論思考。

合乎這種標準的，顯然只有在直覺中呈現的東西；而這直覺，依一直下來的說法，只有兩種：感性直覺與睿智的直覺。就在感性直覺中呈現的東西言，這應該是外部世界的存在。但這外部世界的存在只能是一種假定，一種設定，在感性直覺中呈現的東西能否反映它們，是可存疑的。胡塞爾不是外界實在論者，他是觀念論的立場，在這一點上，他是接近佛教唯識論者的。故這在直覺呈現的東西的直覺，不大可能是感性直覺，剩下便是睿智的直覺。這是超越時間、空間形式與因果等範疇或概念的一種直覺。這種直覺，由於是睿智的，應該是有意識的意味，但不應是經驗意識，因後者是受制

⓲　*Ideen* I, S. 45.這裏提到「被直覺地給出」和「先於一切理論思考」的性格，更令人想到胡塞爾所謂的明證和西田幾多郎的純粹經驗的相似性。

於時間的。它應該是超越意識或絕對意識。故這種明證應該是對於超越意識而言的，它可被建立為明證性真理（evidente Wahrheit）。這便涉及超越意識的意向活動。我們似乎可以初步說，意向活動若能正確地進行，便是真理。而這樣的意識，即超越意識，以佛教的語言來說，應該是勝義諦的層次，不是世俗諦的層次。後者是相應於經驗意識的。

對於超越意識或睿智的直覺中被給予的東西，具有明證的東西，胡塞爾亦有述及。他認為明證展示於對某種事物的掌握，即是，能夠全部確定地掌握事物本身（es selbst）的存在，沒有任何可疑之處。⑲這所謂「事物本身」，似乎應有物自身（Ding-an-sich）的意味，但胡塞爾未有明說。一般的現象，其性質無窮，很難說能全部掌握。對於物自身則可以。進一步，胡塞爾表示，確切的明證有這樣的特性，它不光是實際事物在其中有「存有上的確定性」（Seinsgewißheit），其「非存在」（Nichtsein）是不可想像的。⑳這種明證不是認識論的，而是存有論的，因這是存有的確定性。只有物自身具有這樣的確定性。物自身屬本體界、睿智界，不是生滅法，故不會消失；現象是生滅法，會隨心識的消失而消失。物自身的「非存在」是不可想像的。胡塞爾要找的明證的起點，似是這存有論意義的物自身。不過，胡塞爾說到物自身，總是語焉不詳。故在這點上，我們仍不能毫無保留地肯定。或許他要從現象中說物自身，故他說的物自身，常為現象所圍繞，故眉目總不清楚。

---

⑲ *Meditationen*, S. 56.

⑳ Idem.

故就上面提到的明證的兩種性格而言，睿智的直覺或絕對意識與物自身或物自身層次的東西似能符順這兩種性格，故應可作為胡塞爾視為起點的明證的東西。

大陸學者張慶熊說到自明的東西或直接被給予的東西時，提到內知覺問題，他認為內知覺的體驗是自明的。意識可以有反觀自照的（reflexiv）活動，直接體驗到認識的行為和內在的意識內容。㉑倘若這所謂內知覺是超越意識的作用的話，則明證亦可指這內知覺的作用。而這裏所說的反觀自照的意識活動，亦可以說是相應於唯識學的自證分活動，在內部證取見分對相分的認識也。故反觀自照的意識相當於自證分。但在唯識的體系裏，自證分是心識的一種作用方式，在轉依前，是有執的。而胡塞爾的超越意識則是勝義諦的，是無執的。這點則不同。

三、從經驗心理學到超越現象學

上面提到所謂明證是對於超越意識而言的，由於超越意識是超越現象學的基礎，故明證亦應是超越現象學的明證，超越現象學是由明證開始的。胡塞爾所說的現象學，實是指超越現象學而言。

不過，胡塞爾在開始其哲學思考時，並不是馬上便提出超越現象學的體系的。他有一段從經驗心理學（empirische Psychologie）到超越現象學（transzendentale Phänomenologie）的歷程。恰當地說，他的哲

㉑　張慶熊著《熊十力的新唯識論與胡塞爾的現象學》（上海：上海人民出版社，1995），頁 87。

學活動是從反心理主義開始的。在《邏輯研究》第一卷中，他反對
那種強調經驗因果性的心理學，反對經驗性格的心理主義。這種心
理主義以觀察、實驗、歸納等方法作為依據，把心理活動時空化，
視之為發生於時空中的生物現象。他把這種心理學方向貶為自然主
義的。㉒現象學則不同，它不是心理學的基礎。胡塞爾甚至視現象
學為心理學在方法論基本問題上的法院（Instanz für die methodologische
Grundfragen），㉓這表示心理學在方法學方面的建立與應用，都需以
現象學的基本論斷為依據。這點在存有論的角度而言，是很自然的
事。因為心理學只指涉事物的經驗性層面，只能解釋事物在表象、
現象方面的變化，現象學則直達事物的超越的本質內涵。本質在存
有論上是決定現象的，反之則不然。

這種分別，實是經驗性與超越性的分別。心理學是經驗性的，
現象學則是超越性的。從心理學走向現象學，是由經驗層面提升至
超越層面，這不單是存有層次的提升，而且是知見上、體驗
（Erlebnis）上的提升，也可說是主體性的提升，由經驗主體性提升
或轉化為超越主體性。胡塞爾在其《純粹現象學通論》的〈後記〉
中，便極力強調超越現象學完全不同於經驗心理學，這種不同，主

㉒ 就經驗因果性而言，唯識學在一定程度上亦有此種色彩，即使是阿賴耶識
（ālaya-vijñāna），仍是一經驗主體，不是一超越主體。它轉依後所成的大圓
鏡智（ādarśa-jñāna），才是一超越主體。胡塞爾由心理學而轉進超越現象
學，以超越意識或絕對意識為基礎，與唯識學的轉依或轉識成智極為相似。

㉓ *Ideen I*, S. 177.

要在於超越主體和心理學主體（按即經驗主體）的不同。❷他更進一步強調，近代心理學在內在本質的分析（immanente Wesensanalyse）方面，是非常陌生的。❷這即是說，近代心理學仍是經驗性質的，不能與於超越的內在本質的分析。

　　若就這個問題作進一步考察，則可以說，胡塞爾早年所說的現象學，其實是一種經驗主義性格的描述性的心理學，他自己也是這樣看。其後他通過「本質直覺」（Wesensanschauung）來修改這種現象學，把這種直覺注入於其中，為它建立超越的給予性，及後乃邁向超越現象學之路。平心而言，要建立現象學，本質直覺或對於本質（Wesen）的探究是不可少的，因為現象學所要闡明的，正是事物的本質的結構，經驗性的現象（phenomenon）的層面反而是不重要的。胡塞爾自己便說過，一般的經驗性格的心理學是外部的心理學，是自然主義的。他的現象學，若要說為心理學，則要在最內在的原初直覺的本質（originally intuitive essence）中體得心靈的生命，而這直覺的本質是以存有論的有效性的方式存在於意向性的成果的系統中。❷這裏說心靈的生命要在原初直覺的本質中體認，很值得注意，這種心靈的生命，由於要在直覺的本質層面中體認，它不可能是經驗性的，而應是一超越的心靈生命，應是一超越的主體性。而這直覺

---

❷　*Ideen　I* 之〈後記〉，*Ideas　II*, p.425. 就唯識學而言，前六識是經驗主體，是沒有問題的。第七、八識本質上仍是經驗主體，但二者都牽涉到下意識的問題，是否全無超越義呢？這是一個較為複雜的問題，值得深思。其關鍵在於，下意識是否完全是經驗的，是否有超越的意味呢？

❷　*Ideen　I*, S. 177.

❷　*Ideen　I* 之〈後記〉，*Ideas　II*, p.426.

的本質又與意向性相連，則這意向性應該是超越主體的意向性，是勝義諦義的意向性，而不是經驗主體的、世俗諦義的意向性。❷❼胡塞爾最後說，這意向性的成果（intentional accomplishments）的系統是各種層級的對象（包括一個客觀的世界（objective world）的對象）所存在的地方，胡氏又說，這是對於自我而言的。❷❽這意向性的成果，其來源應是超越意識，或超越主體。說這意向性的成果的系統能貯存一切對象，頗有唯識學所說的阿賴耶識的藏的作用的意味；它內藏世界上一切存在的種子，在適當條件的配合下，種子會現行起來，成為現實的事物。

　　胡塞爾的老師是布倫塔諾（F. Brentano）。後者是以經驗主義的立場來說意向性或意識活動的，胡塞爾受到他一定的影響，其後則轉到超越意識方面去。張慶熊曾研究兩人的意向性學說，以下面三點把他們區別開來。

　　　1. 布倫塔諾的意識活動主體是經驗的自我。胡塞爾的意識活
　　　　動主體是超越的自我（張氏以「先驗」說「超越」，這裏我們改
　　　　動過來，在下面也作同樣改動）。

---

❷❼　這裏說原初直覺的本質和直覺本質，使人想到西田幾多郎的「動作直觀」觀
　　念。西田以其純粹經驗的世界為動作直觀的世界，而這動作直觀應是強調動
　　感（dynamism）的直觀，在直觀中有創造的作用。在胡塞爾來說，直覺的本
　　質與意向性相連，則這直覺的本質亦非無動感義。關於這個問題，這裏不作
　　深究。（關於西田的動作直觀觀念，參看拙著《絕對無的哲學：京都學派哲
　　學導論》，頁 196-200）
❷❽　*Ideen I* 之〈後記〉，*Ideas II*, p.426.

2. 布倫塔諾的意識活動是生理心理的活動，是在時空中進行
   的。故他的心理學是經驗的心理學。胡塞爾的意識活動則
   是純粹的意識活動。他的超越現象學是對這種純粹的意識
   活動的分析和描述。

3. 布倫塔諾的心理的對象是內存在的，是意向行為的一個相
   關的環節，在某種意義上可以說是被意向行為構成的。但
   他的物理的對象則不是存在於意識之中，不是被意向行為
   構成的。胡塞爾則認為實在的世界只是一種主體際的設
   定，世界的客觀性和實在性是被主體際的意向行為構成
   的。㉙

這裏有幾點需要注意。首先，若意識活動主體有經驗的自我與超越
的自我的區分，則可以說，前者是世俗諦義，後者是勝義諦義。故
意識活動主體有兩層次，因而由其意向性所生起的對象也應分為兩
個層次：世俗諦的對象與勝義諦的對象。就佛教的義理與語言來
說，前者是被執取的，後者則是不被執取的。㉚其次，胡塞爾的意
識活動來自超越主體，他的現象學源於超越的純粹意識，因而有價
值義、理想義。這不同於唯識學所說一切以虛妄的、負價值義的心
識特別是阿賴耶識為本。不過，胡塞爾亦有經驗意識概念，那是他
區分意識為絕對意識與經驗意識時說的，但經驗意識不是他所重視

㉙ 張慶熊著《熊十力的新唯識論與胡塞爾的現象學》，頁 36-37。
㉚ 關於意向性的問題，我們只簡單交代謂意向性表示意識活動的那種傾向，或
   意識本身有向著某種方位活動的趨向。「方位」只是借說，並沒有嚴格的空
   間意義。

的。最後布倫塔諾認為，心理對象為意向行為所建構，胡塞爾認為
實在的世界是被意向行為所建構，由於意向行為源於意識，故這都
有唯識學的境不離識甚至是識轉變（vijñāna-pariṇāma）的意味。這在
形而上學來說，是觀念論（idealism）的立場。胡塞爾是超越的觀念
論（transcendental idealism）者，他早期重視心理學，則是經驗的觀念
論（empirical idealism）。布倫塔諾與唯識學亦是經驗的觀念論。唯識
到後期講轉識成智，把智建立為一超越的主體。若就智亦能有轉變
作用，變現存在世界而言，亦可開出超越的觀念論。這便與胡塞爾
的主流的意識哲學或意識現象學相近了。

　　最後，有一點是很重要的，必須說明。在胡塞爾的想法中，經
驗心理學與超越現象學的分水嶺是還原（Reduktion），那是超越現象
學的還原。所謂還原，這裏可先交代的是，它是要剝落一切人為的
自然設想，以為外在世界是客觀存在，而回歸到超越意識或絕對意
識本身，視它為出發點，以展開一切現象學的思考。胡塞爾甚至以
還原來界定超越現象學。他表示純粹意識心理學（reine
Bewuβtseinspsychologie）表面上類似超越意識現象學（transzendentale
Bewuβtseinsphänomenologie），但對兩者必須嚴格區分開來，即是：超
越現象學的探究必須不偏不倚地依循超越的還原（transzendentale
Reduktion）。純粹意識心理學是不需這一步驟的。他並提醒說，當
人們持有現象學探討的態度時，這個世界不應被視為「現實性」
（Wirklichkcit），而應被視為「現實的現象」
（Wirklichkeitsphänomen）。❸這是強調現象學不同於心理學之處，現

---

❸　*Meditationen*, S. 70-71.

象學有否定外界實在的還原程序，心理學則一開始便接受外界實在的說法。「現實性」是直前的被視為實在的外在世界；「現實的現象」則是現前的現象，並無外界實在之意，它的現實是由意識支持的，一如唯識學中的外境是依心識而成立的。

四、現象學的目的：
把握作為真理看的現象

　　跟著我們要討論一下現象學的目的。由上面的探討，我們大致可以確定現象學是在勝義諦層次上建立起來的一種哲學。進一步可以說它是要就真理一面看現象。即是說，它是要探討一般意義的對象的真理性格，或對象作為真理看的可能性。

　　首先，胡塞爾很強調現象學所探究的，是所謂「理性明證」（vernünftiger Ausweisung）和「本質」（Wesen）。讓我們先從現實的事物或對象開始。唯識學視這些東西都是心識的變現，自身是沒有自性（svabhāva）、實在性的，是虛幻的。或者說，這些東西，沒有理性上的真實性。胡塞爾則持正面的、樂觀的態度，以為我們一般所說的對象有可能具有真實義，是勝義諦層面的，具有理性明證的可能性，是本質義，不是表象義。這便顯出現象學的意味。他說：

　　　　當人們直接地說到對象時，通常指某一特別的存在範疇中的
　　　　實際的、真正地存在著的對象。……（它們）必會是有依據
　　　　的（begründen）、明證的（ausweisen）、直接地見到的（direkt
　　　　sehen），或者間接地洞見的（mittelbar einsehen）。……真正的

存在（Wahrhaft-sein）或實際的存在（Wirklich-sein），與理性地可明證的存在（Vernünftig ausweisbar-sein），必是在相互關聯中。……理性明證的可能性，不應被視為是經驗的，而應被視為是觀念的，是本質的可能性（Wesensmöglichkeit）。❸❷

很明顯，胡塞爾的現象學視一般的現實的事物，由於它們是有依據的、明證的、直接地見到和間接地洞見（倘若它們能夠被提升到這個階段的話），故不應是通常的現象性質。但是否現象的另一面的物自身（Ding-an-sich）性質呢？只憑「有依據的」等幾個字眼還是不能確定的。但跟著說的「理性地可明證的可能性」，特別是這種可能性不是經驗性的，而是本質性的，似乎顯示一種超離的（transcendent）物自身的意味，「本質」很可能是指向物自身而言，但它又是不遠離現實事物的。這個「本質」概念會有很重要的影響。胡塞爾在這裏已明確表示出，現實的存在的真理性是立足於理性明證之中，而這種明證並不是一般的經驗性明證，而應是有理性的、智慧的基礎，則現實存在的勝義諦意味已是呼之欲出了。

　　跟著，我們看現象學指涉本質的問題。就目前我們所探討的脈絡與深廣度來說，胡塞爾很敏感地意識到本質和事實的差異，視兩者為屬於不同領域、不同層次的東西。他強調純粹的或超越的現象學不是作為事實的科學（Tatsachenwissenschaft）而被建立，卻是作為本質的科學（Wesenswissenschaft）亦即是作為「艾多斯的」科學

---

❸❷　*Ideen* I, S. 314.

（eidetische Wissenschaft）而被建立起來。❸艾多斯「Eidetick」即是本質學，探究本質的學問。胡塞爾又指出，現象學所關心的，不是事物的現實存在的論斷（Daseinsfeststellungen），而是事物的本質存在的論斷（Wesensfeststellungen）。❹但本質是甚麼呢，是不是物自身呢？在這裏我們還未能確定下來。不過，胡塞爾把偶然的事（Zufälle）與事實性（Faktizitäten）提出來說，謂它們與本質決定（wesensmäßig bestimmt）是對反的，起碼是不同的。❺在此點上，我們可以這樣理解，偶然的事的相對面是必然性，事實性的相對面是理想性，二者與本質決定不同或對反，則本質應指涉一些必然性與理想性的規律，或者是超越的規律，像康德（I. Kant）的範疇（Kategorie）那種。關於本質，我們就探討到這裏。

接著現象學又強調超越性與純粹直覺，特別是後者。胡塞爾的哲學目標，可以說是要在理性的基礎上追求一種有絕對意義的確定性，這只有在超越的領域中才能得到。經驗的東西是相對的，而且常在流變之中，故不能有絕對的確定性。只有超越的領域才能說絕對，才能說確定；因為它正是對相對性與流變性的超越。而對於超越性的東西的理解，必須依靠純粹直覺（reine Anschauung），那是剝落一切經驗成分的認識方式，是越過現象層面而直探事物的本質的一種認識方式。它不是感性直覺（sinnliche Anschauung），而應是睿智的直覺（intellektuelle Anschauung）。這其實是一種體驗（Erlebnis），是

---

❸　Ibid., S. 6.

❹　Ibid., S. 172.

❺　Ibid., S. 321.

超越的純粹體驗。❸

　　接著的是現象學所涉及的認識問題。胡塞爾指出，立根基於純粹現象學的真正的哲學觀念，是絕對認識觀念（die Idee absoluter Erkenntnis）。他視現象學為第一哲學（erste Philosophie），為一種形而上學（Metaphysik）。他認為立根基於現象學即是對這第一哲學進行系統性的嚴格論證和闡釋，這便需要絕對認識。❸這種絕對認識，應是一種本質性的認識。而進行這種本質的認識的，必是一種超越的主體，或超越的意識，這即是上面提到的絕對意識。現象學實即是對這種絕對意識及其對事物的認識的研究，這也關連到對事物的構架問題。我們亦可以說，現象學是一種意識哲學，而意識主要是指絕對意識。這絕對意識對事物的本質的認識，展示了現象學的勝義諦的層次。這種認識涉及意向性與能意（Noesis，意向作用）、所意（Noema，意向對象）所成的整一結構，有很濃厚的價值義與理想義，也關連到存有論的問題，真理便在其中得到充分的闡明。❸

---

❸　這是與西田幾多郎的純粹經驗在同一層次的認識方式。它比純粹經驗應該有更積極的意義，因純粹經驗有超離（transcendent）意味，而胡塞爾的超越的純粹體驗則並不完全超離事物，它只是不受制於事物的因果性的限制而已。

❸　*Ideen Ｉ*, S. 8.

❸　對於胡塞爾現象學對存在事物的真理性、勝義諦性的看法，牟宗三先生持不同見解。他由存有論的角度說下來，以為西方的存有論由動字「是」或「在」來闡釋事物存在的道理。阿里斯多德以範疇來標識存在的事物的構成樣式，如特性、樣相、徵象之屬，以表出事物之何所是。這種講事物的存在性的即是存有論。他特別以「內在的存有論」來說這種以範疇來作規定的存有論。因它是內在於事物的存在而分析其存在性。他認為，康德其後把這種存有論轉為知性的分解，因此，這內在的存有論便只限於現象，專論現象的存有性；即就現象的存在而論其可能性的條件。對於這種存有論，他又參照

實際上，胡塞爾本人曾明確地指出，現象學是關乎真實的事情科學（Tatsachenwissenschaften）的根基，同時亦是笛卡兒義的真實的哲學，它無所不包，指涉真實的存在者（tatsächlich Seienden），它有絕對的基礎。❸它是勝義諦層面的真理一點，應該是很清楚了。而這裏所說的真實的存在者，也關連到現象與本質的連合問題。

胡塞爾索性以存有論來說現象學，視超越現象學是真正的普遍的存有論（或本體論，echte universale Ontologie）。❹他鄭重強調，這不是空洞的、形式的理論；在作為存有論的現象學中，涵有涉及所有領域的存在的可能性（Seinsmöglichkeiten）。❹對於這種說法，我們可作這樣的理解，超越現象學所面對的主題，還是存在世界的東西，

佛家的名相稱之為「執的存有論」。關於胡塞爾的現象學，他認為是由意指的分析入，無假定，是內在存有論的變形。（牟宗三著《圓善論》，台北：台灣學生書局，1985，頁 337-340）這是以胡塞爾的現象學仍是一種內在的存有論，或執的存有論，不是勝義諦的層次，只是世俗諦層次。但如上面所指出，胡塞爾的現象學是指涉事物的本質的形而上學，它以超越的純粹直覺為認識方式，這是一種絕對認識，是由絕對意識發出的。故現象學的認識應是勝義諦的，所成立的存有論亦應是勝義諦的存有論，是無執的。我們的看法，和牟先生的看法很不相同。不知他是依據哪些文獻和資料來理解胡塞爾的。

❸ *Meditationen*, S. 181.

❹ 關於 Ontologie 或 ontology，有人譯作本體論，亦有人譯作存有論。本體論的譯法，較偏重事物的形而上的、終極的根源那一面。存有論的譯法，則直就存在世界的萬物而言，這存有是小寫的 beings。但亦可偏指那一切存在的根源，這存有則是大寫的 Being。我們這裏取存有論的譯法。不管如何，在胡塞爾的現象學中，beings 與 Being 應有密切的關聯。

❹ *Meditationen*, S. 181. 這令人想起黑格爾哲學中以「具體的普遍」來說精神現象。胡塞爾接著德國觀念論下來，自然會受黑格爾的影響。

它是要以還原的方式，把人的對存在的東西視為外界實在的前提懸擱起來，而以意向性與自我作為根源來解釋和交代存在的事物。它們是其來有自，不是空洞的、形式的，其存在的可能性是敞開的。意向性有無窮的指向，因而它們的存在的可能性也是無限的。這好像唯識學的阿賴耶識攝藏存著的種子，這些種子也是無限的，只要條件具足，任何事物都可由種子變為現行，而成具體的存在。

　　胡塞爾更以「普遍」與「具體」結合起來說存有論，稱為「普遍的、具體的存有論」（universale konkrete Ontologie），視之為奠基在一個絕對的基礎（absolute Begründung）上。❷這絕對的基礎，應是指絕對意識或超越意識無疑。若現象學是這樣的存有論，則它的勝義諦義便不容置疑了。他又強調現象學的先驗性（Apriori），認為作為先驗性的科學（apriorische Wissenschaft）的現象學是關涉原理（Prinzipien）的，是凌駕於事實的科學之上的。❸這原理應是先驗原理，具有絕對的普遍性與必然性。這本是康德的意思，他是以普遍性與必然性來說範疇（Kategorie）的性格，表示從認識論的角度說，超越的範疇對感性中的雜多（Mannigfaltige）的有效性是絕對地普遍的和必然的。範疇自然是作原理看。胡塞爾在這裏以超越的原理亦

---

❷　*Meditationen*, S. 181.

❸　此處的德文本 *Meditationen* 用的是「原理」（Prinzipien）一字眼，英譯本作「徹底的普遍性與必然性」（radical universalities and necessities）。（E. Husserl, *Cartesian Meditations: An Introduction to Phenomenology*. Tr. Dorion Cairns, Dordrecht, Boston, London: Kluwer Academic Publishers, 1991, p.155.）張憲的中譯本《笛卡兒的沈思》是據英譯本譯出的，也作「徹底的普遍性和必然性」。（胡塞爾著、張憲譯《笛卡兒的沈思》，台北：桂冠圖書股份有限公司，1994，頁194）兩個譯本都錯了。

即是絕對意識或超越意識來說對於事物在存有論上的有效性，自是可以的。這有效性是普遍的和必然的。

至於以「普遍」與「具體」來說存有論或現象學，這是由於胡塞爾所說的現象並不單是一般所說的具體的現象，而是關連著本質和意義結構來說，由於本質指涉必然性與理想性的規律，故現象亦有普遍的意味。

五、現象學的轉化意義

由現象學的勝義諦義即可說它的轉化意義。按胡塞爾的現象學由心理學開始，但心理學只是對於人的心理現象的研究，進行描述，而成所謂「描述心理學」（descriptive psychology）。這只是經驗研究的層面，不能解決人的精神的提升特別是轉化（transformation）的問題。故胡塞爾要提出現象學，特別是超越現象學，要從勝義諦的層次解決人的心理、精神上的問題，使人轉化氣質，覺悟真理。這種轉化，在唯識學來說，便是「轉依」（āśraya-parāvṛtti），或轉識成智。**④**

說轉化，勢必牽涉自我的問題，因轉化活動中的主體，便是自我。胡塞爾的成熟的自我思想，要到他寫《笛卡兒式沈思錄》（*Cartesianische Meditationen*）才成立。不過，在《純粹現象學通論》

---

④ 唯識學的阿賴耶識說，如只限於流轉一面，便是心理學層次，即使有深層心理學（Tiefenpsychologie）意味，基本上也只是經驗的、現象論的。它是透過轉依而得提升至現象學的層面。

中，胡塞爾已清楚表明，超越現象學中的自我，已不被看成是這個世界內的實在客體（real object），而是被置定為對於這世界的主體（subject for this world），而世界本身又被置定為被我這樣地意識的，對我這樣地呈現的。㊺這便很有唯識學的境為識所變現的意思，問題是這「置定」（position）是存有論意義，是認識論意義，抑是心理論意義呢？不管怎樣，要注意的是，這自我不是如唯識學所說第六、七識是虛妄的，它不是情執的心識，而是超越的自我（transcendental Ego），它具有絕對性格，自由無礙，在一切世界存在之先。㊻這所謂「先」，當然是理論義、邏輯義，而不是時間義。而這樣的自我，也自然是勝義諦義的真我，是由轉化而來的。

對於現象學的這種轉化意義，胡塞爾又用「還原」（Reduktion, reduction）來說，他表示他自己曾努力要超越生命和科學的自然實證性，以求得超越的轉化（transcendental conversion），而這超越的轉化實即現象學還原。㊼這種做法，實即是唯識學的轉識成智的路向。生命和科學的自然實證性是識上的事，是有執的世俗諦層面；現象學轉化或現象學還原的結果應是智的成立，這是無執的勝義諦層面。

對於這種轉化的涵義，我們亦可以較淺易的文字來說明。在日常的生活中，人們總是趨向以現實的眼光和隨順自然的態度看事物或外在世界，以為外在世界是存在著的，以為自己是在時間與空間

㊺　*Ideen I* 之〈後記〉，*Ideas II*, p.413.

㊻　Idem.

㊼　Ibid., p.416.「現象學還原」是現象學的方法，這是一種非常重要的思想與實踐。

中活動的,又認為所認識的事物,是獨立於自己的認識機能如感識與意識而存在的。胡塞爾自己有較為深刻的看法,以為外在世界包括生活的事物和自然界的事物都不是獨立的存在,而是由我們的意識所構架而成的。為了使人們了解這點,他提出要實行「懸置」(Epoché),或「中止判斷」,❹把一切未能得到證實而只是基於假設而成立的看法或判斷暫時擱置起來,以具有明證性的東西為起點,由此作哲學的思考。這具有明證性的東西,即是我們的超越的意識或超越的主體性。

這便有轉化意味:把自然的認識,特別是以外界事物為實際存在,可以獨立於我們的意識而存在,這種錯誤的想法,加以懸擱,中止這種未經證實的判斷,把外界對象放置於能意(意向作用,Noesis)與所意(意向對象,Noema)的關係中來理解,以求對外界事物有正確的認識。這很符順唯識學強調外境不離於心識而存在,卻是成立於見分與相分的關係中,的唯識真理。而能意～所意的關係,在胡塞爾的體系中,並不是自然的營構,而應具有價值義、理想義、真理義。❹

關於現象學的轉化意義,法國現象學家利科(P. Ricouer)在他的《純粹現象學通論》的法譯本的〈導言〉(Introduction)中有很扼要的和具有啟發性的論述。他說:

---

❹　「懸置」或「中止判斷」是胡塞爾現象學的一個極其重要的方法論概念。

❹　能意與所意由意向性(Intentionalität)開出,後者是源於意識本身。這種三角(triad)關係,在胡塞爾的略微有宇宙論傾向的存有論中,非常重要。

《觀念 I》（按即《純粹現象學通論》）描繪了一條上升的道路，它應當通向胡塞爾所說的有關對世界的自然設定的還原，或最好說是它的「中止」，而且它仍然只是被稱作先驗構成作用的意識所形成的，甚至是所創造的一種活動的對立面或反面。世界設定是甚麼呢？還原又是甚麼呢？甚麼是構成呢？甚麼是被構成者呢？這個先驗（按其意思是超越）主體是甚麼呢？它既然擺脫了自然現實，又介入了構成活動？人們不可能「憑空」議論，而只能通過現象學方法的艱苦工作本身來獲得對這些問題的解答。❺⓿

這裏說《純粹現象學通論》描繪了一條上升的道路，它是通過對自然地、未經批判反省地設定外界存在是實在這種做法的還原以至中止而成立的，這種「上升」的意思，實是認識上、精神上的轉化，它顯示於對世界的由錯誤認識到正確認識之中，而這種對外界存在的自然設定是意識構成的，意識又可構架還原或中斷後的世界，因而意識具有創造的作用。利科這樣說意識的創造作用，非常值得關注。意識能形成對世界的錯誤的自然設定，又能構架甚至創造還原後的世界。這兩種工作是相互對立的，而都發自意識。對世界的錯誤的設定是世俗諦的做法，構架與創造還原後的世界則是勝義諦的做法。這兩種做法先後由意識發出來，由意識來，這不是轉化（conversion, transformation）是甚麼？從這裏思考下去，意識顯然可分

---

❺⓿　李幼蒸譯、胡塞爾著《純粹現象學通論》中所附的法譯本導言（台北：桂冠圖書股份有限公司，1994），頁 577-578。

兩層：經驗意識與超越意識。若用唯識學的語言來說，意識（超越義的）或超越主體擺脫了自然現實，即是轉識，轉去虛妄的心識所成的世界；它又介入構成活動，即是成智，變現出清淨的智慧所對的世界。前一世界是有執的，後一世界是無執的。在這裏，轉化的意義不是很清楚麼？

六、現象學的思想史意義

由上面的探討，我們對於胡塞爾現象學的方向，可以得到一個大致的輪廓。他是要人止息那種流俗的、素樸的、自然的想法：以為外在世界是客觀的存在，而要由具有明證性的東西開始展開我們的認識與思考，這便是我們的超越的主體，或超越的意識。這意識是一切存在、一切意義的根源；它可以構架世界，安立事物的存在性和它們的意義，確認它們的本質。故意識同時具有存有論、價值論與認識論的意義，是他的整套現象學哲學的核心觀念。倘若以唯識學與牟宗三先生哲學的語言來說，現象學的哲學方向，是一種轉識成智的導向。人若能從外界實在的概念或心識的妄構中解放開來，明白到一切存在都是源於意識或心識，便不會對存在起執著，反而能了悟它的本質、本性。這樣，便能成就理想的、價值的生活，成就一套無執的存有論。

倘若能這樣看現象學，則不難推導出它的獨立性格和對其他哲學學科的優越性、先在性（priority）。胡塞爾曾以下面的說法來評價自己所創立的現象學：

> 超越現象學……是一門具有自身的基礎和是絕對地自足的科學。……它可導致「建構性的問題」和理論；後者概括了我們所可能面對著的一切可想得出的對象～因此也是帶著對象的全部範疇的整個先前被給予的現實世界，和一切「理想的」世界，使它們作為超越的相關項被理解。這顯出超越現象學的觀念論並不單純是一特殊的哲學議題，是多個理論中的一個理論，而是，作為一種具體的科學，超越現象學自身便是作為科學而被建立成的普遍的觀念論，即使其中沒有一個字是談及觀念論的。[51]

現象學以自身為基礎，因而是自足的，不必依待其他學問。在這點上，便可說它的先在性。這不是時間義的先在性，而是邏輯義、理論義的先在性。這種先在性，特別是在存有論上更為明顯。胡塞爾跟著的說法，正好表明這點。意識的建構性，可以交代一切可能的對象的來源，不管是現實世界或理想世界的對象。這點與唯識宗言阿賴耶識攝藏一切存在的種子，這些種子在適當機緣下便能現行成現實存在這一根本論斷尤其相應。現實的存在是種子已現起的結果，將來的或理想的存在則在種子遇到足夠外緣時便能落實。而在方法上，現象學以如上面所說的懸置或中止判斷排除一切不確定的因素，亦是一種非常正確而合乎理性的哲學方法。這亦與唯識學的否認外界實在的說法相應。這自然會導致形而上學上的觀念論，而且是普遍的觀念論，一切存在都需在觀念或意識之下得到適當的安

---

[51] *Ideen I*之〈後記〉，*Ideas II*, pp.419-420.

立。⑫

　　就思想史一面言，我們可以說，西方的哲學思想，特別是就近現代階段而言，實證主義（Positivism）佔有很重要的位置。這是以外在的物質世界為主位，人的心靈和精神為從位的一種哲學態度，又特別著重外在的世界的實在性。胡塞爾的現象學一反這種態度，它把人拘限於外在世界、受制於外在世界的困境扭轉過來，以人的絕對意識作為一切存在世界事物的意義論與存有論的依據，以意識的意向性導出能意與所意的三角架構建立人的絕對的或超越的主體性。在他的體系中，人文性、心靈性對外在世界的跨越性是很明顯的。人文性的跨越性是就價值論說，心靈性的跨越性則是就存有論說。此中同時具有理想主義與觀念論的意味。人的主動性大大地提高了，它對世界具有一種指向和決定的主體性作用，而世界則換了位置，變成被指引、被決定的客體。這種情況，很像佛教中唯識學取代了說一切有部（Sarvāstivādin）的三世實有、法體恆有說和經量部（Sautrāntika）的外界實在說，而以識這一主體作為世界和自我的根源。意向性與能意、所意所成的三角關係與識轉變開出見分與相分的情狀有相當深廣的類比意義。

---

⑫　利科在他的《純粹現象學通論》的法譯本的〈導言〉中便提到胡塞爾的這部《通論》（按應同時包括其他兩卷，即《純粹現象學和現象學哲學觀念》第二卷與第三卷，不過這兩卷在胡塞爾死後才出版，《通論》則是在胡塞爾生前出版的）所呈現的現象學無可爭議地是一種唯心主義，甚至是超越唯心主義，雖然這個字眼未有在《通論》中出現過。（李幼蒸譯、胡塞爾著《純粹現象學通論》的法譯本〈導言〉，頁 585）利科這樣說，是偏重現象學的形而上學或存有論方面的意義。如上面所云，現象學在價值論與認識論方面，都有根源性的重要性。

　　另外一點重要的思想史意義是，西方哲學傳統很多時是以存有
論的角度來看作為萬物根源的實體（Substance）的，以之為一靜態的
（static）存有（Sein），對於萬物，亦傾向於視之為存有論的質體
（entity）。胡塞爾的現象學有突破這種傳統思想的意味，他通過意
識（Bewuβtsein）來說萬物的依據，不管是經驗意識也好，絕對意識
也好，他都視之為活動（Akt, Aktivität），通過它的意向性
（Intentionalität）作用，開出能意與所意來安立自我與世界。此中活
動或動感（dynamism）的意味也是很強烈的。這可說是由存有論轉向
力動論（theory of Vital Impetus）的形而上學的發展。❸這對將來西方
哲學的發展，肯定會有深遠的影響。就唯識學來說，情況也有相似
之處。唯識學以諸法（不管是心法抑色法）的根源在識，通過識的轉
變（pariṇāma）而開出見分與相分，由此交代自我與世界的形成。轉
識成智後所得的智，其作用形態應該也是一樣，不同的是，識是虛
妄的，有執著的，智則是清淨的，無執著的。但識與智都是以活動
說，不以存有說，而所開出的見分與相分，以至自我與世界的成
立，活動義都是很濃烈的。

---

❸　力動論有特殊的意味，表示一切存在的根源在一種純粹力動（reine Vitalität,
　　Pure Vitality），這是在實體主義（Substantialism）與非實體主義（Non-
　　substantialism）之外的一個終極原則，可同時融合而又超越這兩種主義。它
　　本身是純粹的動感，既是用，也是體。這是筆者近年正在思索與建構的一套
　　新形上學的一個核心觀念，我暫時把以這觀念為基礎而開展出的形而上學體
　　系稱為「純粹力動的現象學」（Phänomenologie der reinen Vitalität）。我曾應
　　邀在 2000 年 6 月 28 日在台北中央研究院中國文哲研究所作過專題演講，主
　　題便是有關這種現象學的佛教新思維。同年 12 月 3 日我也曾在台北鵝湖雜誌
　　社作過同樣的演說。

第二章 屈辱現象學

一、作為心理現象的屈辱

屈辱是一種心理現象（psychological phenomenon），在佛教來說，則是心所（caitta），或心所法，是附屬於心（citta）的一種心理狀態。基本上，屈辱是負面意義的，是不受歡迎的心理狀態。人受到別人的責難、懲罰，內心感到很不舒服，感到不合理的對待，覺得自己的生命存在甚至人格受到傷害，以致尊嚴受損，難以抬起頭來，面對自己的親人、朋友，以至周圍的人。在這種情況，委屈、羞慚的感受是免不了的；但還不止於此，人的內心會生起一種意欲、衝動，要對那不合理的對待發出回應；或是言說上的回應，或是行動上的回應。這些回應有一個目的，便是要讓自己得到平反，要求合理的對待，甚至要使讓自己有屈辱感的人道歉。

屈辱（disgrace）作為一種心理狀態，在西方的心理學中時常被提及，但作一種嚴重的心靈問題而被深入處理的，則並不多見。❶

❶ 在這一點上，我曾查閱過很多心理學方面的書，發覺很少談到屈辱問題的。這包含佛洛依德（S. Freud）的分析心理學和榮格（C. Jung）的深層心理學的名著在內。佛氏喜歡談夢，榮氏則對圖騰和東方的神秘思想如《易》和密宗很感興趣。日本方面的學者也很醉心於心理學，其中的木村敏，是這方面的

反而在佛教，特別是在說一切有部（Sarvāsti-vādin）和唯識學（Vijñāna-vāda）中，很受到重視。在前者，世親（Vasubandhu）寫了一部煩瑣大書《阿毗達磨俱舍論》（*Abhidharmakośa-śāstra*），對於煩惱（kleśa）問題，有既廣且深的分析；其中很多煩惱項目，便含有屈辱的意味。例如嫉、忿、惱、恨、害、誑，等等。而我們一般所說的心理感受如怒、怨、恥、羞，或羞恥，都有相近的意味。

　　心理狀態或心所有正面意義和負面意義的，正面的或淨的心所可生起正面的效應；負面的或染心所則可引致負面的效應。上面提到的怨的心理狀態，是負面意義，它可使人與種種消極的想法關連起來，而淪於頹喪狀態，怨天尤人，把一切不幸的事情的責任推到外面去，而不反躬自省。這是沒有用的。但若能對怨的問題有妥善的處理，以寬容的懷抱把一切責任承擔起來，包容下來，不怨天，不尤人，以積極的心情與態度面對不幸的事情，則不難獲致殊勝的效應。達摩禪法的《二入四行》提到「體怨進道」，便是一個很好的例子。在我們的生活、生命中，怨忿的事是難免的，倘若能一方面對這些事加以包容、承受，所謂「體」（embrace, embody），另方

名家，但談屈辱問題的著作還是很少。台灣方面近年出版了一本名為《屈辱》的小說，原著者是一個曾獲諾貝爾文學獎的文學家，但只是集中講師生戀的問題，鮮及於屈辱問題的本質。最近我找到一本英文著作，題目是《羞恥》（*Shame*），意思與屈辱比較接近，但關係還不夠密切。在大陸方面，近年講心理問題的書特別多，甚至有心理學發展史的大部頭著作出現，但一般的心理學著作，通常都寫得很濫，缺乏專業性。這些書通常是談憂鬱、憂鬱、狂躁、心理變態一類問題，與屈辱的意義距離仍很遠。或者我自己孤陋寡聞，對探討屈辱問題的著作所知仍不夠。不管怎樣，我在這裏談屈辱的問題，基本上本於自己的經驗與思考，很少參考別人的著作。

面又不流於消極，卻能積極地向道或真理的目標精進、挺進，則怨忿不但不必成為我們追求正確的人生理想的障礙，更能讓我們提高警覺，提醒自己不要怠惰，要精進不懈，最後終於能夠克服困難，遠離怨訴，體證得真理或道。關於這點已是現象學的問題了，我們會在後面有較周延的交代。

二、屈辱與妒恨

有兩種心理狀態，其意味有重疊之處，但在導向上則不同。這即是屈辱與妒恨（ressentiment）。屈辱是內心有鬱結，甚至委屈，感到自己受到不公平的待遇，要伸張開去，改變現狀，讓感受之結解開，內心坦然。這基本上是一種情感的問題，情感得到安撫、疏導，內心的憤憤不平的怨氣、怒氣得以釋放出來，問題便可解決。進一步說，屈辱基本上是聚焦在自己本身，當然也與外界、外在因素分不開，但問題的關鍵仍在自己，自己這一關過得了，外界、外在因素的牽連便可相應地消滅。屈辱不必含有報復甚至復仇的意味；即使牽涉到敵我矛盾、衝突的關係，也不一定要以傷殺的方式來解決。故屈辱問題的處理，不必是殺傷性的，也不直接關連到價值意識與行為的顛倒的問題。

妒恨則很不同。它的情況較屈辱為嚴重，而且可以嚴重得多。妒恨不單是內心有鬱結，不能舒展，要找地方出氣，而重要的是自己無法為自己出氣，因而鑽牛角尖，製造幻象，麻醉自己。這怎樣說起呢？首先，我們可以說，妒恨是當事人自身的虛弱性、無能性（impotense），受到強者的敵人欺侮、欺凌，想要報復，要把敵人、

仇人打個稀巴爛，但自己又著實沒這分本事（因自己是虛弱的、無能的
impotent）。更糟的是，自己越是要報復，要為自己出氣，結果反而
招來對方更強烈無情的欺侮、欺凌，這口鳥氣總是出不來，一切怨
忿、憎恨，反而向自己方面回湧過來。結果便形成妒恨的心理：妒
是嫉妒對方是強者，恨是恨自己的無能。當然也恨對方對自己的欺
侮、欺凌，但焦點還是自己的無能方面，倘若自己是強者，是有能
（potent），便不會惹來對方的欺負了。便是這樣，妒與恨構成一種
張力（tension）；這張力會對自己發出一種強大的壓力，壓得自己透
不過氣來。在這種情況，當事者有兩種選擇：一方面是對自己的無
能性認命，在精神領域上開拓自己的新的天地，總會有這麼一天，
自己的精神價值為對方所認同，讓對方知道自己的不可欺負之處。
另外一種選擇是自我放棄，不敢面對欺負自己的強者而有任何反
抗，卻在內心製造、構想種種幻象，想像自己有一天會如何威武，
懾服四眾，那些以往欺負過自己的人如何在自己的威權下變得怯
懦，紛紛跑到自己面前認錯認罪，痛哭流涕，哀求自己寬恕他們。
更有甚者，是當事人自己在意識內裏製造價值顛倒現象，以懦弱、
畏縮、屈服、謙讓、不抵抗為德性，為正面價值；以勇猛向前、義
無反顧為負面價值。在他們看來，血氣方剛是不好的，血氣既衰才
是好的。他們還會說，耶穌教導我們，左臉被人掌摑，也應把右臉
轉過來，也讓他掌摑。有些甚至培養出阿 Q 的心理，明明自己被
別人無理地拳打腳踢，無法還手，便在心裏對自己說，這是兒子打
老子啊。父子之間，父大子小，父強子弱，父尊子卑，打自己的人
是兒子，自己則是父親。這樣想著想著，覺得自己還是佔了便宜。
一個人墮落到這步田地，還有甚麼希望呢？這種做法，不啻是自我

催眠、自我麻醉、價值顛覆、價值麻醉。德國的現象學怪傑謝勒
（釋勒爾，M. Scheler）寫了一部奇書《妒恨》（*Ressentiment*），充分
地，深刻地探討這種價值顛覆的心理與行為。❷

三、老子不是價值顛覆者

　　以妒恨為出發點的價值顛覆，可讓人想到老子的思想，以為雙
方有某種程度的關連，甚至以老子是一個價值顛覆者。這是由於
《老子》書中確實有些說法，和妒恨者的想法有些類似之處。例如
「絕聖棄智」、「貴以賤為本，高以下為基」、「以至柔馳騁天下
之至剛」、「上善若水」、「天之道，損有餘而補不足」、「後其
身而身先，外其身而身存」，等等。表面看來，老子作為《老子》
書的作者，的確有厭棄文明、賢聖、禮樂、剛強等一般人認為具有
正面價值的東西，而推尊質樸、狂野、柔弱、散亂等一般人不認同
為價值的東西，因而有逆反價值層級的傾向。特別是說貴以賤為
本，高以下為基，有以賤優於貴、下優於高（貧賤較富貴、卑下較崇高
為殊勝）的意味、看法。這只是望文生義，只在表層看問題而已，
實際完全不是這樣。老子要表達的，是價值與人格操守的辯證性格
和發展方式。關於這點，我會在下面作些闡釋與發揮。又如老子說
天道是減損有餘而補償不足，人們便可有不足比有餘為可貴的看

---

❷　M. Scheler, *Ressentiment.* Tr.William W. Holdheim, The Free Press of Glencoe,
　　1961. 亦可參看拙文〈釋勒爾論妒恨及其消解之道〉，拙著《西方哲學析
　　論》（台北：文津出版社，1992），頁 225-239。

法，這關連到我們的日常生活上，牽涉很廣：人們可以對於物質上、經濟上的匱乏、學問上的無知、行為上的粗鄙、體力上的虛弱、意志上的疲薄等等，視為好事，因為上天或天道會在這種種的不足上，作出補償。相反地，在這些方面條件豐厚，表現佳善，便不好了，因為這會招來上天的虧損。這完全是由於不善讀《老子》書所致。實則作為自然的天道是要讓世間維持一種平衡狀態，任何物類都不能過於優越，不讓貧者愈貧，富者愈富的極端的情況出現而已。天道決不會幫助那些自甘墮落、自暴自棄、不思進取、要不勞而獲的人。對平衡狀態的維持，是建立在一種自食其力、不倚賴他人的生活原則上的。自然宇宙的平衡狀態，本身已是一種價值或目標了。在這一點上，我們可以參照儒家《中庸》的說法：萬物並育而不相害，道並行而不相悖。這是儒、道的相通處，弱肉強食的世界，它們是不取的。

　　至於價值與人格操守的辯證性格和發展，問題比較複雜。《老子》書中用了很多相對的概念，上面也提過一些。這是老子思想的一個特徵，很多人都談過了。不過，老子不是一個相對主義者，他也不是要一味追求絕對。他不如京都哲學那樣，要把那些相對概念所成的背反（Antinomie）突破，以達致絕對的境界，卻是要在相對關係的維繫中，求得一種讓生命與萬物可以不斷發展、不斷挺進的存在狀態，俾價值與人格操守能夠不斷翻新。這當然有動感的意味在內。而價值與人格操守的不斷翻新的依據，是辯證的運作（dialectical operation）。這辯證的運作，在《老子》書中，正是「反」。書中曾提到道或自然的運行軌則是反：「反者道之動」；又提及「大曰逝，逝曰遠，遠曰反」字眼。這「反」有非常深微的

意義，展示出事物在道的指引下能夠不斷運轉，但不會到極端的限度而停駐於極端的位置；它卻是在接近極端時會逆著原來的方向折回，這便是反，亦即是返。反即表示辯證。折反後又再向前發展、挺進。如是循環不已地運轉，表現出無窮的動感（vitality）。價值與人格操守便能在自然萬物的這種循環不已的運轉中不斷翻新，而永無止息。每一回運轉都是一種創造活動。

四、現象學的明證性

回返到屈辱的問題。上面提過，屈辱作為一種負面的事情與心理狀態，是沒有人喜歡的。沒有人會歡迎屈辱的行為與感受臨到自己身上。但若不幸遇到了，也得想辦法來處理才成；而且若處理得宜，則屈辱不單不會對自己構成心靈上的傷害，還能磨練自己的意志，讓自己更矢志地追求人生理想，拓展更大的價值空間。這樣，屈辱便會由負面價值轉化為正面價值，這便是本節所說的屈辱的現象學轉向。人生多苦，屈辱的事情與心理隨時會發生，我們要轉化它，點化它，化腐朽為神奇。

所謂現象學的轉向，即是向一個有意義的、有價值的導向趨附。現象學（phenomenology）與現象論（phenomenalism）不同，後者只是對現象作一種經驗的、自然的描述，與本質（Wesen）無涉，與理想也沒有關連。現象學則不同，若依胡塞爾（E. Husserl）的說法，現象學（Phänomenologie）是一種以明證性為出發點而發展開來的一種有濃厚的理想導向的哲學。而所謂明證性（Evidenz）是指能即時、直前證立而又能通過邏輯或嚴格規律的考驗的命題；這些命題是有

關本質的命題，而不是關乎現象（Phänomen）的命題。這所謂本質（Wesen）又是生活世界（Lebenswelt）的基礎。在胡塞爾來說，經驗的命題沒有明證性，超越命題則有明證性。而超越命題的基礎在超越的主體性（transzendentale Subjektivität），這種主體性最具有明證性。一般所謂的超越的意識（transzendentales Bewußtsein）都發自超越的主體性，因而也具有充分的明證性。多束超越的意識可聚合起來，而成超越的自我（transzendentales Ich），這種自我也具有明證性。❸

胡塞爾這樣說明證性，有過於「抽象化」的流弊。倘若現象學的意義是以這明證性為基礎，而表現於超越的意識之中，則超越的意識具有客觀性（Universalität），故它的明證性是沒有問題的。經驗的意識不具有客觀性，因而不能說嚴格的明證性。這些點都沒有爭議的必要，都是確定的。問題是，現象學的意義涉及理想的、價值的導向，它的明證性，或我們對它的確認，可以由嚴格的軌則而證成。但這樣的明證性不免失之於抽象，不是那麼容易可以把捉，特別是當這明證性是關連到生活世界的內涵時，更是如此。由此便出現如何具體地把握明證性，以建立具有明證性的命題，以開拓出扼要而易明的生活世界，讓現象學義的價值、理想能歷歷在目地現前，便成為一重要的實踐哲學的問題。

在這裏，我們看到胡塞爾現象學的限制，或不足之處。他畢竟是一個西方形態的哲學家，他的整套現象學，以至晚期提出的生活世界觀念，都是在重理論、思辯的西方哲學特別是形而上學的傳統

---

❸ 有關胡塞爾所說自我與意識的關係，參看拙著《胡塞爾現象學解析》（台北：台灣商務印書館，2001），頁 117-130。

下發展出來的。他能指出這種哲學的弊端，如太重於概念思維而輕於生活實踐，不滿意西方傳統偏於從抽象的性格方面看本質問題，進而在他的生活世界中把本質與具體物結合起來，而發出本質（Wesen）即是具體物（Konkreta）的名言，已是很不錯了。❹他的現象學缺乏東方哲學形態的實踐旨趣，特別是儒家的那一套道德實踐。他的現象學體系中，並沒有道德的主體性的觀念。在這一點上，他還不如他的前輩康德，能建立實踐理性（praktische Vernunft）的哲學。對於明證性以至本質的觀念，他只能從軌則的、邏輯的路向去抓，所抓得的，仍然是那抽象的明證性。甚至對於我們如何能自覺到他的現象學的核心觀念超越的主體性、超越的意識或絕對意識（absolutes Bewuβtsein）的實存性，也說得不清楚。

　　因此，光是說胡塞爾現象學是不夠的，這種學問也不能充分而又親切的地證成明證性與本質。我們所需要的，是理論與實踐雙軌並行的現象學，由理論提出明證性，而由實踐加以證成。西方哲學強於理論思辯，東方哲學（包括儒、佛、道和婆羅門教 Brahmanism）則長於實踐躬行；若能在雙方各取其長，便可以構作出一套理想的、周延的現象學了。就胡塞爾的現象學來說，要證成超越的主體性或絕對意識的明證性，並不容易。關於這個問題，若參照儒家特別是孟子所提的不忍人之心或惻隱之心這樣的道德實踐的主體，便能成辦。《孟子》書中論到四端的問題，舉了一個孺子入井的例子，非常醒眼。一個嬰兒向著水井那邊爬過去，看看快挪近水井而掉進去了，生命要完蛋了。旁人見到這個現象，便本能地衝將過去，趕緊

---

❹　*Ideen I*, S. 153.

把嬰兒拖回來，不讓他跌落井中死去。我們反省這件事，旁人這樣做，完全沒有外在的原因，他只是不忍心看到無知的嬰兒白白死去而已。在他的道德意識中，嬰兒墮井死去，是不能發生的，不應該發生的；本著這種應然意識，他便這樣做了，這便是孟子所說的惻隱之心，是道德主體的表現。這種表現，在孟子看來，談不上偉大，也沒有甚麼難能可貴之處，當事人本來便很自然地會這樣做。要說明證性，人的道德主體、道德意識便是明證性。或者說，道德意識自身便是這種道德行為的見證者。在這件事情中，道德意識是行動者，也是見證者，它是自作自證的。以這種思維來建立明證性以至本質，不是很簡單、了然，而又確鑿不移麼？何必如胡塞爾所說那樣要訴諸嚴格的軌則繞道而為呢？即使繞軌則、概念、理論之道，亦不必然地會達致目標。此中至關要之點是，道德意識本身便是一種活動，本身便具足動感，它隨時可以在一種不容已的狀態下表現出來，進行道德的救贖、轉化。它自身便是一切道德行為的證成者、確認者，不必找一個外在的主體來作證，不必如唯識學的護法（Dharmapāla）那樣，找一個自證分去證成見分（主體）對相分（對象）的認識、執取，然後又找一個證自證分去肯認（certify）自證分的這種認證的活動。這是頭上疊頭，全無必要。在孟子看來，道德意識或道德主體具有終極義，在它之上更無更高的意識、主體作為它的見證者；拯救、認證是同一的活動，發自同一的主體。

　　牟宗三先生曾批評胡塞爾的超越的主體性或絕對意識超不出康德的統覺（Apperzeption）的範圍，這統覺或超越的統覺（transzendentale Apperzeption）是認知意義的。以胡塞爾現象學或意識哲學只限於認

知的層次的這種說法，肯定地是錯誤的。❺康德的統覺不出知識範圍，這沒有問題，因這統覺仍是純粹理性（reine Vernunft）或理論理性（theoretische Vernunft）的一種作用形態。胡塞爾的絕對意識則不是這樣：它除了有認知作用外，更重要的是，它能透過意向活動（noematische Aktion）來構架對象；或者說，它可透過意向性（Intentionalität）指向以至構架對象。故這絕對意識是一存有論的概念，是宇宙萬物的存有論的基礎。康德義的統覺則不是這樣，它有綜合性的認知作用，是知性（Verstand）的最高層次的作用，隸屬於知性。而知性的作用是以自身的範疇概念去範鑄（categorize）由感性直覺（sinnliche Anschauung）自外界取得的與料。知性不能構架對象，創造對象。統覺也是這樣。在這一點上，我們可以看到絕對意識與超越統覺的分水嶺。

---

❺　牟先生晚年常批評胡塞爾與海德格（M. Heidegger）。這些批評，主要見於他的《中西哲學之會通十四講》、《四因說》等書中。他對當代歐陸哲學的了解顯然不足。他對尼采（F. W. Nietzsche）、沙特（J. P. Sartre）持負面評價，認為他們是虛無主義者，不足為法。他批評海德格的基礎存有論為無本。對詮釋學（Hermeneutik）的葛達瑪（H.-G. Gadamer）好像也未有提及。他對於柏格森（H. Bergson）的生命觀，也沒有好感。對斯賓格勒（O. Spengler）的歷史形態學，也有很多不滿。牟先生持的是道德理性的立場，但當代西方哲學幾乎不講這種東西，因此不能欣賞。在他眼中，西方哲學到了黑格爾（G. W. F. Hegel），幾乎無足觀了。但有一個例外，那便是懷德海（A. N. Whitehead）。但他欣賞懷氏，只在他的美感欣趣、藝術情調方面，而不是他的宇宙論。這可見於他的《五十自述》之中。對於牟先生對當代西方哲學特別是歐陸方面的負面看法，實在有進一步探討與商榷的必要。

五、屈辱的現象學轉向

上面提到，沒有人會歡迎屈辱，但屈辱既然降臨到你的頭上，你總要想辦法去應付、處理才成。屈辱不必然是完全負面的事，你若能處理得宜，點化、轉化它，則屈辱可以幫助我們向上精進，矢志求道，成為一個人成就大事業的契機（moment）。以下我們要就這點展開深刻的探討。所謂「現象學轉向」，正式指向成就大事業，實現有價值的理想而言。

有一點我要說明一下。對於屈辱以至一切負面行為的現象學轉向，不能先從理論、概念一面看。這一面是需要的，但不是充足的。現象學轉向是一種有教化義、轉化義的行為，有時也含有濃厚的道德的、宗教的效果在裏頭。一說到道德與宗教，便不能不提道德理性與宗教信仰，這兩者都與實踐有密切的關連。因此，我們說屈辱的現象學轉向，便得扣緊具體的實踐事例來解說。現象學轉向畢竟不是拿來討論的，而是在現實的生活中被實現的。

首先，我要探討的是屈辱的現象學轉向之所以可能的存有論的依據。屈辱是一種行為、活動，但真正讓我們感到困擾、難以忍受的，是這種我們認為不合理、不應該存在的行為、活動對於心靈的折磨、傷害。這種折磨、傷害可以對當事人產生災難性的影響，它可以摧毀一個人的鬥志，讓他變得頹喪、消沈，甚麼也不想做，而淪於虛無主義，永世不能翻身。一個人的前途，可以這樣完蛋了。不過，人的心靈不是這樣簡單，它不是點、線、面那樣單純的結構，卻是立體的，有多個面相，也有多種功能。同時，它有多種感受，不同的感受會對外界的刺激起不同的回應。最明顯的是，一方

面，如上面所說，外界給它帶來的屈辱，可以折磨它，摧毀它，使它失落於世界的黑暗的方位。但對於同樣的屈辱，它也可以承受，以理智和耐性跟它相處、打交道，最後藉著生命的弔詭力量而反彈，而發奮自強，矢志向上，精進不懈，成就至高無上的志業。當然，人需要先克服屈辱所帶來的負面影響。

在屈辱之下表現馴服的心態，不抵抗，隨順屈辱的腳跟轉，即使名譽、身家性命被無理的外在衝擊蕩奪掉，也不頑拒。這是心靈的一種病態的取向。與此不同，面對無理的屈辱不予屈服，要據理力爭，而表現一種逆反的取向，不向現實低頭。這是心靈的另一種取向，是健康的。這兩種取向都屬於同一個心靈，這表示心靈能夠像球體般轉動。對於屈辱，可以順從，也可以逆抗。這是心靈的兩種不同的活動矢向，可決定當事者的命運與生命意義。這點非常重要，必須予以嚴肅正視。到底抉擇哪一種矢向，當然涉及內心的矛盾、掙扎、交相協調，最後理出一個明確的態度，去面對屈辱。這種性質上涉及人的神性與魔性的抉擇，自然是不容易作出的；與當事人日常的學問知見與性情涵養也分不開。不管如何，心靈自身是恆常地活動的，不斷向前發展的；但這種活動與發展，是依據辯證方式進行的，不是單向的、一往直前的前進，卻是經歷無數逆反的現象挺進的。道路行錯了，可以逆轉，而回歸正途。一切迷亂、錯失、逆反，最後依正道而行，都是同一個心靈的活動，這真是「成也蕭何，敗也蕭何」（韓信語）。在這樣的情境中，我們有充足空間保持樂觀的心境，期望否極泰來。這便是屈辱的現象學轉向之所以可能的存有論的依據。即是，屈辱使人放棄、自我解構，或使人進取，自我凝聚，都來自同一個心靈，關鍵在你能不能轉：由放

棄、自我解構轉而為進取、自我凝聚，最後過一種有意義的人生。

關於屈辱的現象學轉向這樣的精神現象，除了要以義理、概念解明外，還得附以具體的事例，才能親切明白。這樣的事例，在我們的歷史中，著實不少，這裏姑挑兩個有代表性的來說說。首先是韓信，秦朝末年的韓信是一個很有文才韜略的人，尤其善於用兵佈陣。但他少年時期很不得志，被人看不起，也常常受到欺凌和侮辱。最有名的故事是被一群懷陰惡少年欺負。他有事出門，遇到這班惡少年，他們不讓他過，表示除非他願意在其中一個的胯下穿過，否則路不通行。韓信認為辦要事要緊，不值得與這班惡少年爭執，要打，也不一定能打贏他們，便只得忍氣吞聲，乖乖地從那個惡少年的胯下挪移過去，引來一陣恥笑。韓信其實不是甘心受辱的，只是不計較這些小節，要成大事而已。又有一次，韓信餓得臉色發白，當時一個漂婦可憐他，給他飯吃。他感激之餘，表示以後有機會要報答她。漂母竟搶白他一頓：「誰希罕你的報答呢？你一個大男人，無所事事，終日閒蕩，有甚麼用呢？」這話正刺中韓信的要害，讓他羞慚無地。上面兩個故事都讓韓信感到屈辱，但這擊不倒他的鬥志，反而激發他要矢志向上，奮發自強，要成就大事業。結果他扶助漢王劉邦，擊敗楚霸王項羽，特別在滎陽一戰，打垮了項羽的主力，使一向看不起他的項羽發出哀傷之音：「力拔山兮氣蓋世，時不利兮騅不逝，騅不逝兮可奈何，虞兮虞兮奈若何！」結果自刎於烏江。這絕對是他始料不及的。❻韓信終於助成

---

❻　實際上，韓信本來是項羽帳下的一個小角色，受盡輕視，後來聽了張良的提議，轉投劉邦。劉邦最初也不能帶眼識人，只授予韓信低微的差事。韓信後

劉邦的帝業，更改寫了歷史。倘若沒有韓信的幫助，項羽不見得會失敗，反而勝算很高。若是贏得江山，則作為他的背景的楚文化勢必成為爾後中國文化的主流，關中、長安的文化便無由成為主導，漢武帝的霸業使中土成為當時世界的文化中心的史事，必須改寫。

　　另外一個事例是春秋時代，秦穆公要拓展疆土，出師遠征，並派遣丞相百里奚的兒子孟明視、西乞術和另一丞相蹇叔的兒子白乙丙為主將。蹇叔反對這次軍事行動，認為勞師遠征，沒有益處，反而會為晉軍所偷襲。他並預言在殽山地區，秦兵會為晉兵所伏殺，於是在出軍之日，哭送秦兵，並對兒子白乙丙說，在殽山地區，「余收爾骨焉」。這便是所謂「蹇叔哭師」。結果秦軍果然在殽山一帶為晉軍所伏擊，全軍覆沒，三位大將都成了階下囚。幸而秦晉之間有親姻關係，晉方終於釋放秦方被囚三將。此事為晉主帥原（先）軫所知，大罵晉主，並立遣大將陽處父追趕秦三將。及近，秦三將已在渡河中了。陽處父大叫三將回流，說晉主有要事相商。孟明視知道晉方的詭計，於是婉辭，並說「三年將拜君賜」，表示三年後會捲土再來，消除此次兵敗的屈辱。孟明視等回秦，果然沒有忘記這次敗北受辱之事，天天奮力操演軍隊，厲兵抹馬。三年後便出師，一舉打敗晉軍，助秦穆公成就霸業。這又是由屈辱帶來意想不到的殊勝的收穫的事例。

悔，最後離去。幸好劉邦帳下蕭何深知韓信是一個將才，是劉邦最需要的，於是火速夜奔，追回韓信，劉邦才得成就帝業。

六、田邊元的懺悔道哲學的啟示

　　日本京都哲學家田邊元構思了一套很有原創性的懺悔道的哲學（philosophy of metanoetics），非常富於屈辱現象學的內涵，我在這裏要特別提一下。田邊元本來是習禪的，一如他的學長西田幾多郎那樣；後來放棄了禪，而歸宗淨土，由自力門轉向他力門。他的思想資源非常豐富，除了包含淨土教法與實踐外，還有儒家、馬克斯主義和基督教。後三者都是強調動感（Dynamik, dynamics）的哲學；而淨土教經過他的詮釋（也可以說是創造性的詮釋）後，也由一種靜態性格的宗教轉而為動感性格的。特別是他以作為他力大能的阿彌陀佛來說絕對無（absolutes Nichts）這一終極原理，更展示他的動感的原理觀、真理觀。❼

---

❼　絕對無是京都哲學的一個核心觀念，具有主體與客體兩方面的涵義。在主體方面，絕對無是超越的主體性，有濃烈的動感，是一切知識、道德、藝術、宗教活動之源。客體方面則是一絕對的、終極的真理、原理，是創造活動之源、一切事物的存有論基礎。這個觀念相當於西方德國神秘主義（Deutsche Mystik）的艾卡特（Meister Eckhart）、伯美（Jacob Böhme）所說的無（Nichts）、無基底者（Ungrund），也與東方的道家的無、道、佛教特別是中觀學（Mādhyamika）的空（śūnyatā）和禪的無相應。每一個京都哲學家都有自身對這絕對無的解讀方式。西田幾多郎以場所、純粹經驗、形而上的綜合力量、神、絕對矛盾的自我同一來說；田邊元以他力彌陀、絕對媒介（absolute Vermittlung）來說；久松真一以無相的自我、真人來說；西谷啟治以空、真空妙有來說；武內義範承田邊元，以他力大能的彌陀佛來說；阿部正雄以非佛非魔、根本的零來說；上田閑照則以廓庵禪師的《十牛圖頌》中第八圖的人牛雙亡來說。筆者則在拙著《純粹力動現象學》中，以純粹力動

　　按淨土教發源於印度佛教，唯識學的世親（Vasubandhu）和中觀學的龍樹（Nāgārjuna）都有這方面的思想傾向。發展到中國，則有曇鸞、道綽等人，再發展到日本佛教的親鸞而大盛。親鸞的行徑和一般出家人不同，他娶妻生子，又提出「惡人正機」說法，認為越是窮凶極惡的人，越是我們要教化、轉化的對象。田邊元受親鸞的影響至深，又很欣賞他的教說的辯證的、弔詭的性格，最後發展出自己的獨特的懺悔道的哲學。

　　這種哲學的產生，有它的契機。那是在第二次世界大戰末期，田邊已由京都大學的哲學講座退下來，面對日軍節節敗退，想著戰敗是遲早的事。又想到日本政客和軍隊在這次戰爭中對鄰國所造成的重大的傷害，實在難以彌補，特別是大量民眾的傷亡問題。他認為日本人所能做的，所應該做的，唯有懺悔而已。這種懺悔，要從一己的懺悔，擴展為整個國家、整個大和民族的懺悔。在這種懺悔活動中，人會深刻地感到過去所做過的傷天害理的、完全沒有人性的行為，所積下的深沈不見底的惡業，已經到了這種程度，讓自己覺得根本不值得生存、存在於世間。倘若是這樣，則按理人應該馬上去自殺，毀滅自己才成。但田邊不是這樣想，卻認為人在這種完全絕望的、沒有絲毫光明的處境中，生命會反彈，有一種力量會從生命深處發放出來，要做一些有積極意義的事；同時藉著他力大能的阿彌陀佛的慈悲願力與指引，把自己拯救過來，從而獲得新生。這便是懺悔道的哲學。田邊元晚年的這種思維，可以視為他在思想

　　（reine Vitalität）綜合並超越絕對有與絕對無，視之為對終極原理的最周延的表示方式。

上的大突破，對解脫哲學注入新的養分。❽他的這種種想法，可見
於他致當時仍在京都大學任宗教學講座的得意弟子武內義範的函件
中。武內是京都學派成員中唯一追隨田邊歸宗淨土教的學者。

　　從田邊元的懺悔道的哲學，我們可以往生命的深一層處挖掘，
會發現在生命的極深極隱處，存藏著一種巨大無倫的意志力量。這
種力量平時不會發出來，倘若不發出來，我們亦不會省覺到。但到
了生死關頭，人的生命受到強大的壓力，隨時有被打垮而致崩潰的
存亡之際，或以京都哲學的語詞來說，當人置身於生死、存在非存
在、有無的背反之間，生命力會反彈，而那股巨大無倫的意志力
量、精神力量便會衝破一切藩籬，如山洪突發地爆破開來，以沛然
莫之能禦之勢，把自己從自我毀滅的不見底的深淵中振提起來，從
完全絕望中拯救出來。這種反彈的生命力有一種辯證的、弔詭的性
格：你的處境越是危險、越是脆弱，這種力量相應地會表現得越是
安全、越是強大。你越是覺得自己無可救藥，不值得存在，這種生
命力會越為反彈，越要讓你爭取值得存在，從把你糾纏不休的罪與
苦中鬆動開來。這是一種新生的力量，新生以後，你好像經歷了一
種脫胎換骨的轉化；你的意志經過這樣的錘鍊後，會變得如鋼鐵般
堅強，沒有人能擋得住。跟著下來的，是道德的徹底的教化與宗教
的徹底的轉化，生命的價值也不斷地提升。

　　牛頓（I. Newton）的運動三律之一：作用越大，反作用也越大。

---

❽　關於田邊元的懺悔道的哲學，參看拙著《絕對無的哲學：京都學派哲學導
　　論》（台北：台灣商務印書館，1998），頁 35-44；《京都學派哲學七講》
　　（台北：文津出版社，1998），頁 53-59。

這可以用在生命或生命力的反彈方面。這在我們的日常生活上的解讀，便是壓迫越大，反抗也越大。我們的心理活動、生活行為，都是這樣，只是自己沒有細心省察、留意而已。在生死關頭、榮辱之際、人禽之辨之中，即使是膽小如鼠的人，也會變得凶猛如虎，為了自己的尊嚴而不顧一切地抗辯，即使賠上性命，也在所不計。「時窮節乃現」，應該說，時愈窮，節愈現。一個受盡屈辱而又有志氣的人，對他最重要的事，是要反抗，求平反，為自己取回公道。而且屈辱愈是濃烈，他的掙扎、反抗也愈是激奮。

七、屈辱與榮光的弔詭

就一般的理解言，屈辱與榮光是相互對反的。屈辱是不好的，可以令人抬不起頭來，但若能妥善處理，則又另計。榮光是好的，可以營養身心，甚至光宗耀祖。在這兩種負正面價值的東西之間，人們自然歡迎榮光，捨棄屈辱。因此，在日常生活中，人們會對榮光作為一種目標去追求，而盡量避免淪於屈辱。不過，從哲學特別是宗教的角度看，問題不是這般簡單。屈辱與榮光不是兩件可以單純地分出好壞的東西，讓你可以去此取彼，不買這件衣服而買那件衣服。要買，便得一齊買，不買，便一件也不買。

我們需先懂得屈辱與榮光的性格，特別是兩者的關係。屈辱與榮光是一個背反（Antinomie），雙方性質相反，但又總是牽纏在一起，不能分開，更不能只要榮光，不要屈辱。我們也不能站在榮光的一邊，以榮光來打敗屈辱，克服屈辱。其理據是，屈辱與榮光在存有論上具有對等的地位，即是，它們的存在的機率是相同的，我

們不能以榮光來擊潰屈辱，讓後者消失，前者繼續存在。屈辱與榮光雖成一個背反，但雙方在存有論上是一體的，不能分開。既然是一體，則屈辱與榮光可以互轉。在失意時，或狀態不好時，我們會處於屈辱之中。在得意時，或狀態好些時，我們會處於榮光之中。但這只是互轉，只是隱顯的問題，不是存亡的問題。任何一方都有機會顯發開來，也可能被暫時壓伏而沉斂。顯者可變成隱者，隱者也可變成顯者。但一方不能永遠存在，讓另一方永遠消失。❾

　　對於這種背反的處理，需要自背反內部突破，突破背反的雙方而超越上來。突破屈辱與榮光所成的背反，同時超越屈辱與榮光兩個相對的極端（extremes），而上達一無屈辱與榮光的絕對無相的境界。在這個境界中，當事者並不排斥屈辱，也不趨附榮光，因為相對意義的屈辱與榮光已經不復存在。這是徹底處理背反問題的唯一方法。不過，有一點非常重要：我們在最初遇上像屈辱與榮光的背反時，不應馬上便採取突破兩端的做法。我們還是要先從屈辱方面著手，找出自己的屈辱感的形成的原因，然後加以對治。既然屈辱與榮光是同體的，存在於同一的體性中，則把屈辱克服，而轉向榮光，這種「轉識成智」，應是可能的。在這種情況，榮光顯露，屈

---

❾　這種關係，有點像天台智顗所提的「一念無明法性心」中的無明與法性的關係；也有點像他在《法華玄義》強調的「煩惱即菩提」、「生死即涅槃」中的煩惱與菩提、生死與涅槃的關係。這都是矛盾而又即不離的同一關係、同體關係。這樣的關係，都應以處理背反的方式來解決。《維摩經》（*Vimalakīrtinirdeśa-sūtra*）所說的「諸煩惱是道場」中的煩惱與道場，情況也是一樣。我在自己的著作中也多次提及這種關係與處理，如 *T'ien-t'ai Buddhism and Early Mādhyamika*（《天台佛學與早期中觀學》）、《天台智顗的心靈哲學》、《法華玄義的哲學與綱領》等。

辱退隱。但這並不表示問題已經解決。榮光顯露，很可能成為一種
被執取的對象、相（lakṣaṇa），只看見自己的榮光，忘記了過往曾
有過的屈辱。這種執取，一方面會讓自己只看到、注意及榮光，而
忽略了其他在修學的途中所需要處理的事情；這種執取同時也可讓
自己生起一種傲慢心，所謂「我慢」（asmi-māna），減緩自己的精
進。這兩種情況，勢必會影響自己對於終極真理或道的體證。為了
避免把榮光作為對象看和由此生起我慢之心，榮光最後還是要被解
構，被超越。這只有由內部突破屈辱與榮光所成的背反才可能。

　　因此，處理屈辱的途徑，應有一個循序漸進的歷程。強烈的屈
辱感使我們抬不起頭，覺得自己的存在是羞恥，是對他人的禍害。
由此懺悔、反思，真誠地向自己的被害者致歉，要痛改前非，做一
些積極的、有意義的事。在這種沈痛的追悔中，生命內部會發出巨
大的反彈，生起堅強的力量，回應自己的想法。經過一番徹底的轉
化之後，自己終於成為一個正面的人，由不值得存在變成值得存
在。然後精神繼續提升上來，克服榮光意識。這樣，既沒有屈辱，
也沒有榮光，內心一片坦然。日本曹洞禪的宗師道元曾說過，佛學
即是學佛，學佛要學自己，學自己要忘卻自己。這種理解，與我在
上面講榮光最後要被解構，很有相通處。❿

　　在這裏我想補充一點。上面說屈辱與榮光是一個背反，要解決
這個背反，讓屈辱消失，便得同時克服這個背反。有人可能會說，
我們可以透過克己復禮，發奮自強，消除屈辱，以取得榮光，這不

---

❿　有關道元的這種說法，我很多年以前讀過，但已記不清是出自何種文獻，大
　　概不出道元的《正法眼藏》、《普勸坐禪儀》、《永平清規》之屬。

是很好麼？何必一定要把屈辱與榮光同時克服，同時突破呢？我的回應是，在我們日常生活中，常遇上屈辱的事，讓自己難過。經過一番奮發掙扎，我們可以戰勝屈辱，而獲得榮光。但這種狀態是不能持久的，只要屈辱與榮光仍處於一種相對的心理，則榮光即使戰勝屈辱，也不能保證自己以後都能居於勝利者、強者的地位。當現實的情況改變，或者自己的心理起了變化，屈辱隨時可以再來，操控（dominate）你的心靈與生命存在，讓自己又居於屈辱。因此，徹底解決屈辱的問題，還是要從根本做起，突破屈辱與榮光的背反性格，讓自己從相對的屈辱與榮光提升上來，達致無屈辱無榮光的絕對境地。這樣，沒有屈辱，也沒有榮光，才是真正的榮光。

第三章 在屈辱中摸索現象學的曙光（一）

所謂「屈辱」（disgrace），是不在自己的意願之下，受到別人的不合理的對待，例如欺凌、侮辱，讓自己感到自己的作為人的尊嚴（dignity）受到侵害、威脅、踐踏。這尊嚴涉及對人的基本權利的尊重與維護；關於後者，我們可以逐點逐項地列舉出來，但也可以「人格」或「人格性」來概括。在這個問題上，我不想作太多的討論，特別是理論性的、抽象的討論。我只想說，屈辱是一種完全不受歡迎的行為，令人有挫敗感而不能忍受的行為。至於如何對待屈辱，則可有種種不同的方式。有些人接受屈辱，因為倘若不接受，會影響自己的存在，讓自己不能活下去。例如在戰場上，你打輸了，別人要你跪地投降，否則便把你殺掉，在這種情況下，人為了生存，只得依從。這種情況普遍得很，不必舉例了。有些人雖然接受屈辱，但視之為權宜之計，因他有更重要的事要做，覺得受一點屈辱，算不了甚麼。例如韓信早年受人侮辱，胯下受辱。他是一個有才能和大志的人，知道要成就大事業，忍受一下臨時的欺侮，亦無妨。有些人不接受屈辱，為了保存自己的人格與對國家、民族的忠誠，寧死不屈，例如文天祥不接受元人的勸降，結果從容就義。

所謂屈辱現象學,是要從被人屈辱的情況下,吸取教訓,不受屈辱所挫,意志或鬥志反而因此變得堅強起來,堅忍下去,實現自己的理想,成就有價值的事。在這種情況,被人欺凌、侮辱,反而成為一種有效的契機,讓人因此而發奮自強,進行自我轉化,在事業上、學問上、行為操守上有所成就,便是屈辱現象學。這裏要詳細探討的,便是這樣地對待屈辱的方式。

沒有人會喜歡屈辱。你遇上了它,便好像跌落到一個無底的深潭中,漆黑一片。怎麼辦呢?你倘若認命,作一隻馴服的動物,像狗一樣被主人牽著鼻子走,頸項被圓箍套著,連上繩索,主人去到哪裏,你便被拖拖拉拉地去到那裏,最後掉落深潭,被濁水淹死。你若不認命,不讓環境主宰自己的前途、生命方向,便得覺醒,與環境周旋,掙扎求全,做自己的主人;這樣,你便能決定自己的生命路向,不致被拋落到漆黑的深潭之中。你的具有理想義、價值義、現象學義的目標是自己抉擇的。你可以企盼自由的生命的曙光,曙光最後必會來臨。實際上,你若具有不認命的鬥志,要站起來,挺直腰板,不願做奴隸,生命的曙光已經在周圍展露,給你照明人生之路了。

讓我還是由自己的體驗說起,這是童年時代、青年時代的一件往事,牽涉自己不接受屈辱的問題。我是在農村長大的,九歲便到香港。那時父親很窮,最先要解決的,是我的教育問題。我既入不了官校,又不能負擔私校的昂貴學費。當時父親有一個朋友莫儉溥,是敦梅學校的校長。敦梅是莫敦梅;他是莫校長的父親,也是學校的創辦人。他們父子都愛好國學,在這方面也有一定的學養。莫校長喜歡作詩,也知我父親長於此道,在我入讀敦梅學校的幾年

中，常託我把他的詩作拿給父親批改。當時父親正為我的教育問題
傷腦筋，莫校長慨然讓我入讀敦梅，不必交學費。因此，由小學三
年級開始，以至於畢業，我都是在敦梅學校讀書而不必交學費的。
每想起這件事，我對莫校長總是感念不已。

　　莫校長既是校長，自然有很多事情要做，工作很忙。不過，他
每星期都會抽出兩節的時間，為六年級同學講解國學，很多時都講
得眉飛色舞，興高采烈。我們都覺很有趣，而且很有意義，大家好
像都陶醉於其中。我對國學或中國文化的認識，在孩童時代，除了
來自父親外，便是來自莫校長了。特別是，莫校長很重視民族氣節
的問題，他時常講解一些英雄豪傑的節烈的故事給我們聽，諸葛
亮、岳飛、文天祥、史可法等忠臣義士的志業，是他時常提到的。
他尤其敬佩文天祥，曾很詳盡地講解他的堅持信念，抗元失敗，被
囚於燕京，不貪圖元人承諾的榮華富貴而屈降，最後從容就義的忠
烈的事，給我們很大的鼓舞。在熱愛自己的國家民族、矢志效法昔
賢的忠義的道德操守這些點上，我受到他的莫大的熏陶與影響。雖
然我一直所關心與所致力的事，是學問與思想的研究、探索，與古
代英雄豪傑的轟轟烈烈的志業，沾不上邊，但在日常的行為的原
則，特別是道德的操守方面，不能說沒有受到直接或間接的影響。
例如，有些人為了自己的利益，不惜造謠扯謊，以白為黑，混淆真
相，做了的事卻說沒有做，這種行為在我來說是不能想像的。損人
利己，雖然為的只是一些小利，卻出賣自己的誠信，完全不值得。
回到莫校長方面，我們印象最深刻的，是他模仿文天祥的〈正氣
歌〉而寫的一首熱烈讚頌古代賢人志士的忠義史跡的詩作。這首詩
作很長，牽涉的事跡很多，我到現在大體上還能依稀記得，雖然那

已是四十七年以前的事了。例如，詩作的開首幾句為「日月有光華，天地有正氣，民族五千年，安危仗國士，任重而道遠，大節不奪志，殺身以成仁，捨生而取義」。這與文天祥〈正氣歌〉開首的「天地有正氣，雜然賦流形，下則為河嶽，上則為日星，於人曰浩然，沛乎塞蒼冥，皇路當清夷，含和吐明庭，時窮節乃現，一一垂丹青」；及在後段的「是氣所磅礡，凜烈萬古存，當其貫日月，生死安足論？地維賴以立，天柱賴以尊，三綱實繫命，道義為之根」，都有關連，莫校長作品的結尾是「黃花烈士墓，風雨秋瑾墳，養天地正氣，法古今完人」。這是歌頌清末廣東有七十二個愛國義士起義的壯烈事跡，事敗後全都就義殉國，合葬於廣州，為「黃花崗七十二烈士墓」；我童年時代回鄉，必經廣州，也必會到這個墓地憑弔一番的。鑑湖女俠秋瑾，在清末行刺滿清大吏，事敗被捕，從容就義。她有「秋風秋雨愁殺人」的詩句。「完人」則是後人用來讚頌諸葛亮的。莫校長的這四句詩語，非常吻合〈正氣歌〉末尾的「哲人日已遠，典型在夙昔，風簷展書讀，古道照顏色」。另外，在縷述昔賢的事跡方面，在多處地方也相似。〈正氣歌〉說到祖逖事跡，作「或為渡江楫，慷慨吞胡羯」；莫校長則作「祖逖渡江楫」。〈正氣歌〉說到張巡、顏杲卿英勇地抗拒敵人攻城，不肯屈降的事，作「為張睢陽齒，為顏常山舌」；莫校長則發揮為「張巡守睢陽，城陷不肯屈，常山顏杲卿，勾舌猶罵賊」。最後，在論及漢使蘇武方面，〈正氣歌〉作「在漢蘇武節」，莫校長則作「廿年蘇武節」。按蘇武出使匈奴，為後者所扣留，不肯放還，要他投降。蘇武不屈，並把漢帝頒給他的桿節握在手中，表示忠於漢室之意。結果他被驅往北海（現今的俄羅斯的貝加爾湖）牧羊。

十九年後才能歸漢。莫校長作二十（廿）年，是要吻合五字一句的規律，並非誤解史事。我讀史書，每到蘇武守節的事，都不能自制而下淚。特別是讀到蘇武要回歸漢室，好友李陵，設宴為他送行一段，更感到無限欷歔。李陵是無辜的。他是名將李廣之後，虎父無犬子。但他的運氣不好，他奉漢武帝之命出戰匈奴，結果被誤傳為匈奴所擄，屈膝投降。但真正投降的，不是李陵；而是另一李姓的將軍李廣利。漢武帝一聽士卒報稱李將軍投降匈奴，便怒火中燒，即時下令把李陵全家上下處斬。到李陵真的被匈奴人擒獲時，知武帝斬殺其家屬，沒有轉動的空間，只得投降，也立時受到匈奴人的厚待。李陵投降，固是令人感嘆，但武帝不分皂白，不辨真假而濫殺無辜，則更是令人氣憤。李陵是蘇武好友，兩人素有深交，蘇武對李陵的處境，也很同情，但投降便是投降，其隱意是賣國，也是不能否認的罪狀。匈奴人最後釋放蘇武歸漢，在蘇、李把酒相別時，李陵一時感觸，激動起來，一方面為好友終能榮歸漢土而高興，另方面也為自己的遭遇而羞慚無地。這實在是歷史的悲劇，我們讀到這段史事，除了敬佩蘇武的節義外，同時也同情李陵，為他的遭遇感到不值。降與不降，氣節的能否堅持，只是一線之隔而已，是很爭朝夕的。❶

---

❶ 我讀歷史，讀到這一節，心情總是感到凝重不已。蘇武與李陵本來都是好人，也有才幹。李陵是飛將軍李廣之後，武藝嫻熟。只是由於歷史的錯誤，讓他做不成忠臣，反成了千夫所指的漢奸。我又讀有關宋代的楊家將的故事（好像是《楊家將演義》），看到老令公楊業抗遼失敗，被困於山丘。楊業年事已高，苦戰了一整天，正在一塊平地上歇息，想著要好好躺下來，以抖擻精神，再上戰場。他猛地抬頭一看，前面明明豎著一塊石碑，刻著「李陵

再回到莫校長。我由童年時代開始便已在學校讀書，由小學（在那個時代還未有幼稚園，即使有，也不是人人能入讀，主要看能否擔負學費而定）而中學，而大學，而研究院，以至到國外飲東西洋水，印象最深刻的，還是在敦梅學校的那四年時光。到小學快將畢業，低年級同學為我們唱歡送畢業同學歌，才有離別的、依依不捨的感覺。對於那首歌詞，我現在還依稀記得：

> 創校四十年，桃李滿萬千，
> 濟濟作多士，芬芳遠近傳，
> 琢磨共數載，日月逝如川，
> 諸君今畢業，扶搖萬里天。

這首歌的歌詞，有說是莫校長的尊翁莫敦梅作的，也有說是當年莫老先生的好友沈兼士作的。歌詞中涉及兩個典故，一是關乎孔子的（日月逝如川），另一是關乎莊子的（扶搖萬里天），我們都不能明白。只是覺得整篇作品，非常親切感人，也很有勉勵、祝福的意

之墓」字樣。老令公心想像李陵這種人死後也配立碑，自己則抗遼兵敗，結局可能是戰死沙場，屍骨無存，不如在這裏了結算了。想著想著，忽地把心一橫，衝向石碑，讓頭顱碰個正著，即時腦漿塗地，壯烈身亡，石碑也被撞跌下來。這件事總是讓人有萬千感慨。楊業是忠於朝廷的名將，忠肝義膽，也不能原諒李陵，其他凡俗眾生，自然不用說了。我認為，我們就民族大義來評價一個人，不應機械性地以投降敵人與不投降來鎖定當事人的正負面的人格價值。例如，蘇武是正面價值，李陵則是負面價值。毋寧是，我們應把當事人的動機與現場的具體狀況也拿來作適當的、合理的考慮。對於李陵，也是一樣。這樣，他的漢奸形象庶幾可以洗脫掉。

味。

　　聽完這首歌後，我們是真的畢業了，各奔前程。我們在那個時候，畢業便真的畢業，完成在學校的學業，很少和原來教過自己的老師繼續交往，不單不會獨個兒或集體地到老師家中拜訪他們，也很少回母校。我當時家裏貧窮，想著看望老師總需帶一點禮物，不能空手去。但我哪裏有餘錢買禮物呢？只得罷了。連莫校長也很少見了。那時官立學校正在發展，冒了起來，私立學校日漸受到壓抑，生存不易。敦梅學校在我畢業後成立中學部，改稱敦梅中學。但辦了三兩年便停了，最後連整所敦梅學校也關掉了，是不是由於經濟的原因，我不大清楚。莫校長也很少見到了，只是有三數次在搭船過海時碰到他，與友人一齊下船。但莫校長未有察覺他和我是在同一條船上。我聽人說，他結束了敦梅學校後，在漢文師範學校（漢師）任教職，詳情則不大清楚。只是有一次，我們渣甸山的政府公務員宿舍落成，父親擺入伙酒，邀來高朋滿座，莫校長也來了。他在席間也提及我在敦梅學校時時常有好成績的事。實際上，在小學階段表現優秀，考列高等第，根本不算甚麼一回事。中學、大學階段也是如此。甚至讀碩士，連博士學位也拿了，還不能算數。尤其在今天，高等教育越來越普及，入職對學位的要求，越來越苛刻。你即使拿了博士學位，也不能保證能在大學或大專院校取得教席。弄學問是終身的事，小學階段算得甚麼呢？

　　小學畢業後，父親安排我在他任教的金文泰中學就讀，恰巧莫校長的令郎莫汝鵬也入來。這中學勉強地說算是名校，但是中文中學，香港的教育狀況，是重英文而輕中文的。因此金文泰中學的學生的質素，並不見得都很好，好的學生都入讀英文中學的。我時常

考得很高的名次，汝鵬的成績則是一般。我讀甲班，他讀乙班，金文泰一向是以學生的成績來決定他們讀甲、乙、丙班的。中學畢業後，我考進了國立台灣大學醫學院讀醫科；汝鵬則進了僑大（僑生大學）先修班，這先修班專供海外的華僑學生就讀，相當於大學預科，學生在那裏讀一年後，便可投考台灣任何大學，能否成功，要看成績而定。很明顯，汝鵬在中學畢業後報考台灣的大學時失利，只考上僑大先修班。他的計劃是，在僑大讀一年後，便報考台灣大學醫學院讀醫科。

一年後，我放棄了台灣大學醫學院醫科的學籍，回香港中文大學讀中國文學與宗教、哲學。關於此中的詳情，我已在拙著《苦痛現象學》中有詳盡的交代。汝鵬則順利考入台灣大學醫學院讀醫科。

敦梅學校大概是在一九六一、二年間停辦的。在一九六七年春季，敦梅學校校友會舉行一次聚餐，邀請所有校友參加。我如期前往，由於碰不到自己那一屆的相熟同學，便在房間的一角坐了下來，與在小學時代任教高年級中文和國音（普通話）的老師潘爵凱先生閑聊。過了一陣子，莫校長進來了，看見了我，便和潘老師談及我和汝鵬在台灣大學讀醫科的情況。他以語帶輕視的口吻說我在台灣大學讀醫科時成績不好，結果放棄學籍。回香港中文大學讀文科，云云。說到兒子汝鵬，便眉飛色舞，說他在台灣大學讀醫科的成績如何卓越，哪些科目考試時得滿分（一百分）或九十多分，云云。我當時感覺非常詫異，同時覺得受到侮辱，難以忍受，便藉故離去。我雖然買了餐卷，結果沒有回來用餐。自此之後，也沒有再見到莫校長，只是在一九七四年暑假我在日本留學，乘回香港之便，參加莫校長的喪禮。

在那個聚餐的晚上，莫校長對潘老師談及我和他的兒子汝鵬在台灣大學讀醫科的事，給我很強烈的衝擊，讓我有無法容忍的屈辱感。我從來沒有跟他談及我在台灣升學的事情，在學習方面，我從醫學轉到文學、哲學、宗教，過程非常複雜，自然也沒有跟他提及半個字。實際上，我自小學畢業，離開敦梅學校以後，已沒有跟他見面了，只有上述的父親擺入伙酒請客是例外；我也沒有跟敦梅學校的老師見面細談。莫校長的有關我在台灣讀書的事，肯定地是聽回來的。我雖然很尊重莫校長，對他當年不收我學費而讓我入讀敦梅學校的事，一直懷有感念之情。但他作為一個受尊敬的前輩，不應在我面前對一個第三者談及我自己的事，何況那些事是聽回來的，是未經我自己證實的。至於他談話時的輕視的口吻、態度，則更讓他失去長者的泱泱大度的風範。他在別人面前稱讚自己的兒子的成績如何超卓，如何壓倒其他僑生甚至台頭（我們通常稱台灣本地生為「台頭」），那是他的言論自由，我不想在這裏置評。

在這裏，我只想作一些個人的主觀的臆測。汝鵬和我在小學時的成績都是很好的；但到中學，汝鵬的成績大幅下滑，我則一直排在榜首，莫校長可能感覺失望了。他尤其感到難過的是，中學畢業後，我考上台灣大學醫科，汝鵬則只能廁身僑大先修班，要捱上一年才能進台大醫科。同時，他對我在離開敦梅學校後便極少再找他、拜訪他，感到不滿，認為這不是後生對待長者應有的態度。關於這點，我是承認的，而且覺得要改善。我並不很懂人情世故的事，對於長者、前輩，時常缺乏敬意。這肯定是我在做人方面的缺點。

另外有一點，可以提一下。我進中學初期，父親因為一些事要

與莫校長聯繫。有些文件或著作送給他，便著我到莫校長家裏。那是我第一次也是唯一一次拜訪莫校長。閒聊了一會，我便站立告辭，莫校長從他的大廳的桌上拿起一盒糖菓，說他們不吃，要給我帶回家吃，我接下了，說聲「多謝」，便回家。回家後打開那盒糖菓來看，糖菓都是壞了的，不能吃的，而且盒子有已被打開過的痕跡。父親與祖父沒說甚麼，讓我把它丟到廢物桶裏。我心裏覺得很不舒服，很難受，想著我們雖然窮，買不起一盒糖菓，但也決不會接受別人送來的已經變壞了的食物。你自己不願意吃、不想吃的東西，為甚麼要送給別人吃呢？孔子不是說過「己所不欲，勿施於人」麼？莫校長有很好的國學學養，肯定曾讀過《論語》記載孔子所說的這句話。當時我感到受侮辱，被人看賤。我對莫校長的印象也打了折扣。

莫校長的晚景，聽說也不很好。他自關閉了敦梅學校後，教育理想不能實現，只在漢文師範學院做些事。他的兒子（汝鵬、汝虎）對他的學問與志業，也不很理解。他去世時，年紀並不太大。聽說他的身故，是由於一次在洗澡時不慎踏著肥皂而跌倒，撞傷頭部所致。那是一九七四年的事。他是南京的中央大學的畢業生。他去世後，父親和我一齊參加他的喪禮。父親是以摯友的身分參加的，我則是以敦梅學校校友的身分參加的。在參加喪禮的行列中，我見到唐君毅先生，他是在中央大學念哲學的，與莫校長有校友的關係。

莫校長似乎沒有留下甚麼著作，只編過一本《經訓》，那是先賢的嘉言懿行的記錄，然後附有一些評論、註解。這本書從未在書坊出現過。反而在他逝世後，舊書坊頗有一些他所儲存的書籍發售，大概是他的家人覺得他們不需要這些書，便把它們賣給舊書

坊。

　　再回到那天晚上我感到受屈辱的事。我相信莫校長對潘老師說的那番話，並無惡意，也不必是有意要折辱我。也許他只是要替兒子汝鵬爭回些面子，因此盛讚汝鵬的成績怎樣怎樣的好。這是無所謂的。不過，我覺得他並不了解我，只把我視為一個勤奮好學的青年，目的是要爭取好的成績，俾能出人頭地；一旦在醫科中遇到困難，便嚇怕了，找一些較容易應付的科目來唸算了。說真的，我在當時也並不很了解自己，自己正陷於價值的大迷亂之中，不知道如何抉擇自己的路向，只找順通的、便宜的路來行。不單莫校長這樣看我，很多以前的同窗同學，以至樓上樓下的鄰居，都是這樣地看我。他們只看到我外表上的浮淺的、衝動的一面，看不到我內裏的深沉的、理性的一面。我對自己的要求很高，在未找尋到自己認為滿意的、有深刻的與悠久的意義的東西之前，我是不會罷休的。在大一與大二這兩年中，我都在迷亂中度過，所表現的，基本上是一種激情，那不是真正的自己。在這兩年中，我先後唸過物理、醫科、歷史、中國文學。都是好像盲頭烏蠅那樣亂撞亂碰。大三那年才比較好些，我終於沉住氣，坐下來，仔細地了解自己了。我了解到自己的問題是價值觀問題，而這種問題是需要關連著較具體的文化觀以至人生觀來定位的。一言以蔽之，這其實是安身立命的問題。懷有這樣問題的人，註定是要走哲學與宗教之路了。

　　由莫校長的輕視的話語所帶來的屈辱感，不啻是一巴掌向我直摑過來，摑醒我的浮誇的、鄙薄的、輕佻的夢想，讓我自己回到現實中來，刻苦地、深沉地面對人生的莊嚴性，向自己的靈魂深處鑽，把自己的本來面目探尋個究竟。這儼如禪師的一棒一喝，讓我

起死回生，歿後復甦。明乎此，莫校長的刺耳的話所帶來的屈辱感，確是具有現象學的意義（phänomenologische Bedeutung）也。

至於那盒變壞了的糖菓的事，我想莫校長也無意折辱我。只是覺得糖菓已經不能再吃，把它丟掉又有些可惜、浪費，於是假手於我，讓我把它丟掉。他或者也認為我對變壞了一些的糖菓並不介意，照樣拿來吃。他並沒有想到這樣做在背後違悖一個倫理原則，這便是孔子所說的「己所不欲，勿施於人」了。很明顯，你既然自己不願意吃，也應推斷別人也不會拿去吃，他沒有同情共感的道德懷抱。

第四章　在屈辱中摸索現象學的曙光（二）

一、父親的理據

　　我於一九四六年出生於大陸的農村，那便是廣東省南海縣荔莊村。兄長早我三年出生，弟弟則遲我兩年出生。我出生時，母親的體質很差，故我是先天不足的。到弟弟出生，母親下身變得癱瘓，不能獨自走路，只能靠著房中一些東西（如桌子、椅子、凹凸不平的牆壁、大門）勉強行十來二十步，就是不能離開房屋外出。一般的家務，如煮飯、洗衣、縫衣服等，還是做得來，只是做得很慢而已。一九四九年大陸政局變天，祖父、父親相繼逃到香港去。一九五五年，父親替我們申請到香港去，留下三弟和母親相伴，也可說是照顧母親。

　　在那個時代，在香港謀生，並不容易。父親在一些私立中學教書，並在家裏成立「中華藝苑」，替人作私家補習，教他們舊詩詞、古文、書法、繪畫、刻印章等，收些學費以幫補家用，勉強可以維持下來。

　　不過，父親的身體不是很好，有多種疾病，較嚴重的是心臟病

與高血壓。他日、夜都要工作賺錢,除了解決自己與我們祖、孫兩代的生活外,還要每月寄錢回鄉,以維持母親、弟弟和祖母的生計。在這種情況下,他需要找一個女人來照顧自己,也打點家裏的細務,包括煮飯在內。找甚麼女人呢?他曾經先後和好些女人來往,包括他的學生、親屬和透過朋友介紹的,結果都不成功。大概是由於自己已是一把年紀,又有幾個兒子的緣故。

最後找到一位。她是替洋人打工的,主要是弄西餐、蛋糕,讀書不多(她說只讀至中學二年級便輟學了),較父親年輕了二十年。但她的體質很好,活力充沛,幾乎甚麼事都能做,家裏的事務完全難不倒她。不過,她也有自己的缺點,那是我們祖孫都不喜歡的。例如不花錢,甚至貪錢(我們廣東人叫守財奴)、聚賭(最喜歡打麻將耍樂)和帶著一大班親朋戚友來我家開大食會,搞熱鬧氣氛。我們祖孫三人都不喜歡她,而且是非常不喜歡,覺得她的嗜好、性格各方面跟我們吳氏書香世家都不協調。結果父親還是把她娶過來了。雖說是「娶」,但父親並沒有跟她到婚姻註冊處登記,因父親跟母親並沒有離婚,在名義上母親仍是他的妻子,父親和她登記結婚,便犯了重婚罪了。父親大概也不想過分刺激母親,這樣會引來鄉中戚友很大的反感。

父親並沒有徵詢我們祖孫三人的同意,便把這個女人納進了吳家,並要我們稱她為「二嬸」。我們通常是以「嬸」稱呼母親的,不稱她為媽媽的,這可能是沿承自鄉中的習俗。父親要我們稱這個女人為「二嬸」,頗有以母親與這個女人為姐妹的意味。這是他事後提到的。

要娶一個女人過來並不簡單,何況我們祖孫三人對她並沒有很

好的印象，對在香港方面的親友也需要有交代，特別是，我們的姑婆（祖父的親妹妹）曾介紹過一個姓鍾的女子給父親，我們對她有較好的印象，她很溫文，遠不如「二嬸」般潑辣，後來不知何故便沒有來往了。姑婆顯然也不喜歡這位「二嬸」。

　　父親在把「二嬸」納入我們吳家的前夕，把我們兄弟二人叫來，站在一邊。父親解釋「納婦」（我不想用「納妾」字眼，母親聽了會很難受）的理由如下：

1. 父親身體虛弱，教務（在高中任教，又設私家文、史、詩、詞的補習）繁重，起居飲食需要有人照顧。
2. 祖父年事已高，不能繼續替我們煮食（在「二嬸」入門之前，祖父一向負責一家的早、晚飯）。這需要有人來接班。
3. 我們兄弟仍然年幼，仍在上學（中學）階段，需要有人照顧，如弄早點、洗衣服之類。
4. 渣甸山的政府公務員宿舍面積大（有 1500 方呎），清洗打理不易，需要有人幫忙。
5. 這是最重要的一點。父親納「二嬸」的事，已徵得母親的同意和諒解。他已告訴母親，他們不會在香港正式註冊結婚，故母親的地位，或他與母親的關係，不會因此而改變。

父親特別強調，我們與「二嬸」必須保持良好的、和諧的關係，不能有爭吵。一有爭吵，他便會動氣，感到不舒服，血壓便會升高，對身體構成危險。他的心臟一向不是很好，有時有血管栓塞的現象，若血壓突然升高，會讓血管爆裂，有生命危險。倘若是這樣，或父親的狀態太差，便不能教學，不能賺錢。由於父親是全家的經濟支柱，他若倒下，全家便陷入經濟困境，我們兄弟便得停學，也

沒人匯錢給鄉中的祖母、母親和弟弟了。父親最後提出的結論是，我們必須接受「二嬸」，和她保持良好的關係，最低限度要和平共處。他只是從他個人的處境、角度來想，要我們顧及大局。他並未有想到，或意識到，要我們兄弟二人（特別是我自己）硬要接受一個我們壓根兒便不想接受的人，要在以後漫長的日子中和她共住在一起，會對我們做成巨大的精神壓力，對我們年輕人心智的成長和性情的培養，會做成非常深遠的負面影響。關於這點，我會在後面作詳盡的交代。

二、三十年的噩夢

「二嬸」是在一九六○年後期加入我們吳家的。我聽了父親的上面所提的「訓誡」，對於這個新的家庭成員（從父親要依靠她來照顧一點說，她可說是新貴）和自此之後的家庭狀況，已有了些心理準備，但未想到會變得那麼糟。首先是父親和我們之間的關係變得疏離，甚至非常疏離。祖父平時已很少和父親談話，甚至父親每月給他作零用的錢，也不是父親親手交的，而是託我交的。「二嬸」駕臨後，他們兩位長輩的交往便更少。除了一些要務（主要是有關鄉中的事情）外，他們幾乎整天都沒有溝通；即使有，也只是閒聊幾句而已。父親和我的關係也明顯疏離。在此以前，他的學生時常約他外出旅遊，例如坐船到大嶼山那邊玩個飽，或到新界元朗吃海鮮（有時也私下吃狗肉），或到沙頭角看看（只能遠眺）大陸華界那邊，以解思鄉之情（他們把沙頭角對面的華界叫做「國門」）。父親常常都帶著我同去。另外，父親喜歡散步，有時也找我作伴。我們通常是沿著家

裏附近的金督馳馬徑步行，看看周圍的景色；父親有時也問一下我的學習情況。我們雖同在金文泰中學，但父親未有被安排在我的班上授課，故對我的學習情況，所知不多；有時是透過其他同事得知一二。因此，父親很多時在散步中和我閑聊這方面的事。父親也有耍太極拳的習慣，我們每行到一些稍為空闊的平地，他都照例作大約半個小時的太極拳練習，並著我不要管他，只需拿自己隨身帶著的書來看便是。練習完畢，我們便沿著原來的路步行回家。「二嬸」來了以後，父親外出散步，她總是陪著，便把我撇在一邊了。最尷尬的場面是在吃飯時，我們祖孫三人只是低著頭吃飯，「二嬸」總是絮絮不休地和父親說話，談一些瑣碎而無聊的東西，父親有時保持沈默，有時也回她一兩句。可見父親也並不喜歡和她閑聊。兩人的教育、知識水平實在相差太遠，不要說學問，連對一般的時事問題的看法也有距離。在興趣方面，尤其無法拉近。父親是一個文人、書獃子，時常自命清高，性格孤僻，不善也不喜歡與人交往。「二嬸」則是一個市井的庸俗女人，喜歡一般女人所喜歡的東西，特別喜歡買鞋，買一對回來，穿一兩次便擱在一邊，要找新的了。因此，在整個「飯局」的過程中，好像只有「二嬸」在自說自話，其他人則只管吃飯，吃完便急急走開了。這樣的場合，常常讓人悶得要死。

有一段時間，我覺得無法忍受下去，曾想過到外邊吃飯，以避開那種尷尬場合。但當時的渣甸山是郊區，附近只有一家賣汽水雜食的，要到市區，便得坐巴士，若是中午和晚上都到外邊吃，則需要坐四次巴士。同時，我哪裏有那麼多的零錢到外邊吃飯呢？我只是一個中學生而已。結果還是要留在家裏吃那些悶飯。在這段時

間，我想出一個辦法，便是每當吃飯，我便拿報紙來看。一邊看報紙，一邊吃飯，頗有一般人在茶樓「一盅兩件」的樂趣。在我享受這種樂趣期間，有一天被父親叫進他的房裏，臭罵一頓，說我作為一個後輩，怎能這樣吃飯，這樣眼中全無長輩呢？他很明確地表示，這樣做是對長輩很不敬的。我明白他的意思，但也想說明原委，說自己無法忍受那種孔子教下的「食不言」（只有「二嬸」一人違背這規條）的氣氛，但始終沒有開口說個清楚，只由他在罵。我不想讓他激動，惱將起來，又說會爆血管了。自此以後，我吃飯時便不再拿報紙來看，只想儘快吃完那餐「辛苦飯」便走開。我估計父親也許心裏明白我的感受，但「二嬸」顯然視我看報紙為對她的抗議，是對她不滿的表示，因此把矛頭指著我而來，暗地在父親面前說三道四，數我的不是。父親為了要遷就她，便把我叫入房中訓斥一頓。他應是一個有腦袋的、會觀察與思考的人。他這樣對我，有他的苦衷在裏頭。

吃悶飯只是日常生活中的一個環節，還有很多小環節是讓人難以忍受的。「二嬸」對父親的確很好，閒時不時煲湯水、燉補品給他吃，但只是父親吃而已，我們兄弟自然無緣參與，連祖父也被擱在一旁。家中很多吃的用的，她通常都買兩種回來，好的一種給父親吃用，劣的一種給我們吃用。例如橙，父親吃的是美國進口的新奇士（Sunkist）橙，我們吃的是一般的平價橙，泰國進來的，菲律賓進來的，大陸進來的，都有。最後我無法忍受，乾脆不吃那些平價橙，卻拿自己的零用錢買新奇士橙吃。父親看在眼裏，不知是否痛在心裏。他只是不理不睬，當作無事一樣，繼續吃他的新奇士橙。另外，甚至在肥皂方面，「二嬸」也分等級。她買兩種肥皂，

一種是香氣芬芳的力士（Lus）皂，是逐個逐個買的；另一種是一打捆在一起的果汁味皂，是特別廉價的。不用說，她和父親用的是貴價的，我們用的是平價的。對於這點，不知父親有沒有覺察到，這種情況一直維持了很多年，都沒有改變。

以下我要對上面所提的幾點，作一些現象論以至現象學的評論與省思。首先是父子的疏離問題。父親和我都有比較強的個性，不易依從他人，要堅持自己的主體性。同時，我們所學的東西，有很大的差距。他是舊學出身，讀很多古典文獻，他的早年老師黃祝渠，正是國學根底很深厚的讀書人。在這方面，我自己也受益不少。這是由於他在家裏時常開補習班，是私家性的，學生來聽他講詩詞古文，他也要我們兄弟來旁聽的緣故。但我自己所學的，比較博雜。除了中國的舊學外，我又修理科，吸收科學思想。對中國傳統的舊文化，有時不免批評幾句，他總是說我的思想浮泛，個性固執，又見異思遷。在這種情況，父子之間隔漠起來，少溝通，自然是難免的。但不至於到疏離甚至極為疏離的程度。「二嬸」來了後，疏離問題變得非常嚴重。我們父子之間，好像隔了一層厚牆，彼此幾乎沒有溝通，有時我甚至覺得，我和父親在一年中的談話，還少於我和同學或朋友在電話中的一次細談。甚至在街上，父子碰頭，也沒有甚麼好談，只是勉強打一個招呼，便各行各路了。對於這種現象，我相信父親也不想見到，但他身邊多了一個女人，那是我從來不歡迎的。在我們兩人之間，父親如何抉擇呢？現實是殘酷的，父親覺得，若沒有了我，家中的情況壞不到哪裏去；但若沒有了「二嬸」，祖父又年邁，整個家會癱瘓下來：沒有人煮飯、洗衣服、清潔家庭，和照顧他，特別是他在健康上有那麼多的問題。基

於這些原因，父親最後還是遷就「二嬸」，犧牲了我。「二嬸」似乎看透了這點，便越來越對祖父和我們，老實不客氣起來。我的個性頑強，不肯屈服，她便進一步向父親施壓，父親便不得不強要我就範。即使是去了廁所出來，忘了關燈，吃飯前不出來幫忙執拾飯桌，擺放筷子等小事，「二嬸」都不放過，干預起來。我恐怕與她衝撞起來，父親會惱怒，只得忍氣吞聲，照她所說的去做。但聽在耳邊，憤在心裏。這樣，過了一段長時期，內心便變得抑鬱起來，感到屈辱，心裏受著壓力。但為了大局，又不好反抗。這種抑鬱感、屈辱感越來越強，以致於時常獨個兒關在房裏，不與家人溝通，只在吃飯時出來應酬一下，匆匆吃完便離席，返回房間，獨個兒呆坐，有自閉傾向。

對於這樣不愉快的環境，總應想辦法應付。本來，我曾有幾次想和「二嬸」和解，於是見到她時，和氣起來，在很多小事上都和她合作。但她好像有恃無恐，更為橫蠻起來。我的印象是，她認為自己手上持有一張皇牌，那便是父親對她的完全依賴，沒有了她，父親便健康不保，不能正常教學賺錢，這樣，全家人便遭殃了。於是，我便死了這條心。我對家庭既然是完全失望，便把精神與時間集中在學習方面，拼命用功讀書，連生病時也不好好休息，還是勉強硬撐，堅持學習。結果我在中學的成績都很好，連續四、五年考試拿第一。考試拿第一是不用交學費的，因有政府免費學額。這樣，我便為父親節省了學習上的開支，也讓「二嬸」不會小看我。我的用功讀書的習慣，便這樣地養成了；一直到現在，還是這樣，在學問上，我是能做出一些成果來，但健康也因此被弄壞了。長期以來，我都是迫著自己做自己無法做的或非常艱難的事，包括對佛

學的研究，特別是學習梵文與藏文。我越是用功做研究，便越是與父親疏離。這種惡劣的情況，也出現在我和妻子與兒女的關係上。不過，這是後來的事，我在這裏不想說得太多。但我自己內心的抑鬱感與屈辱感，隨著歲月的增長，與家庭的不斷摩擦，尤其是與「二嬸」的交手過招，最後被父親壓服，強要自己忍受，最後終於釀成我在精神上、心理的憂鬱（depression）症狀。這種症狀，到現在還在困擾著我。我雖然有對佛教所說的無執、無我的存在的體證，也有靜坐、念佛的實踐，對前途、將來的成就懷有無限的盼望，也具有很強的信心，要建立自己的哲學體系。但這種憂鬱感還是時常陪伴著和困擾著我，讓我不能有歡愉的感覺。過往三十年的噩夢式的生活，時常化作一種悲哀、哀傷，湧現上心頭，讓我終生感到遺憾與惆悵。

正是由於這樣，我對自己的子女，管束得很少；他們喜歡的東西，我都會在自己的能力範圍之內，滿足他們。當年我父親開私家補習班，要我們一起來聽。雖然我在其中受益不淺，但我沒有不聽的自由。現在我對自己的兒女，採取開放甚至放任的態度；我沒有硬要他們了解自己的學問，看自己所寫的書。他們喜歡做甚麼，倘若不是過分的話，我都任由他們。我們對於子女，只應關心、企盼，不應強加限制，強要把自己的想法加諸他們身上，要他們這樣做那樣做。他們既然生而為人，便應該以對待人的態度對待他們，給他們自由與尊嚴，不要把他們視為自己的附屬品；不要把生、養、教他們，當作一種投資，希望日後獲得回報。這種做法，很可能會帶來反效果，弄到子女和大人疏離起來，他日在街上碰到，也狀同陌路。我與父親當年的關係，便陷於這樣的田地：父子在街上

相逢，如同陌路，不知說些甚麼話才好。甚至父親有病，住進醫院，我到醫院探他，也只是見一下而已，雙方都不知說些甚麼話。最後還是父親說：「時候不早了，回家去吧。」於是我便離去，帶著些輕鬆的感覺。其實這並不是很好，父子弄至「相對無言」，沒有溝通，對雙方來說，都是人生一大損失，是一大悲劇。

在這裏，我謹以沉痛與至誠的心情，提醒與勸告天下的父母，不要硬迫孩子做他們不喜歡做的事，尤其不要勉強他們接受他們不願意接受的人，不要把自己的那一套價值觀，強加於他們身上，要他們和自己一樣有同樣的好惡之心。要讓他們有足夠的自由的空間，以抉擇自己的前途與生命的方向。不要堵塞他們的創造的源頭，禁錮他們的自由的靈性。❶特別是，要和他們多溝通，聆聽他們的心聲，分享他們的歡樂與分擔他們的哀痛。沒有溝通，便沒有理解，沒有恰當的行動，人生的悲哀，常是由此而導致。

至於吃、用的東西分等級的問題，我所不滿的和不能接受的，不是價錢低，東西賤，貨劣的問題，而是一家人在食、用方面的階級分野的問題。我出生於農村，赤足踏著泥土牛糞長大，對於貧窮，已是習以為常了。很多時家裏沒米煮飯，母親便著我向鄰家借一兩升，待有錢買來時便歸還。有時鄰村有人擔著活魚（以木桶盛水，把魚放在內，故買時還是活的）逐巷逐家叫賣，家裏沒有餸菜了，既然有活魚過街過巷賣，母親便買幾兩魚肉作餸烹來吃，但手頭沒有

---

❶　王弼解《老子》，提到道家的對萬物的態度是「不塞其源，不禁其性」，很能道出道家的自由開放的處事方式。塞源是堵塞源頭，禁性是禁錮靈性，這是法西斯主義、共產主義、軍國主義所優為的，是對自由民主的一大挑戰。

錢，只能賒了。賣魚佬由於雙方都很熟絡，也不介意，在下次買魚時一併計算便可。因此，貧窮對我來說，絕對不是問題。成問題的，是「二嬸」把我們一家人分成兩等，父親是一等的，我們祖孫是三等的。等級不同，吃、用自然不同。這種做法，不是讓父親和我們的關係更為疏離麼？而且這種做法根本不合理，違背人人平等的原則。這是共產黨所擅長的做法，他們宣揚階級分野、鬥爭，讓人民互相仇殺。父親看到這種情況，恐怕也會感到不安吧。倘若真的感到不安、不舒服，則你多吃幾個新奇士橙，對這不安、不舒服，能有甚麼幫助呢？

最令人不能忍受的是，父親喜歡吃魚，因此「二嬸」常買魚來蒸吃。她通常是整條魚買回來的。魚有不同部位，魚背是最好吃的，魚尾便差一些，魚肚又差一些，魚頭便沒得吃了。在吃飯時，她總是把一碟魚依一定的方位來擺放：魚背對著父親，魚肚對著祖父，魚頭則對著我。我們家裏一向奉行一種「良好的」吃餸菜規矩：成員通常應挑取對著自己的一邊的餸菜來吃，不應超越界線、方位，那是不禮貌的、缺乏教養的。結果是，父親吃魚背的肉，祖父吃魚肚的肉，我則吃魚頭，無肉可吃。「二嬸」竟對別人（鄰居）說，父親喜歡吃魚背，祖父喜歡吃魚肚，我則喜歡吃魚頭！魚頭都是骨頭，有甚麼好吃呢？吃甚麼呢？「二嬸」的這種做法，不單不誠實，而且有欺騙與愚弄在內，讓人感到很大的屈辱。結果是，我很快便把飯吃完，掉下筷子，匆匆走進房中。對於這種情況，不愉快的情況，父親看得很清楚，但不知他的內心有何感受。不過，有時他也提醒我挑取些好餸菜來吃，父子之情，總是自然的天性，沒法阻擋。但父親還是礙於「二嬸」的面色，「二嬸」的確

待他很好，甚至過份地好，因此，很多時他還是順從「二嬸」的安排。

由於在學問上的野心，我需要盡量運用自己的精神與時間在學習方面，俾能得到最好的成果，因此，即使自己對家庭異常失望，強烈渴望離開，到外邊找個地方居住和解決吃飯的問題，結果還是呆在家裏與「二嬸」日夕相對。我實在挪不出時間與精力在外邊兼職，以解決自己的食宿問題。但由「二嬸」而來的屈辱感，的確在腐蝕我的精神與情緒，甚至做人的莊嚴性。畢竟形勢逼人強，你要成就學問，便得接受屈辱。我當時想，君子報仇，十年不晚，我有的是生命的青春與時間，重要的事業、業績擺在自己面前，需要自己去完成，要成就大事，便應不計小節。勾踐與韓信都能忍受屈辱，最後能達致、實現各自的理想，我自己便不能麼？我當時想，人的璀璨與榮光，很多時是建築在艱難困苦與屈辱中的，眼前的屈辱對我來說，正是一種考驗，能否成就大事，便要看能否承受這種考驗了。想到這裏，我便忍了下去，不與「二嬸」正面決裂、火拼，也不想父親的健康因為家中的不和、衝突而受到負面的影響，致受到傷害。

三、四代空緣置若閑

一九九二年六月，父親病逝於香港法國醫院，享年七十六。在我為他寫的輓聯中，有「幾代空緣置若閑」一句。這裏我說「四代」，是說得具體一些，指祖父、父親、我自己、我的兒女四個世代。我要說的是，自「二嬸」入門以後，讓我們吳家這四代上上下

下都處於疏離的關係之中，大家好像不投契，沒有緣份（空緣），卻聚在一起，但父親好像不介懷，不把這種讓人痛心與哀傷的關係，放在心上，仍然若無其事（置若閗），自得其樂地生活。起碼在表面上看來是這樣。

以上我曾經詳述過，「二嬸」納入我們吳家，其中一個重要的禍害是讓我們的祖父、父親，和作為兒子的我三代進入一種嚴重的疏離關係中。不客氣地說一句，「二嬸」在父親的枕頭邊，不知說了我們祖、孫多少的壞話。父親對於這些壞話，初時可能不信，但聽得多了，便動搖起來，想到空穴來風，未必無因，最後不信也變得信了。祖父在上世紀六十年代中期病故，這種疏離狀況並未有因此而淡化，反而讓我們兄弟兩人變得孤立起來。本來是我們祖孫三人聯結在一起的，祖父去後，我們便變得勢孤力弱了。

這種由疏離關係帶來的屈辱感，在我後來娶妻生兒育女之後變得深化起來，我和「二嬸」的對立也更為明顯，而所肩負的屈辱的來源也擴大了範圍，由家庭之中擴展到家庭外的左鄰右里方面去。我的壓力也愈來愈大，由抗拒「二嬸」而保護自己拓展為保護自己和妻子兒女，而屈辱感也相應地由自己本身牽連到妻子兒女方面了。

一九七四年四月，我到日本留學，先在大阪外國語大學攻讀日本語，為期半年。八月乘暑假回香港，和現在的妻子結婚，然後回日本，繼續學習日本語。十月轉到京都大學，正式展開嚴格意義的佛學研究，攻讀梵文、藏文與佛學，特別是龍樹（Nāgārjuna）的邏輯與陳那（Dignāga）的知識論。那時妻子也來日本會合，我們暫時擺脫了來自家裏的屈辱的陰影，自由自在地在日本待了兩年。一九七

六年九月我留日完畢，回返香港，仍住於渣甸山的家庭。同月女兒慧川出生，我們既喜且悲。喜的是新生命的誕生，悲的是「二嬸」多了一些攻擊我的藉口。她雖然沒有明顯對我說，卻暗地向妻子表示家中的租金是我的令兄負擔的，鄉中母親的生活費也是他拿出來的。言下之意是我只顧自己留學、研究，對家庭的開支沒有貢獻，云云。她也把這點向鄰居上下反映，於是我成了他們關注的目標。他們在想，這個人怎麼大學畢了業，又拿了碩士，又留過學，已成家立室，女兒也出生了，怎麼還不外出找一份工作養家，卻還在依靠父親呢？我在家裏待了大半年，一九七七年六月，便到德國去了。我先在巴侖貝流（Blaubeuren）進修德語，十月便北上，在漢堡大學（Universität Hamburg）研究方法論（Methodologie）。我甫到漢堡，妻子也帶同女兒同來。德國北部雖然有點冷，但離開了渣甸山的家，總是好的，可以較輕鬆自由地生活。翌年十月研究完畢，便又回到渣甸山的家。妻子在一家津貼中學教書，我則在一家大專學校兼課，進入半閉關狀態。大部分時間都用來看書與寫書，寫有關佛學研究的方法論方面的書。一九八〇年十月兒子德川出生，家中添了一個新成員，父親初時顯得有點高興，但後來好像淡下來了。一九八三年八月我再度出國留學，到加拿大漢密爾頓（Hamilton）的馬克馬斯德（McMaster）大學專研宗教學，同時攻讀博士學位。稍後妻子帶同兒女來加拿大相聚，在這個楓葉的國家過了三年自由自在的生活。一九八六年暑假我取得博士候選（Ph.D candidacy）資格，便一同回香港，仍是住在渣甸山的家。妻子在九龍一家中學教書，我則寫博士論文。兩年後，我被邀到香港浸會學院（其後正名為大學）教授佛學課程。一九九〇年十月，我由於拿到房屋津貼（housing allowance），便全家遷離渣甸山的家，之後便沒有再回去。

在這段漫長的時間，除了有七、八年左右出國留學外，我們都住在渣甸山的家中。在其間，有無盡辛酸與屈辱；特別是，我好像是在家裏韜光養晦，其實時常是處於警戒、警醒的狀態中，這都與「二嬸」在家裏的陰險與霸道有密切的關連。而父親的表現，也往往令人失望與詫異，特別是對待兩個孫兒女方面。

父親對我的志業，好像並不了解，也不大關心。我三次留洋研究，回來後父子見面，父親出來，淡淡說一句：「你回來了麼？」便回轉入他的房中。從來沒有問我在外邊學些甚麼東西，跟些甚麼教授，說些甚麼語文，看到甚麼風土人情、文化習俗之類。我在外邊留學，一切費用，如買機票、置行裝、在外國食宿等等，都是自己想辦法，主要是靠成績拿獎學金來應付。父親從來沒有支助我一個錢。當然，我由二十七歲開始出外留學，已是成年，一切應該自己解決。但我不是獨自出門的，幾次都帶著妻子兒女去的，生活費自然是一個問題。我沒有向父親說，他也不問我。不過，有時我想，父親的做法是可諒解的。我太專注於學術研究，三次放洋，都是為了學問，沒有停下來，正式找一份工作，賺錢養妻活兒，也侍奉父母。父親沒有勉強我，要我這樣做，已經是很難得了，我還能對他有甚麼要求呢？不過，他對我在學問方面的意向與目標，的確不了解。我從加拿大回來不久，父親有一次提議我去申請作政府公務員，作立法會的即時傳譯，由英文譯為中文，又由中文譯為英文。他並且說，這種工作，月薪有九千元，算是很高了，很優厚了。在中學教書，月薪只有六、七千元而已。父親這樣說，可能是出自一番好意，讓我好好解決生活問題。但他顯然沒有想到，我三

次留學,都是以研究佛學為主,而且放了大量精力與時間在語文的操練上,這主要有梵文、西藏文、日文、德文。這些語文知識對於佛學研究來說是必須具備的,倘若你要在這方面的研究中接上國際的軌跡的話。我是要這樣做的。父親並不明白學習這些語文的艱難,他以為我在外邊主要是用英語的,當即時傳譯的工作不會有問題。他不明白我的英語程度並未到那個水平,也不知道我是決不會這樣做的。我由一九六九年進中文大學研究院開始作嚴格的研究以來,便以學問為職志,並且聚焦在生命哲學特別是佛學方面了。到一九八六年,十七年如一日,沒有絲毫改變。不管怎樣,他這樣提議,也是一番好意,我是感激的。他之所以提這樣的意見,是父子之間缺乏溝通的緣故。

我們中國人總是喜歡兒孫滿堂的,連毛澤東也說「人多好辦事」。父親的做法,與此卻背道而馳。我結婚後,妻子對他很恭敬,不知是甚麼緣故,他對她總是很冷淡。有時妻子想向他學習一些詩文,這本來是一個難得的機會,但父親的反應並不積極,妻子也就算了。在妻子懷孕期間,父親也很少過問,從來沒有囑咐「二嬸」煲些湯水給她補身。女兒出世,父親也沒有到醫院探望。我最不能忍受的是,我們由日本回來,照例是一齊吃飯,我們每月照給飯錢給「二嬸」,不是白吃。但每次吃飯,「二嬸」總是把好的餸菜擺在父親面前,最劣的則擺在妻子面前。她懷孕已多月,應該吸取多些營養,這樣對胎兒也有益,對自己也是必須的。但「二嬸」這樣安排,根本不能讓她吃到有營養的東西。父親看在眼裏,竟然沒有反應,每次吃飯都是如此。我心想我已成家立室,並未在家白吃飯,我是交足飯錢的。你這樣做,不是太欺負人麼?我知道「二

嬸」是狐假虎威，假父親的威，也借著父親對她的依賴，才敢這樣做。有一次我看見擺在妻子面前的只是隔夜的餸菜，父親卻在吃新鮮的魚肉，我忍無可忍，但還是壓抑著自己，不提出抗議，只是一臉怒氣，用極快的動作把一碗飯吃完，把筷子向旁一丟，推開飯碗，霍地站將起來，轉身到廁所去了。我做出這樣的大動作，抗議之意非常明顯，父親卻總是不動，沒有反應。翌日我便向他提出，我們不同桌吃飯了，我們自己煮吃。父親同意了。

佛教有所謂怨憎會、愛別離的說法，表示人生的兩種苦痛。即是說，互相怨恨、憎惡的人，總是冤家路窄，聚在一起；另一方，互相親愛的人卻總是長時期分離開來，沒有碰面的機會。我想，我們和「二嬸」、母親的情況正是這樣。鄉中的母親倘若知道「二嬸」這個二奶這樣對待自己的媳婦，不知會多難過（母親和妻子雖只見過一次面，但她很愛惜妻子）。

父親不但跟我們疏離，同時也跟孫兒女疏離。他平時很少逗他們玩；從外面回來，也從未順便帶些糖菓等東西給他們吃，從未買些玩具給他們玩。他出來客廳，主要是吃飯，其次是看電視，其餘時間，都留在房中。在看電視時，孫兒女在旁邊玩，他也很少理會。孫兒女覺得沒趣，過了一會便走開了。❷我最初想，父親為人嚴肅，不苟言笑；他很年輕便出來做事養家，與我們接觸不多，不知怎樣與小朋友交往，這或許是他不能與孫兒女融在一起，投入他

---

❷　當祖父還健在的時候，他雖然沒有甚麼錢（他的錢都是父親給的，作為每個月的零用），但他每從外面回來，總會帶回一打或半打老婆餅或其他零食，隔一兩天便給我吃一次。因此，我們祖孫的關係很融洽。不過，祖父有時也會發脾氣罵人，會對家裏的事情不滿。

們的小生命世界中的緣故吧。這說中了事實的一部分。其後我覺察到，每當「二嬤」在時，父親對孫兒女會特別警覺，甚至有心要避開他們，有時甚至提早入房看報紙，不留在廳中看電視了。我觀察到，父親是有意在「二嬤」面前迴避與孫兒女的親近場面。兒女正是「二嬤」的大忌。父親沒有跟「二嬤」生育一個半個兒女；她很想有自己的兒女，但現實不可能。她又是心胸狹隘的人，見到別人的兒女在玩耍，玩得痛快，不但不隨喜，反而感到不安、厭惡，以至妒恨（德國現象學怪傑釋勒爾 M. Scheler 便寫了一本名為《妒恨》（Ressentiment）的書，細論這樣的不正常的心理）。父親為了不想刺激她，因此盡量避免和孫兒女親近，特別是當她也在現場的時候。父親這樣做，可謂用心良苦。他這樣做，內心也可能感到歉咎、痛苦。

想到這裏，我便提高警覺，要隨時留意「二嬤」是否有加害兒女的企圖。當時我想，女人的妒意可以很強，也很惡毒，惡毒起來，甚麼事也做得出來（武則天是一個鮮明的例子，她為了取得正室地位，加害皇后，連自己的親生骨肉也捏死）。「二嬤」會不會也有這種傾向呢？因此，我們盡量避免單獨把兒女留在家裏，特別是只有「二嬤」在的時候。但是也不能刻意這樣做，不能把這種想法告訴兒女，要他們隨時防範那個第二的「嬤嬤」。我們只是告誡他們，當我們不在的時候，不要逗留在廳中，以免打擾爺爺看電視、打電話，要留在房中做功課。「嬤嬤」跟他們說了甚麼話，做了甚麼事，要告訴我們，讓我們跟她有更好的溝通，云云。在這樣的情況下，我和「二嬤」便有了一種新的、無形的對峙關係，有時氣氛有些緊張，讓人很難有祥和感。很多時，我甚至連自然地笑一下的機會也沒有。

四、後續的話：屈辱與榮光

在父親去世前半年，「二嬸」移民加拿大，她有好些自己的姊妹在北美。在父親去世前夕，她聽到消息趕回來，那時父親已被安排在醫院的深切治療部（加護病房），口部和鼻孔都插滿喉管，不能說話，呈半昏迷狀態。不到一個星期，父親便離去了。我當時責她不理父親，未有及時照顧他，獨自移民離開。她也有些扯火，和我鬧將起來。結果雙方被親友勸止。

父親去世後不久，「二嬸」回鄉看過我們母親一次。母親對她表示，倘若她覺得年老、孤獨無依，可以跟隨我們兄弟三人中任何一個以終老。母親這樣說，可能只是一種勉強的安慰。她知道我們不喜歡她，特別是我，和她在過去的爭執、瓜葛實在太多了。母親也知道她不會這樣做，自討沒趣。結果，父親的喪事辦理完畢，她便獨個兒飛回加拿大。我聽人說，她有時替人在廚房洗菜，有時替人料理孩子。有時她也回香港看望父母，有時也跟我們聯絡，總是只提及攤分父親遺下的房屋和股票的事。我便知道她經過這樣重大的變化後，愛錢的劣根還是改不了。一個人有很多值得做的有意義的事，為甚麼總是鑽向金錢方面呢？有了金錢，便表示有了一切，一定會快樂麼？

現在，父親和母親已逝去多年（母親於一九九六年春去世），我每想起往日的事，特別是兒時的事，便會深深追懷，有時欣喜，但總是最後感到哀傷與惆悵。特別是，我由於專注於學問，沒有好好地、安定地找一份工作賺錢，奉養他們，讓他們生活得舒適些，有時真感到有無盡的悔意。特別是，我與母親長期別離，與父親又缺

乏溝通，造成永恆的遺憾與哀思。往事如煙，但有時也一幕一幕地彷彿展現在眼前；孺慕之情，有時也湧現在心頭。但除了追懷外，自己能做甚麼呢？「樹欲靜而風不息，子欲養而親不在。」這是我在孩童時期耳熟能詳的句子，現在拿出來提，未免有點老土，但它所傳達的，的確是人生的真理，而且是令人哀傷的真理。說來也慚愧，在父親、母親還在生時，我沒有好好珍惜這段美好的時光，在他們走後，才懂得遺憾與哀傷。對於母親，我欠她的實在太多，特別是，每當我回鄉探她時，她顯得很愉快，很開懷，總是絮絮不休地述說我在孩童時代的往事。我也總是沒有耐性去聽，覺得這些事情已是明日黃花，緬懷有甚麼用呢？我當時並未想到，她所能對我說的、閒聊的，也只是這些事情而已。她一生孤苦，讀書不多，嫁入我們吳家後不過七、八年，生了我們兄弟三人，便成殘廢，下身癱瘓，長時期待在家中，與外面的世界幾乎完全隔絕，不能吸收知識，她腹內所有的墨汁，只有我們兒子們的童年往事而已。你能要求她發揮人生的大道理，講哲學理論麼？

「二嬸」的入門，橫行無忌，釀成四代疏離，是我們吳家的大悲劇。對於這點，父親肯定要負部分責任。他不應強逼我們祖孫接受我們不願意接受的人。在我自己來說，多年來生活在氣氛侷促的家庭環境下，又要不時提高警覺，監察著兒女的活動，防止他們受到狠毒的人的加害，我的個性變得孤僻，心情變得鬱悶，性情變得歪戾，處事的態度變得倔強，好自主，不易接受別人的意見、忠告，有時簡直會死硬地固執一些錯誤的意見和做法而不自知。不過，在這些負面影響之外，這樣的家庭氣氛也帶給我積極的、正面的影響，那便是自強奮發的人生態度與鬥志的堅持，便是由於這自

強奮發與鬥志，讓我在漫長的人生旅程中遇到各式各種的挫敗而倒下，結果都能掙扎站起來，繼續向著既定的目標進發。同時，這種環境也把我塑造成為一個完美主義者，對於每一件事情，我總要做到自己完全滿意，才肯罷手，這樣的家庭環境，讓我受盡屈辱的折磨，也讓我從屈辱中反彈，在學習與工作中取得可觀的成績，而感到自豪與榮光。在我的生命歷程中，屈辱與榮光時常匯聚在一起，而成一個背反、矛盾。我便是在這樣的背反的背景中邁進，走自己的人生道路。

　　這件家庭的悲劇、不幸事件已離我們而遠去，不會再困擾我們了。父親與母親也已逝去多年，追懷無益，我們實不必終日念之繫之，像魯迅所說的「傷逝」，這樣只會徒然讓自己的內心增加負擔與壓力。我們應該多朝向未來，不要過於緬懷過去。特別是要吸取教訓，不可讓這種家庭的悲劇與不幸事件發生在自己的兒女身上。這樣才有現象學的人生意義可言。

第五章　在屈辱中摸索現象學的曙光（三）

　　這章的文字，我躊躇了很久，想著是不是要寫，最後還是寫了。這是我一生所受到的最刺心的屈辱，也是在德福的問題上，讓我感到極度的困擾，在教育理想，特別是培養學術人才方面，給我帶來巨大的挫敗與衝擊。現在，這件事情好像已經過去，我在日常生活中好像已把它淡忘，但每當它的情節一幕一幕地出現在自己的回憶中，傷痛的感受總是湧上心頭。這是我的生命歷程中的悲劇中的悲劇。

一、十二年孤獨後的希望

　　我的職業上的生涯，基本上是在香港浸會大學宗哲系渡過，最近幾年才來台灣。我知道浸會大學有很濃厚的基督教背景，自己的專業在佛學。佛學與基督教相距甚遠，不管從哪一方面說都是如此。因此，我早有心理準備，自己不可能在大學中有重大的發展。不過，我還是懷著一個濃烈的希望，要在教理上與研究上，培養到一些人才，來承繼自己的學問，也希望他們能踏上我的肩膀，有新

的開拓。這個願望，在我在大學中待了頭十二年中，可說是完全落空。關於這點，我不想細說。基本的原因是學生的質素不夠好，基本的訓練（如語文、思想方法等）也很弱；而且，宗教與哲學都是不實用的科目，你讀了這些東西，畢業後出來做甚麼呢？人總不能只講理想，吃飯的問題也很重要。因此，我很能體諒學生的處境，但作為一個學者、一個大學教授，教不出一些好的學生來，繼續在學術研究上努力，總會感到失落、失望。當時我已考慮及離開大學，另謀發展的問題。所謂另謀發展，不外有三種可能性。一是在香港其他的大學任教，二是到台灣發展，三是出國。結果是三個可能性都不夠實際，一時無法實現。關於第一個可能性，香港只有三所大學有哲學系：香港大學、香港中文大學和香港浸會大學。香港大學的哲學系的編制很奇怪（或可說是畸形），它只設西方哲學課程，而且偏重分析哲學。至於東方的哲學課程，則設在中文系。這還只限於中國哲學課程，有關印度、日本、西藏方面的哲學課程，則長時期以來好像沒有開設。這很明顯地是依從歐美很多大學的規劃，所謂中文系，其實是漢學（Sinology）系，所有有關中國的學問，都在其中講授，不獨是中國語言與文學而已。我要教的佛教哲學（印度、中國、日本、西藏），到哪一系去教呢？至於中文大學，佛教哲學在它的哲學系只是閒科，並未受到重視。而且，你要進哲學系，常常需有人事關係，最好有一兩個「恩師」在裏面。我學無常師，擇善而從，沒有這種關係。至於宗教系，香港只有中文大學和浸會大學有這個系。中文大學的宗教系，一直都是畸形發展的，只重基督教，其他宗教都受到忽視（近年好像積極開設道教課程）。這顯然與這個系設在崇基學院，而崇基也是基督教背景，幾乎全部教師都是基

督徒的緣故。我在崇基的宗哲系（那時宗教與哲學還未分家，還是合在一起）做了兩年多的助教，但對它沒有好感，只是跟沈宣仁先生比較熟絡而已。他雖然不是學術、思想的人才，但人品挺好，樂於助人，也挺開放。我離開崇基宗哲系後，三十多年以來，都沒有怎樣跟他來往了。

　　至於到台灣發展，我唯一感到興趣的是中央研究院中國文哲研究所。台灣的大學，雖然不少有哲學系，例如國立台灣大學、國立政治大學、輔仁大學、中國文化大學等等。不過，這些大學似乎不能免於門派意識、門戶之見。你在內裏沒有背景，休想覓得一官半職。關於這種情況，故黃振華先生便跟我提過（黃先生曾於一九六九年到中文大學新亞學院哲學系作客座，開講康德哲學，我曾聽過他的課）。輔仁大學是天主教背景，它的問題看來與崇基學院、浸會大學相似。至於一些私立大學如上提的中國文化大學又太寬鬆，規制不嚴，特別是在研究院中收的研究生和核定指導教授方面，有時亂作一團，只是亂攪。一個不通梵、藏文的，也不是以佛學作為其研究重點的教授，竟然可以作研究唯識學、中觀學（甚至中期中觀學）的博士生的指導教授，這是很難令人相信和接受的。因此，你拿了博士、碩士，倘若這些學位是由文化大學一類私立大學頒發的的話，別人總以為斤兩不夠。很多年前台灣的傅佩榮教授（那時他是當助教）曾對我說，在台灣人心目中，博士學位分四個等級。第一級是北美的大學頒的，第二級是歐洲的大學頒的，第三級是日本的大學頒的，第四級是台灣的大學頒的，所謂「國家博士」。而在這第四級的博士中，國立大學頒的又要比私立大學頒的為好。中央研究院則是台灣最高的學術機構，學問規格比較嚴格，而且不須教學，學者或研究

員（或副研究員、助研究員、研究助理）只須埋首研究便成。這對我來說，應該是最為適合。但仍有些問題，未能解決，這主要是家庭的問題，也牽涉及薪酬的問題在裏頭。

至於出國，我曾在日本、德國、北美等地留過學，做過研究，對那邊的學術活動和研究取向有較多的認識，估計到其中一個地方發展，並不太難。不過，那種做法是純粹的學術的研究，要能取得教席以從事教學，便較為困難。進一步，要在文化認同的基礎上建立自己的學說，特別是從事哲學系統的建構工作，便很不簡單。即使自己能夠勝任，也並不見得便得到外國學術機構的支持。你在一個地方定居，或逗留很長的時間，便需落地生根，深入適應該地的語言、風俗、習慣，甚至天氣，很難貫徹自己的文化認同。倘若不能建立文化認同，便很難有牢固的歸屬感，那便只能以一種作客的心情來做研究，來生活。因此，留在港、台發展，和到國外去闖，是很不同的抉擇。還有些問題是，自己的年紀已不輕，是否還具有足夠的勁力、野心去國外建立一個哲學的新天地呢？這都是必須考慮的問題。

因此，我雖然對浸會大學的學生失望，甚至絕望（這是從一個極為嚴格的判準來說），也還是勉強教下去。但十二年間的孤獨感，卻是有增無已。這孤獨感主要是來自與同事、學生之間的疏離關係。長期以來，我只是跟大學內幾個同事可以聊一下，可惜他們都一個一個地離開了：林年同死了，余達心走了，葉明媚嫁了人，陳玉璽也退休了。最後我變成幾乎沒有同事可以交談。至於學生，很明顯是一屆不如一屆。較早期的學生，在講課完後，還能提出些問題來。遇到有些私人的問題時，也會私下到辦公室來請教，徵求我的

意見。幾屆以後，這些提問與諮詢都癱瘓下來，都不見了。

　　我在浸會大學的孤獨感，十二年下來，已習以為常。愈到後期，感受便愈麻木。到了第十三年，好像有了些轉機，宗教哲學系來了一個女同學李君，年紀雖較同級同學為長，但勤奮好學，很少缺課，筆記做得很好，也能提出問題，思路相當清晰，做事也有條理，待人斯文有禮（起碼對老師是這樣）。考試成績極好，遠遠拋離其他同學。她顯然是一個思想成熟的青年。我是一個風趣而幽默的人，時常問她的年齡，她總是不肯說，我即使旁敲側擊，例如問她哪一年預科畢業，她總是很機警，不肯透露半句口風，我拿她沒法。不過，她曾自承在入讀浸會大學前，曾做過工，也有一段長時期無所事事，常與相熟朋友在外邊飲冰閒聊，浪費了很多時間。

　　這個學生在初期給我的印象非常好。有一次我因被發現患有腮腺腫瘤，需要動手術和接受電療。之後便是幾個月的休假，不用上課。她知道我喜歡山口百惠，包括聽她唱歌和看她的電影、電視劇。李君很體貼，特地找來山口百惠的 VCD，包括我最喜愛的「伊豆舞孃」在內，並附上問候的信，送給我。這讓我很感動，覺得現時的學生中還有像她那樣好心腸的人，真是難得。不過，我把VCD 退還給她，說我不能收受學生的禮物，並表示非常感激她的好意。

　　在兩次考試的前夕，李君問我她的筆記有些地方不明白，可不可替她解釋。我說可以，便叫她來我的辦公室提問。她打開筆記，我看做得非常詳細整齊，而且在不同的地方，劃了不同的顏色。我心想怎會有學生這樣仔細做筆記和溫習的呢？她說自己先在講課時記下要點，回家再謄寫一過。之後她提很多問題，我一一為她解

釋。大約兩個小時後，詢問和解釋便完了。結果她考這兩科成績非常好，都是 A。

二、基督教與佛教的比較研究

到了辦理寫畢業論文（Honours Project）的階段。通常每個學生都要定一個題目來寫，請一個系中同事作指導教授。在這方面，我很熟悉。我是系中指導學生寫畢業論文最活躍的同事。有一次，我和李君談起寫畢業論文的事，她告訴我她擬寫的畢業論文的題目，並已得到系中張博士的同意，作她的指導教授。我覺得她的題目有點偏僻，那是有關基督教的魔鬼問題的討論（據我的記憶，大概是這樣）。我便隨口說，同學選擇論文題目，應挑一些比較重要的問題來做，俾能在撰寫論文中增強自己的訓練與知識。同時，倘若畢業後有意升學、繼續作研究的話，論文的題裁最好盡量貼近將來讀研究院時要專攻的領域，以利於銜接，這樣申請得獎助學金的機會也較大。她點頭同意。我問及她的宗教信仰，她說自己是一個虔誠的基督徒，並說想做一些有關基督教方面的題裁。我問她有沒有想過將來繼續升學，讀研究院，她說有這個意願。我便說基督教是一個外國的宗教，中國人要專研基督教，取得一定的成績，在國際上受到注意，很不容易，很難追得上外國人。理由是，基督教的《聖經》是用希伯來文（《舊約》）或希臘文（《新約》）寫的，而西方現代對基督教神學的研究聚焦在歐陸，特別是德國。因此，若要成為一個純粹是基督教研究的學者，最重要的語文應是原典的希伯來文和希臘文，和研究用的德文。這些語文都不是一般中國學者所擅長

的。光是從語文來說，中國人研究基督教，恐怕只能跟著外國學者走，自己很難有出頭的機會。因為，就歐洲來說，通常一個中學生便會學這些語文，我們不能跟他們比。至於研究基督教所需具備的文化、宗教、哲學方面的背景的知識，我們都會輸給了別人。總之，中國人很難成為一個一流的、現代意義的基督教研究的學者。對《聖經》的原典的研究且不說，只就研究德國以至歐洲現代最偉大的神學家（起碼是其中的一個）巴特（Karl Barth）的思想來說，他的《教會教義學》（*Die Kirchlische Dogmatik*）自然是最重要的文獻。別人拿德文原典來研究，你不曉德文，只用英譯本便算，到在對這部文獻的內容有爭（論）議的時候，你若只以英譯本為據來解讀，則連發言權也沒有哩。

　　我的意思自然不是中國人不能研究基督教。事實上，在香港接受基本教育而到外國研究基督教神學而拿到博士學位的人很多。但要能做到第一線的（first-lined）研究而其成果受到國際學術界重視，則談何容易？其中重要的一個關鍵是德文。當代在西方有分量和影響力的神學家，十個中有八、九個是德語系的，除巴特外，有布爾特曼（R. Bultmann）、布魯納（E. Brunner）、朋霍瓦（D. Bonhöfer）、田立克（P. Tillich）、孔漢思（漢思・昆，H. Küng）等一大堆，哪一個不是德語系的人呢？香港的基督教朋友幾乎全部都到英國研究神學，幾乎沒有一個是到德國的。他們的研究，始終難以得到國際上的認同。日本京都學派的幾個哲學家便不同，西谷啟治、武內義範、上田閑照和較年輕的花岡永子、藤田正勝便能有較好的選擇，一談到研究西方神學，便到德國去。很多西方神學家要進行東西方的宗教對話，通常都會找這幾個日本學者，那是他們的研究成績被認同的

緣故。中國人要研究基督教神學，恐怕還要參考這些京都哲學家的做法，不要只想到英國，德文這一關是必須闖的，德國才是神學王國。

在中國的基督教神學的學者中，其研究能達到世界水準的，幾乎沒有。語文是其中一個重大的因素。這種情況，短期內恐怕難有改善。因此，我向李君提議，與其硬碰（香港的教育一向不具有希伯來文、希臘、德文的學習背景，要學習這些語文，便得自己硬碰），倒不如現實一些，實際一切，不要在基督教神學的研究方面與歐美的人士比量，這絕不是只爭朝夕的事。我們要善巧地運用自己的文化、宗教、哲學的背景，藉著這些我們一向擅長的背景，以研究基督教或其他西方的宗教。這便是比較宗教的研究。西方學者要在這樣的研究範圍發展，不見得比我們有較優越的條件，因為他們沒有我們東方的文化、宗教、哲學的背景。我們具有這方面的背景，西方人則有他們自己在這方面的背景，也擅長作宗教哲學的概念的、理論的探究。因此，在對比較宗教這個題裁的研究來說，他們不會獨領風騷，也許我們可以和他們扯平。

說到比較宗教，即是西方宗教與東方宗教的比較；較具體地說，是選擇一種有代表性的西方宗教與同樣具代表性的東方宗教來作比較研究。這種做法，在國際的宗教研究界來說，自然是以西方的基督教與東方的佛教作對比；就終極關心、基本教義、解脫或救贖方式、超越內在、一神多神、自力他力，以至宗教儀式、教會僧團結構等問題進行廣泛而深刻的比較，以尋探宗教的類似性（religious homology, religiöse Homogenität）。當然，雙方可以有很多不同的地方。一個健康的、方正的、進取的宗教，必須與其他宗教作對

比，然後才能捨短取長，以自我轉化。作為宗教看的儒學，由孔孟的形態透過與外來的佛教的對峙、對話、消融，最後發展成宋明的形態，就寬鬆的尺度言，也可以視為一種宗教的自我轉化。

　　說到具體的基督教與佛教的對比問題，一個明顯的問題馬上會被擺列出來：基督教與佛教倘若可以互相向對方學習的話，那麼這可以學習的是甚麼東西呢？這兩個宗教既然都是偉大的宗教，則必各自有其可以供借鏡的長處。基督教可以學習佛教的寬容性。這主要是說，佛教要守著的自己的界線是很寬廣的，它對其他宗教的排斥性並不強，因此，儒、釋、道三教可以並存，甚至可以談結合。但佛教也有它的底線，這便是不能容受任何形式的實體觀念。若不是這樣，若要它容納實體觀念，則它的基本的空的義理或立場便堅持不下去了。至於基督教，如社會學家韋伯（M. Weber）所說，強調人神的差異：人是有限的，神是無限的；另外，人有惡性、原罪，神則是至善的。因此，對於人的權力的擴張，需要有一個限制，倘若不能這樣做，則人有過大的權力而又去行惡、犯罪的話，後果便不堪設想了。從這點來看佛教強調一切眾生都有佛性，都能成佛的根本命題，未免對眾人作了過高的估價，致使眾人過於傲慢而生惡，對於自己所作的惡事，予以正面的評價。要言之，基督教可以向佛教學習、吸收它的寬容的懷抱，佛教也可以從基督教方面取經，不要過分強調人的善性、佛性或菩提性，要警覺人的內在的惡性、罪性，可以造成重大的錯誤以至災難。

　　對於我的這種說法，李君的回應很積極，也很雀躍，並說這正是神的啟示，要她這樣做（即從事比較宗教的研究）。關於這點，她前後表示了兩次。於是，我們似乎有了一個共識：她接受我的建議，

寫有關比較宗教方面的畢業論文，我會盡量從旁協助、指導。至於
指導教授一點，她說已與張博士講妥，不大好轉換指導教授。她的
意思是，她已請了張博士作指導教授，並已得到他的同意；現在改
而請我作指導教授，會不大好。我因此建議，由張博士和我同時作
她的論文的指導教授，張博士負責基督教方面的指導，我負責佛教
方面的指導。

　　過了幾天，李君來找我，說張博士恐怕他和我共同作指導教
授，會出現意見不協調的情況，那時便不知怎樣做才好。她說張博
士並不介意她改請我作為她寫有關基督教與佛教的比較研究的畢業
論文的指導教授。事情便這樣決定下來了，我於是為她的畢業論文
題裁申請表上簽了名，並為她確定和寫上論文題目為：「關於基督
教與佛教的死亡觀的比較研究」（大概是這樣的題目）。她滿意地走
了。

三、方法論的傳授

　　隨著歲月的流逝，李君的進展很好，表現出很強的上進心，對
學問的追尋，也有濃烈的興趣。我越來越覺得，李君可能是我在學
問上傳承的適當人選，她雖然不能在我的學問上的全部領域中接
班，起碼可以在一部分中接班，那便是比較宗教方面。有一次她跟
我提到，系中一個同事說我在佛學研究上是最 Top 的（最高的），
成就最好。有一次她又說我的學問很廣博，能學到其中十分之一，
便很好了。我說怎會呢？以她的勤奮、資質，若要學的話，怎會只
得這個小比數呢？又有一次，她跟我在又一城內的一家酒樓午膳，

她知道我有兩個兒女，便問他們會不會因為父親的學問而感到有壓力呢？我說不會，他們有自己的興趣，知道自己將來要做甚麼事。說到學問，他們反而覺得我的學問太抽象、深奧，沒有實用價值。他們又以為我在香港沒有名氣，不上電視，不在電台講節目，又不在報章上寫專欄，賺不到錢，云云。

　　有一次我們在我的辦公室閒聊，我談到自己在浸會大學任教不很得意，十多年下來沒能培養到一個半個學生以承接自己的學問，那是我生死相許的東西。我明確表明，希望她能承接我的學問中的一部分，亦即是比較宗教方面。她點頭承諾，表示會盡力做好。我又顧慮到她的基督教的信仰可能會妨礙她對學問的客觀研究，特別是與基督教對比的佛教，與前者是那麼不同，便問及她的主體性（subjectivity）或自己的個人判斷的問題。我的意思是，她是否具有自己的主體性或獨立的個人判斷，不受其他東西（包括信仰在內）所左右、所影響呢？她說信仰對她是很重要的，但她會堅持自己的主體性，作獨立的判斷；她會區分清楚信仰與學術研究是兩回事。我聽了這番話便放心了。於是我向她傳授學問的事便這樣決定了，她最後承諾會努力學習。

　　那時正是六月初，是學期末，九月才開課，因此我們有三個月的空閒時間，在這三個月之中，我們每星期聚會一次，我為她惡補方法論與思想方法。前者是我在作學術研究上所採取的方式，後者則是一般的邏輯的、哲學的思考方法，相當於基礎邏輯與哲學概論。為甚麼要那麼重視思想方法呢？思想方法的重要性是毋庸置疑的，它是一種有效的思考工具，你掌握了，便能作清晰的、有系統的與有效的思考，這對於比較宗教的研究，也是必須的。根據十多

年來在浸會大學宗哲系任教的經驗所得，學生在思想方法上的訓練總是很弱，不足夠，系中又沒有開展嚴格的邏輯與哲學概論的課。李君在這點上也不例外，因此我要為她惡補。由於時間有限，我先把邏輯擱在一邊，先解決哲學概論方面的事。而在此之先，我又先替她講方法論。

方法論是我自己在學術研究上闖出來的，由於我的專業是佛學研究，因此關連著佛學研究來說，這正是我的處女作《佛學研究方法論》的內涵。不過，作為一種學術研究的方法，它有它的獨立性、普遍性，是工具意義。不管你研究甚麼，方法總是挺重要的，而方法論正是有關方法（研究方法）的理論。在上世紀七十年代中、末期我在德國漢堡大學（Universität Hamburg）做研究，弄的主要便是這種學問，當時我的目標是要為自己的佛學研究探討適合的、有效的方法，建立一套方法論（Methodologie）。經過長久的探索，也參考過當時歐美和日本學者研究佛學的方法，最後歸宗於文獻學與哲學分析雙軌並進的研究法。即是，學者在進行研究時，要貼緊有關的文獻、資料，以保證自己的研究的確是有根有據的，不是天方夜譚。要所論有據，扣緊有關的文獻來做，是挺重要的。這也牽涉到作者問題（authorship）。例如我們研究釋迦牟尼的思想，便需找能代表甚至最能代表他的說法紀錄的文獻來做，這便是所謂四部《阿含》（Āgama）。我們研究孔子的思想，便應以《論語》為主，因為那是他的弟子記錄他的言行的作品。我們不應以六經為主要文獻，因為孔子只刪訂六經，未有親撰這六經。故我們頂多只能參考六經的說法，認為這些說法大概是孔子所認可的，因為這是他刪訂而得的成果，他不認可的說法，應該不能在現行的六經中找到；這些說

法倘若在刪訂前的六經中看到，也早被孔子刪掉了。不管怎樣，研究孔子的思想，除《論語》外，沒有更可靠的文獻。又例如研究佛教天台宗智顗大師的思想，有人拿有作者問題的著作為據來做，例如《觀音玄義》、《六妙門》這些著作被視為代表智顗的思想，是有問題的，這是日本很多學者經過文獻學與思想兩方面詳細研究的結論，應該可信。最能代表智顗的思想的文獻，應該是他晚年親撰的解釋《維摩經》（*Vimalakīrtinirdeśa-sūtra*）的疏釋，包括《維摩經玄疏》、《維摩經文疏》、《維摩經略疏》和《四教義》。通常的人一談到智顗的思想，總會找所謂「天台三大部」：《法華玄義》、《法華文句》、《摩訶止觀》來作最重要的文獻依據。這其實也有問題，這三部巨著是智顗晚年的講演記錄，由弟子灌頂執筆。紀錄完後未經智顗過目便流通開來了。到底這記錄有沒有灌頂個人的說法在內呢？沒有人知道，也無從查考。故就文獻學的立場來論研究智顗的思想的可靠的著作，還是首推上述的他的註《維摩經》疏。

　　在學術研究方面，文獻學的進路非常重要。它可以強烈保證你所根據的文獻，的確與你所討論的題裁有直接的、非常密切的關係。離題的研究是不可接受的。另外，語文的訓練也是挺重要的。學術研究的最高規格，或一個大家都認同的共識，是要盡量依據原典來做，盡量避免依賴翻譯，當然，現代學者的翻譯也很有參考價值。但原則上還是以原典作為最後的依據。譬如說，研究印度佛學要依梵文原典，研究中國佛學依漢文佛典，研究西藏佛學要依藏文佛典，研究日本佛學要依日文佛典。這是原典的解讀問題。另一方面，要盡量吸收前人的研究成果，才能節省精力與時間，做一些具有新見解、新發現的研究。拾前人牙慧的研究，是沒有價值的。由

於佛學研究是一個極其廣泛的研究領域,日本和歐美學者已作出大量可觀的成果,以不同的語文表現出來,如日文、英文、德文、法文等等。你要吸收這些寶貴的研究便得學習這些語文,以至於能解讀其意思的程度。就基督教來說,要就《聖經》的原典來研究,便得通希伯來文與希臘文。而研究的語文,則最少有德文、法文、英文、日文多種。至於近現代的西方神學思想的研究,則非要抓緊德文不可。此中的原因,上面已說得很清楚了。

　　文獻學方法是進行學術研究的基石,或可說是第一部分、最先的階段。在這方面處理好了,我們還須對文獻或資料作進一步的工夫,把它的義理弄出來,這便要靠哲學分析了。在這裏我並不想對哲學分析作冗詳的解釋,一般人對它已有某種程度的認識了。我只想扼要地提一下,哲學分析是運用哲學的思考,特別是邏輯、分析哲學、形而上學、知識論、宗教哲學與道德哲學方面的思維,對有關文獻或資料進行系統性的探索,把其中的哲學涵義勾劃出來。這樣說也許有些含糊,不夠清晰、具體。或許可以這樣說,哲學分析是一種抓根本問題、關鍵概念的思想工作。一個哲學家的哲學系統,或一本哲學名著的內涵,表面看來似乎很複雜,有各種問題或觀念在裏面,說穿了,其實不外是這兩點:根本問題與關鍵概念。就儒家來說,例如孟子,他的根本問題是人性問題,關鍵概念便是性善。其他的細目,例如四端說與心、性、天合一,都是環繞著這兩點而來的發揮。就佛教來說,例如龍樹(Nāgārjuna),他的關鍵概念自然是空(śūnyatā),或無我(anātman),其根本問題則是如何證立這空作為宇宙與人生的真相、真諦(paramārtha-satya),這便衍生出他的著名的空之論證或空之邏輯了。就基督教來說,例如耶穌

（Jesu），他的根本問題是如何在地上建立天國，關鍵概念則是愛（Liebe）。這愛是上帝（Gott）的愛，他上十字架，目的便是以自己的生命與寶血來證成這福音。就道家來說，例如莊子，他的根本問題是如何達致諧和的精神境界，與天地精神相往來，而不傲倪萬物，以與世俗處，其關鍵概念便是靈台明覺心。這是人本來便具有的明覺，不過為後天所蔽。整部《莊子》便是在解說我們要回歸向這種明覺，以達致大諧和：與自然諧和與與人諧和。但如何能這樣做呢？即是說，如何能以哲學分析以把一套哲學體系或一部哲學巨著的根本問題與關鍵概念抓住，以體會其要義呢？這則需要上述的訓練了：邏輯、分析哲學、形而上學、知識論、宗教哲學和道德哲學等各方面。

　　文獻學方法讓人能緊扣有關文獻來作研究，這會讓他的研究成果變得堅實（rigid,solid）、有內涵（substanstial）和與實在（reality）相符順。哲學分析方法則能使人凌空來看哲學家或思想家的整個面貌，同時以一兩個問題和概念來鎖定這哲學思想的特性，同時為它在哲學史、思想上定位，以確定它在這方面的貢獻與局限。兩種方法合起來，而成雙軌的研究法，應該是最完滿的、周延的研究方式或途徑。在哲學、宗教方面的研究是如此，在其他牽涉及義理的學科的研究也是如此。

　　我跟李君講的方法論的內容，大體上是這樣，在小節上或會有些出入。另外，我又跟她講到具體的研究程序或步驟。這則是我自己獨有的心得，從來（前此）未有給任何學生說。我以寫一篇合乎規格的學術論文作例子來闡釋如下。第一，寫一篇學術性論文與寫哲學思想的文章或論著不同，後者可以發揮的空間很大，只要你具

有邏輯的訓練、豐富的想像力，特別是哲學的原創性，所謂「洞見」（Einsicht），便成。像德國的胡塞爾（E. Husserl）、海德格（M. Heidegger）、日本的西田幾多郎、久松真一，和我國的熊十力、牟宗三等哲學家，他們讀書有限，但寫哲學性的論著卻可以隨意發揮，不必參考別人的意見，只要表現哲學的洞見，便成了。而且，他們寫甚麼哲學題裁都可以，知識並不重要，洞見才是重要。要寫學術性論文便很不同，在決定題目方面更要特別在意。由於學術性論文是研究性質，因此在決定題目時先要考慮有沒有足夠的資料可寫。同時要看在這方面的研究有多少，倘若已有很多人研究過，自己又沒有信心能提出新的意見，便不宜選這題目。另外，倘若研究這方面題目的論文牽涉多種現代語文，而自己又缺乏這些語文的訓練的話，也不宜選這題目。因為你無法吸收或參考別人的研究成果，你做出來的研究，可能只是重複他人的意見而已，這便沒有價值了。當然，倘若你所定的題目牽涉及對原典（classics）的解讀，而自己又不熟諳原典的語文時，便不要去硬碰了。

第二，題目選定後，便需廣泛地閱讀有關的研究，同時加上原典的資料。所謂「廣泛地閱讀」，並不是甚麼都看，而是有選擇性的。學人只應選取與研究題目有直接關連的東西來看。一邊看，一邊要做札記，把一些特別與研究題目有關的正、反意見錄下，特別要留意關鍵的概念或觀念。不管是原典的或是現有的研究成果所論到的關鍵的概念，都要加以思考，評估它們與研究題目的關係。在錄下任何原典的與研究的意見時，需同時記下它的出處，如作者、書名、出版地、出版社、出版時間、頁碼。或只記下書名與頁碼，其他的出處可在正式撰作時補上。

　　第三，這是挺重要的一步。學人既然確定了研究的題目，又掌握了基本的資料，對於如何撰寫論文，應該已有腹稿，知道整篇論文大體上會是甚麼樣子，這時便應製作論文的大綱（outline）。大綱如何製作，或砌成，有一個基本原則：一切有關資料性的東西，不管是原典的抑是研究性格的（別人的研究成績），都應先列出來，並對它們進行解讀、闡釋。通常是原典的處理在前，前人的研究成果的處理在後。倘若有質疑，也應在這裏提出。這些前奏的工夫做完後，便應提出自己的研究。這些研究應該在以別人的研究為基礎而作出的，不必過分重述別人的研究，只需以附註來交代便可。當然，別人的研究的重點也可以提一下，這重點應是依於自己的理解、消化與吸收而提出的，其用意是帶引出或突出自己的見解，或新的研究。自己的這些見解、研究或論點需要表現新意、新的理解（new understanding）。這點非常重要，是決定論文是否有分量、是優是劣的關鍵之處。當然，若能在論文中的恰當位置（例如論文的開始部分）交代一下論文是以怎樣的方式來寫，是偏重於文獻的研究或哲理的探索，是最好的。最後自然是交代附註和參考書目；這已是寫論文的既成格式，也是一般的常識，我在這裏也就不多贅了。

　　第四，大綱砌好後，便可以正式撰寫論文了。這是思考之外同時也需要精細的技術來配合的部分。這自然也很考耐心。學人要把前此閱讀所得的札記（通常是以一條一條的方式列出）作適當的排比。即是，把札記歸類，放置於大綱中的各個標題或要點之下。標題或要點不同，所運用的札記的內容也不同。而這些札記的內容，正是文獻的原典文字及現代學者的有關研究的意見、論點。這正是文獻

學方法所著力之處。這文獻不止包括原典，也包括現代學者的著作、研究。在這方面若能做得好，則你的論文不單能緊扣著原典，所論有據，排除一切不相關的或關係非常疏遠的說法，同時也能網羅了前人學者在這相關問題上的研究，你便能踏上前人的研究肩膊，更上層樓，展示你自己的獨特的（unique）研究，向學術界在對有關論題的研究，提供新的知識、新的研究成果。學術研究有如砌一座金字塔，是要在原有的研究的基礎上，不斷向上加增新的東西，讓這學術研究的金字塔不斷增高，而所增高的部分，正是你所提出的某些論題或問題的新的理解、新的詮釋。這是論文的主體部分。此中的動力，自然是上面提到的哲學分析了。即是說，你不能直接地、機械性地把自己整理到的、想到的新的論點硬蓋在前人的研究成果上。你還是要依邏輯的、分析的、理論的進路，依著原典的說法，把問題闡釋清楚，把關鍵的概念撐持起來。要在思路上表現清晰性、流暢性，在論點上達致一致性、諧和性。這是最難做的階段，必須步步為營。你每提出一點，都要扣著原典的說法，配合著現代已有的研究，以邏輯的思路把有內涵的論點提出來。這部分的工作可能跨越多個章節，整篇論文的質素，要在這裏展現出來。

　　第五，大綱砌好了，依大綱而作成的論文本體也粗略具備規模了，還有一項重要的工作，便是自我評估。即是，你在閱讀、理解、吸收、消化了前人的研究成果，而提出你自己的觀點或論點後，便可以很清晰地、客觀地、合理地就著你提出的觀點或論點，指出自己的研究的特點在甚麼地方，在學術研究上有甚麼貢獻。這是從樂觀的、長處方面說。你也可以而且應該對論文作自我檢討、反省，看看它有甚麼不足的、不周延的地方，有待你自己或他人將

來加以留意與改進。這不一定要就結論一點自我評估論文的質素與價值。哲學或宗教的研究不一定要有結論，才臻完善。很多時是沒有結論可言的。很多時，以不同的資料、方法來作研究，會得著不同的結果、結論。這不是最重要的。重要的是，在研究中，你是否已掌握了正確的、恰當的文獻，和你的研究是否具有批判性，你提出的論證是否具有理論的、邏輯的效力。前者是文獻學性格，後者則是哲學分析性格。兩者合起來，便成就了同時具備了文獻學性格與哲學分析性格的研究了。

　　第六，論文寫就，便要處理附註的問題。或在論文的撰作期間，便要在有需要的地方下註了。附註主要要處理的，自然是原典與現代研究的出處問題，對於這點，從事學術研究的人都很熟悉。我在這裏特別要提一下的，是一些與正在討論的題裁沒有直接的、正面的關連的論點，但讀者倘若知道了這些東西，會對題裁或問題有較全面的理解，附註便會很有用。這些論點可以在附註中交代。這些論點可以是與正文討論及的論點相對反的，或是後續的補充。另外，在引用原典的文字時，各種文字通常可歸結為兩種：其一是與所論不能分開的，或者說，它是所論的文獻的、文字的依據。另一則是補充性格的。前者應在正文中列引出來，後者則可以擺到附註方面去。

　　通常博學的學者會很重視附註，深思的學者則不會對附註有太大的興趣。因而前者會下很多附註，後者則下得很少。特別是外國的學者，對附註非常敏感；很多時，附註的篇幅遠比正文為多，那基本上是對文獻方面作詳審的交代所使然。在佛學研究來說，德國的唯識學與如來藏學學者舒密特侯遜（L. Schmithausen）寫了一本研

究第八阿賴耶識（ālaya-vijñāna）的書：*Ālayavijñāna: On the Origin and Early Development of a Central Concept of Yogācāra Philosophy*，其中的附註（包括書目和索引），便超出原書正文以倍計。

最後一點是編列書目。編列書目的目的，是把與論文內容有關連的有參考價值的和以多種語文作成的資料（專書與論文）羅列出來，俾讀者在有需要時作進一步參考之用。這同時也應含有作者在撰寫論文時，曾參考過或看過這些資料的意味。不管怎樣，這既然是一種參考書目，則所羅列的資料，自應具有參考價值，沒有參考價值的東西，不應列入，以免誤導讀者。而所謂參考價值的東西，從文獻學與哲學分析雙軌並進研究法的角度來說，則是指在文獻學的研究與哲學的研究的任一方面或兩方面都可供參考的研究資料。

以上是我跟李君講述的方法論的內容，也是我第一次跟學生講自己在這方面的體會、心得。稍後，我又與另一位跟我寫畢業論文的學生講授這種研究法。結果她的論文寫得出奇地好，拿了 A 級，之後便不知所踪。現在我把自己數十年來研究佛學與其他宗教、哲學的方法公開說了，因我對栽培學生成才這一點已感到絕望；在未來的歲月，我不擬在這方面做任何事了。我想不如把這研究法公開，讓有心的人士參考，擇善而從算了。我這樣說，有自己的苦衷，這又與屈辱問題分不開。關於這點，我會在下面有清楚而詳盡的交代。

方法論問題講完後，接著便為李君講哲學上的一些根本問題與概念。這其實是哲學概論的縮影。李君信奉基督教，對宗教的問題很感興趣。在哲學方面，她的理解很有限，訓練不深。當時我找不

到對她適合的哲學概論的教材書或參考書，便把自己在教通識課程
「哲學概論」（Introduction to Philosophy）所準備好的講義給她，說倘
若她認為適合自己、感到滿意的話，便把這些講義影印一份，自己
先細心看，看到有問題、不明白的地方便提問，我會以最淺易的方
式為她解釋。她看後表示滿意，於是便這樣做了。這份講義由於是
教通識課用的，故寫得很淺白，而且題裁只限於以下幾項：邏輯、
語言分析、形而上學、知識論、倫理學（包括人性論）和當代詮釋
學。講了幾次，我的印象是，李君對哲學的學養很淺，甚至概念
（concept）與觀念（idea）的分界也弄不清楚，但求知慾很強，每次
總是提出很多問題，她也不理會這些問題能否真正成為問題，只是
不明白便問。在回應她的提問，我頗費了一些心思來回答。哲學問
題有時（其實是很多時，或在很多方面）很抽象，不易明白，需要舉一
些生活中的具體實例來解釋，才能讓人釋疑。我便這樣做了。本來
進展很好，李君也說講義很好，讓她學到很多東西。可惜講了幾次
之後，由於我們之間產生嚴重的決裂，便停下來了。

四、莫須有的投訴

我替李君講這些學問，大約維持了三個月。我認為這些學問是
以後對比較宗教的研究必須具備的，關於這點，她也同意。我們通
常每週聚會一次，由中午十二時至下午六、七時不等。前半截我們
在外面餐廳中一邊吃午餐一邊講，後半截則回到我的辦公室中講。
那段時期距離我接受腮腺癌腫瘤切除手術和電療還不到一年，講完
前半截，已感非常勞累、疲倦，回到辦公室後，需要躺大半個鐘，

才能講下半截，講完回家，幾乎不能動了。當時由於培養人才心切，竟也不覺得甚至忘記了辛苦。在這兩截的時間中，我除了講學問、知識外，有時也講一些笑話，讓雙方能鬆弛一下。這些笑話都是環繞著人生問題講的，不是甚麼風花雪月的題裁。

　　另外，我們有時也談及一些私人的問題。我對於自己的事，幾乎無所不談，由童年的農村生活、母親、女朋友、妻子、兒女、留學、浸會大學學生，以至與宗哲系同事的關係，都是其中的題裁。她也提到她的父母、妹妹，中學誤交損友、信教、神的啟示，以至入讀浸會大學的曲折過程。她曾提到喜歡彈鋼琴，每周定時到家裏附近的琴行租琴來彈。我說自己也正是古典音樂迷哩。不過，在言談中，我覺察到她對彈鋼琴雖有濃厚興趣，但對古典音樂認識不多，連貝多芬的九大交響曲的名目也弄不清楚。同時，她雖是基督徒，但對西方古典聖樂如早禱曲（te deum）、經文歌（motet）、聖母頌（magnificat）、榮耀頌（gloria）等，認識很少。基督教所發出的愛與力量，最明顯地表現在音樂上。海頓寫了超過一百首交響曲，但多是軟弱無力，沒能給人深刻的印象。但他寫〈創世紀〉（Schöpfung）或〈創世彌撒曲〉（Schöpfungsmesse），便很不同，你聽了，會感到一種極其深厚與廣大的精神力量，這種力量的焦點，是愛與寬恕。這是從精神方面悟入基督教的最佳途徑，也是研究基督教與音樂的關係的人的共識。李君的宗教方面的涵養，大概還很淺薄，未能在精神的深處扎根。

　　對於李君的教導，我自問已經很盡力。一方面，我替她計畫出她畢業後的升學途徑，如何拿獎學金，以至於最後拿博士學位。另方面，我又替她開列了一張頗為詳盡的書單，從最根本的思想方法

訓練，以至於理解東方哲學、西方哲學，和宗教哲學、比較宗教的
重要著作都一一列出。有一段時間，我到台灣的中央研究院開會、
講學，便乘便跑了幾家大書局，替她訂購那些書。同時，我以研究
助理的名義，請她翻查基督教神學對最高善的說法，作為我參與中
央研究院中國文哲研究所的三教對話（儒、釋、道三教的比較研究）的
研究計畫的參考。這一方面可以讓她賺些外快，另方面也可增強自
己的研究資歷。可惜這一切的盡力最後都因我們之間的決裂而變得
徒然。

　　在我替李君講方法論之先，和另一次我跟她提到我替她講學問
並不是課堂上的純然的知識的傳授，而有慧命相續的意義在裏頭，
我曾替她作過祝福。我說我會依母親替我祝福的那種方式來做（我
在九歲便離開鄉居，離開農村到香港，臨行前，母親曾向我祝福）。李君微笑
應諾。當時我們都是坐著，我於是站起來，以兩手掌輕按她的頭
顱，兩秒鐘後，便回座，提出一些要點，讓她記錄下來。當時她並
沒有異樣，依著我的指示，把要點記下。這基本上是一些勉勵的
話。這樣的祝福，其實很平常，是大人一般勸勉後輩的做法。這在
佛教中也很普通，當年（1991 年）我帶同家人到台北作短暫遊覽，
曉雲法師便曾帶同她的隨從到酒店來看我，見到我的一對兒女，便
輕撫他們的頭顱，說些鼓勵的話，這便是佛門的祝福。我萬萬料不
到，我對李君的祝福，後來竟成為我們師生決裂的契機。

　　有一次，我和李君在我的辦公室講學問、知識，有點累，便跟
她閒聊起來。談到男女之間的關係，也談到浸會大學宗哲系的同
學。我說對於一個學生是男是女，我是不關心的，不理會的，我只
關心他有沒有求學的意志，有沒有腦袋（思考能力）。李君便說出她

的觀感，表示很在意男女之間的分別，在這一點上，她是非常敏感的。我內心覺得很怪異，難道男女之間初次見面，握一下手也不成麼？這是甚麼樣的心理呢？

又有一次，我們在半島酒店大堂餐廳午膳。那次她說有點不舒服，有點發燒。我很自然地便伸出手想碰她的前額，看看是不是燒得很厲害，到將要接觸到它時，便停下來，想到她的敏感感覺，她也很快地以手遮掩前額。

最後一次，我跟她講到禪宗祖師在教導生徒開悟時，所用的方法常常是在言說之外，包括種種奇詭的動作，喝罵棒打，也只是平常事。甚至這樣做也可以是其中一種方法：我即時用手撥一下她額上的頭髮。根據她後來所說，當時她非常憤怒，即時提高警覺，以免被我再碰到。但我在當時並未察覺到她有甚麼異樣，學問還是繼續講下去。

在此後的一次，我如常到半島酒店大堂餐廳準備和李君吃飯和講學問，遠遠看見她，旁邊伴著一位女士，一齊站著，顯然是先我而來（她通常總是遲到的）。她看見我，便走過來，並拿著兩袋東西。她說自己已改換了畢業論文的題目，不弄比較宗教了，她已找了系中另一位同事作指導教授，不需我來指導她了，因此要把我借給她看的書歸還。同時，她也不當我在中央研究院的研究計畫的研究助理了。最後，她表示感謝我長時期的教導，特別是前此的三個月中的教導。說完，她便跟那位伴著她的女士走了，頭也不回。我嚇得呆了，呆若木雞地站著，看著她們的背影。到想起要問她個究竟時，她已走得很遠，最後在視線之外消失。我終於找了個位子，坐定吃飯，完全沒有留意自己在吃甚麼。那是我有生以來吃得最

貴、也最辛苦的一頓飯。我覺得自己置身於一種深沉的屈辱之中。
這到底是甚麼一回事呢？

　　兩天以後，李君帶同一位自稱是社工的女士（好像便是在半島酒店陪著她出現的那一位）到我的辦公室，給我一封長信，要我即時看，有問題便問她們。我粗略地看一遍，抓到它的內容，主要是責我碰她的頭髮，讓她感到很大的困擾；對我的祝福尤其不滿意。另外還有好些不正確的、誤解的說法。一個人在懷疑的狀態中，甚麼怪事都可以想像出來。李君當時很動氣，怒容滿面，要跟我絕交，要我以後不在別人面前提起她，不能提我們過去的交往，不然的話，她會向系方投訴。我便說我不是她的敵人，對她沒有不良的意圖。我對她其實很好，在某些方面，我對她的關心，超過一個老師對學生可能有的關心。我還說自己在切除腫瘤手術和電療後不到一年，便這樣跟她講學問，其實是很危險的，因為癌病會復發，希望她不要多疑。對於我的解釋，她完全聽不下去。

　　李君在這三兩天的激烈行為與言說，對我造成巨大的衝擊。我知道自己在浸會大學經過十二年的孤獨生涯而透顯出來的希望已經幻滅。當時正值新學年開始，大家懷著對新的一年的盼望；但對我來說，卻仍是漫漫長夜，看不到曙光。我的心情滑落到深淵，患了多年的偏頭痛又如山洪爆發般向我直衝過來。以我當時的狀態，根本完全無法教學。我便去找一直治療我的高血壓與糖尿病的腦科醫生，尋求協助。他看到我的焦慮疲怠的樣子，問我是不是受過很大的刺激，並表示可以推介我去看精神科醫生。我說不必了，精神科醫生要說的話，我也能說。結果醫生叫我多休息，暫時不要教學，並替我寫了一個月的病假紙。

　　我當時為偏頭痛所困擾，心想香港的著名的腦科醫生都看遍了，還是解決不了問題，何不趁著休假，到台灣去尋求治療？於是便到中央研究院作客，在它的賓館養病，也先後看過台大醫院、榮民總醫院與恩主公醫院的名醫，對偏頭痛的治療似乎有些起色。在這段期間，我一邊求醫，一邊反複看李君的長函，覺得她對我的不滿，主要是由於多項大大小小的誤會而來。倘若我把誤會澄清，情況可能會有所改善。於是寫了好些給她的信，託另一位同學交給她。結果讓人感到驚訝：她根本不願意接那些信。我在失望之餘，便著手撰《苦痛現象學》，以打發時間。

　　一個月過去了，我回香港。我試圖通過大學的 campus mail 方式，把信交給她。她大概接到信了，但沒有回覆。我最後的信，是翌年五月二十五日寫的。不管怎樣，我不會再寫信解釋了。我這樣想。我雖然決定不寫信，不對她存有任何幻想，但她卻拿了上面提到的給我的長函，向系主任勞博士投訴說我騷擾她。勞主任告訴我，此事已知會了文學院長梁教授，梁院長說要召開一個會議，處理此事。這樣，我們幾個人，連同人事部主管黃太，便在五月三十一日開會，就有學生投訴我的事進行聆訊。

　　會終於開過，梁院長提出一種寬鬆的解決方式，所謂 informal resolution，要我寫一道歉函給李君，對以往引起她內心的不安的事致歉，兼表示今後不會以任何方式與她聯繫。結果勞主任於六月二日把這函件交給李君，大家以為這件事已圓滿解決了。不意李君又於打後幾日後到勞主任的辦公室吵鬧了一番，說六月二日才收到我的信說不再與她聯繫，怎麼六月四日又收我的信呢（她是指我於五月二十五日寫給她的最後的信）？我說這便奇了，我最後的信是五月二十

五日寫的，信末也簽署這個日期，同日我便通過 campus mail 寄出。我不是派信的人，她六月四日才收到這封信，但與我有甚麼關係呢？這信的傳遞顯然有延誤的問題，但責任不在我。這件事扯得我發火，即找勞、梁、黃三人理論，他們都未能合理地回應我的質疑。李君對我的投訴，本來是莫須有的，這次又到勞主任處吵鬧一番，更是莫名其妙。但她顯然恃著自己是學生身分，而且是女學生，是弱勢社群，通常都是獲得信任和支持的；再加上她是基督徒，大學正是以基督教的精神來運作的。她的確是形勢比人強。

　　李君的魯莽行動，特別是拿著我五月二十五日寫的信衝擊系主任，對我的健康做成深遠的負面影響。我的腰部脊骨自一九八七年接受過手術後，到了那一年，即二○○一年需要再做手術。由於這是高危險的大手術，同時會帶來巨大的痛楚，我覺得當時身體狀態不是很好，因此計劃在六月初到德國和瑞士養病三個月，同時與彼方學者進行宗教對話。九月充電回來，便接受這項手術。由於在那段時期李君不斷干擾，讓我的出發日期一改再改，改了四次。這樣改期是很麻煩的，首先要聯繫旅行社改機票日程，又要知會約好了的學者，另外，自然又需通知德國方面的酒店，要求推延。這樣一改再改，我自己的內心煩得要死，最後定了六月十三日起程，晚上坐德航客機由香港直飛慕尼黑。我自己心裏想，這是最後的日期了，不能再改了。倘若還不能成行，便取消德、瑞之行了。六月十二日下午，我正執拾行裝，竟接到勞主任的電話，說還有問題未解決，要我推延起程日期，並說梁院長也是這樣想。我問是甚麼問題，他沒有細說，只提及李君的名字，意思是與她有關。我聽後幾乎悶絕，內心煩躁不已，便索性死了赴德、瑞的心。跟著我又想，

大學或系方可以阻我養病的行程，但沒有任何人能阻我進醫院進行大手術。因此決心先做手術，而且越早越好。結果我便在六月十七日住進醫院，十八日清晨便接受後方脊椎融合（posterior spinal fusion）手術了。

五、在苦痛與屈辱中的 現象學的沉思與體會

　　手術雖然成功，但我卻由於在肉體上抵受不住由手術而來的巨大痛楚，內心也熬不過被人莫須有地說我甚麼騷擾而掀起的沉重的屈辱感，結果精神陷於恐慌狀態，心情也低落到極點。在打後七日中，我雖在醫院中休息，但日夜都無法成眠。特別是那種無情的屈辱，總是徘徊著，總是擺脫不掉。手術後第一天的晚上，我在極度痛苦之餘，在半睡半醒的昏亂中，好像感覺到李君的黑影在自己的周圍巡繞，揮之不去。由於心神不寧，我提出過改換幾次床位，希望能定下來，安睡一下。但總是不成功，在這七日七夜中，我都是眼光光地望著偌大的病房的天花板發呆。

　　苦痛與屈辱雖然摧殘我的身體與精神，但不能挫敗我的鬥志。我當時想，反正白天、黑夜都無法入睡，我不如利用這段時間靜心向內觀照或默思，看屈辱如何肆虐，如何腐蝕自己的生命，撕裂自己的靈魂。另外，屈辱本身便是一種苦痛，那是精神上的、心理上的苦痛，因此下面說屈辱，苦痛也包含在裏頭，故我主要是反思與沉思屈辱問題，不特別說苦痛了（我對苦痛問題有過多方面的經驗與反思，如在拙著《苦痛現象學》中所作的）。又，屈辱有時又作屈辱感；屈

辱是心理學的負面現象、感受，「感」已在其中了，但有時為了突顯這種感受，便說「屈辱感」。在這裏，屈辱與屈辱感是同義的，我對兩者不作特別的區分。

首先，我要對「屈辱」與「侮辱」作些區分。如上面所說，屈辱是一種心理現象，特別是心理上的感受。侮辱則傾向於行動意味，在行為上表現出來。如某甲對某乙說，你是野種、雜種，不配和我講道理。在這個事例中，某甲顯然是在侮辱某乙，這種侮辱，透過鄙視與斥罵的行為表現出來。實際上，一個人的是否野種、雜種，自己無法決定，這是上一代的、父母所導致，故即使野種、雜種是不好的東西（在某甲來看是如此，某乙大概也是這樣想），也不應由某乙負責，那是他的父母引致的，因此他們應該負責。至於不配講道理，則更有歧視的意味。講理與不講理，是思想的問題，進一步說，是價值特別是道德的辨析的問題，與當事人的身分沒有直接的關連。即是說，即使某乙真的是野種、雜種，他說的話，仍然是可以合乎道理的；某甲不是野種、雜種，他說的話，也不見得是必定合乎道理的。「野種是不講道理的」不是一句分析的命題，要判斷這命題的真偽，還是要看野種到底說了甚麼東西，那些說法是不是合乎道理。

再回到上述的事例。我們可以說，某甲在侮辱某乙，某乙感覺自己的人格、尊嚴受到挑戰與侵害，內心很不安，覺得某甲所說的話，遠遠不是他所應該承受的，他也不應該在責任上對這些話進行反省。如上所說，是野種也好，不是野種也好，都不是當事人的事，是上一代的事；要責怪，便應責怪上一代，不應責怪他。進一步說，現代的人在接觸上、溝通上，比從前更為頻繁。像《老子》

的「小國寡民，雞犬不相往還」的情況早已過去，即使是不同種族、不同文化背影的人也可以有很密切的關係，甚至是婚姻關係。我們的價值觀，特別是道德觀，應該與時並進，不應死守於像孟子所說的「嫂溺不援」的僵化的、機械的階段。某乙可能是這樣想，對於某甲的刺耳的話，感到很大的傷害性（精神上的、心靈上的傷害性），但一時又無力反抗，或者不方便反抗，只能把這種由侮辱的話語所帶來的內心上的不安感、受到不合理的對待感壓抑在心裏，不在行動上（包括言說方面）進行反抗或報復。這便是我說的屈辱或屈辱感。

這種屈辱感，與現象學怪傑釋勒爾（M. Scheler）在其名著《妒恨》（Ressentiment）中所論到的無能（impotence）有密切關係。一個人由於體質上的虛弱、職位上的卑下、意志力的薄弱、天資的愚鈍、錢財的缺少等等因素，讓自己處於被輕視、欺凌、侮辱的境地。但由於這如許方面的弱點，所謂「無能」，不能跟對方競爭，只能低首下氣地跟別人周旋，讓自己勉強能立足，不受到淘汰。但他的內心自然不好過，覺得世界對他不合理，甚至上帝做人時不平等，或者父母不爭氣，把他生成這個樣子。這樣的想法或感受貯存於心中，不能發洩，致做成憂鬱，不願與人交往，只關起門來，獨自生怨，這便是屈辱（disgrace）或屈辱感。

我自己小時生於農村，由於體弱多病，母親又傷殘，不能多加照顧，再加上家裏貧窮，自小便為人看不起、欺凌，因而積下許多屈辱的經驗。後來到了香港，情況還是那樣。下面所提我自己的一件不愉快的往事，我以實存的感受道出，或許能讓讀者親切地、具體地理解屈辱。在小學的年代，我由於健康上的原因，身體缺乏一

種養分，需要長期打針或接受注射那種養分來平衡。由於貧窮，看不起私家醫生，只能到公立醫院打針，每星期一次，時間是上午十一時正，因此我便要在十時半左右離開學校。在那個時間，剛好是上一位劉老師的社會常識的課。因此我需要請短假。最初的一次，我事前和劉老師說出原委，得到她的同意，在十時半離開學校去醫院打針。以後的幾次，我都是這樣做，通知劉老師一下，便離開課室了。只是有一次，劉老師正在講課，我由於貧窮，買不起手錶，我看時候差不多了，便問劉老師現在是甚麼鐘點，她說十點半過一點。我以為劉老師早已知道我要離校去打針的事，不必跟她說了，因為時間有點急，我於是站起身，離開座位，要走出課室。怎料行了十來步，便被劉老師喝止，要我站著，問我為甚麼不通知她便擅自離課室。我才說夠鐘要去打針了。她突然變得惱怒起來，當著四十個同學面前，斥責我任性，沒有禮貌，對老師不尊敬，做事獨來獨往，等等。我便膽怯地說自己以為劉老師已經知道我在十時半要離開去打針的事。她根本不理，繼續斥罵。最後便叫我走，意思是我可以離去接受注射了。當時我覺得非常詫異，心想劉老師肯定地是知道我要去打針的，為甚麼要當著同班同學面前這樣斥罵我呢？即使我有疏忽，未有跟她細說，警誡一兩句便成了。劉老師的大動作，我實在承受不起，內心難過之極，覺得受了很大的委屈與羞辱感。由於在那個年代（五十年代末期），老師有無上的威權，除了斥罵學生外，甚至可以叫一些他認為頑劣的學生出來，當著其他同學面前打手掌。對於劉老師的斥罵，我不敢回辯，更不敢反抗，只是內心感到惶恐無地，希望自己能馬上在老師和同學面前消失便好了。

　　我當時還有一種幼稚的想法，是想像自己由於受到劉老師的斥

罵、屈辱感化而為行動，自己忍受不住由這種感受而來的壓力，致
猝然昏倒下去，口角流血。此時整個課室的同學秩序大亂，大家
混作一團，紛紛為我的昏迷不醒而責怪劉老師做得太過分了。而劉
老師麼，她亦由於自己對我的突如其來的和嚴刻的斥罵而把我弄
至倒地昏迷而徬徨失措，而感到悔咎，急急忙忙找其他老師來協
助搶救。最後校長也來了。他把情況了解過後，很同情我的遭遇，
同時又責怪劉老師處事失當，不近人情，把好好的一個學生弄成這
個樣子。這樣的想法，在很多人的童年階段中都有，基本上是要使
自己所受到的屈辱感得到補償，最後讓自己成為一個被眾人同情、
關注的對象。我在中學時讀到馬克吐溫（Mark Twain）的傑作《湯姆·
疏雅》（Tom Sawyer），發現書中的主角湯姆的做法與想法，和上述
的我的童年所受的屈辱經驗和幻想到的補償方式，實在非常相似。

　　對於屈辱作出了上述的理論的與具體的闡釋後，下面是我在醫
院中對屈辱所作的反思、默想。在現代的社會中，由於女性的抬
頭，男女接觸的機會是免不了的。從隔著桌子談話這種意見上的溝
通以至握手一類身體上的接觸都是難免的。而社會的共識是，男女
的接觸，不管是通過哪一種形式，男方總會是佔便宜的一方，女方
則是受損失的一方。我並不認同這種共識。我認為男女一般的社交
接觸，並不存在誰佔便宜誰受損失的問題。我很早便對李君說過，
我留意一個學生，並不是他是男生抑是女生，而是他有沒有思考能
力，能不能被培養為一個在學問上的人才。所謂祝福，是長輩對後
輩的一種具有鼓勵意味在內的做法。而我對李君的祝福，還有儒家
所說的「慧命相續」的意思在裏頭，這表示不是單純是知識的傳
授，而是有生命、文化方面的使命感的內涵。同時，我是以母親對

我祝福的方式來替李君祝福的，這表示自己對她的殷切期望。這樣，我便在原則上、事實（reality）上確認李君所說的甚麼騷擾的非存在性。實際上，在她和我交往的那段時間，她並沒有明顯地展示她內心的不安與困擾，起碼我看不出來。

最後，我總結出我的初步省思的結果：屈辱就是屈辱，李君的投訴函明顯表達了這一點，在五月三十一日的聆訊也讓我有這種感覺。與會的幾位同事雖然不見得完全相信李君的話，但也不見得完全相信我的話，我的甚麼騷擾的嫌疑還在。梁院長曾幾次強調我缺乏警覺性，不懂避嫌，不應留李君在自己的辦公室這麼久，雖然只是講學問，不是講風花雪月的事。我尤其感覺到，就我對她無私的教導而言，她應該是一個最不可能投訴我、傷害我的人，但事實上正是她無情地投訴我、傷害我。我對這個人的期望，可謂跌至谷底，對她徹底失望。

在醫院的那一個星期，是我到目前為止最難過的日子。身、心皆受重創。身體上的創傷是避不了的。不過。隨著時間的流逝，傷口會慢慢復原，痛楚便會減輕，只要暫時能忍得住便成。至於心靈上、精神上所受到的傷害，即是說，由屈辱感而來的傷害，如何解決，如何復原，便很難說。當時我的做法是先靜觀（內觀）屈辱感如何侵襲與腐蝕自己。這可分兩方面來說：在思想上的侵襲與腐蝕，與在心情上的侵襲與腐蝕。在思想上的傷害，主要是讓你的思維集中不起來，沒有一貫的思路，也沒有一定的思想對象，或思想問題。你只能東想一些，西想一些，都很混雜。有時甚至自己也分不清自己到底在思想些甚麼東西；即是說，你很確定地知道自己在用著腦袋去思想，但所思想的東西好像只是一些虛影，不是實物，

或者說，它只是一些意義，不是問題本身。這意義好像虛影（事物的影子）在你面前閃來閃去；它是甚麼意義，是甚麼東西，你無法確定下來。既然在思想方面沒有頭緒，我索性拿一些哲學的書來看，例如葛達瑪（H.-G. Gadamer）的詮釋學（Hermeneutik）的書，看不到二十來分鐘，便有困倦的感覺，無法集中精神來看，最後只得放棄。

　　至於在心情或情緒上的衝擊與傷害，更遠非我所能承受。她說了的話不算數（她說比較宗教的研究是神的啟示），簽好了名的文件視同廢紙（論文題目和指導教授的申請表是我簽署的，她單方面毀約），背義忘恩，回戈相向，友好與仇敵的相對反的關係，兩、三日之間換了位。我完全無法理解與接受這種突發的轉變。要深入地了解一個人的真正面貌，真是很難很難。在極其惡劣的心情下，我躺在病床上，能做甚麼呢？我只能體會、感受屈辱，在我的生命中的流程，它如何侵襲和腐蝕我自己，和我如何面對屈辱，保護我自己。在那七天的體驗中，我感到屈辱的流程的幅度，並不是停在某個程度而不變的，它會受到外界的因素的影響，有時也會受到自己的意志和對未來的信心的操控。在這裏，我彷彿找到或探索到對治屈辱的一些線索。例如，當家人來看我時，我的心情便較為輕鬆，屈辱感的負荷也隨之變輕了。特別是，當替我做手術的邱醫生來巡房時，我好像受到他的超卓的開刀技術與大醫生的氣度所薰染，心情也變得開朗起來，暫時忘記了自己所肩負的屈辱感。有時，鄰床的病友由於手術後疼痛得厲害，發出陣陣的哀號，我的屈辱感會化而為同情心，關注起他的痛苦，也免不了安慰他幾句。我自己本來是需要別人安慰的，那時反而忘記了自己的煩悶，安慰起他人來了。有時，巨大的疼痛與深沉的屈辱結伴而來，好像兩重巨浪迎面衝將過來，

要把我捲進水底淹死。我最初還在拼命掙扎，眼看熬不下去了，心想抵抗也是死，不抵抗也是死，乾脆不理不睬算了，讓它們要怎樣做便怎樣做吧。這樣，我便抱著死亡的心情去迎接死亡，不再畏懼死亡了。當我這樣想時，疼痛與屈辱浪潮的衝激好像突然減緩下來，好像要讓我鬆一口氣的樣子，然後慢慢消逝了。在這樣的經驗中，我體會到生命的重大弔詭：你越是畏懼死亡，它便越會把你吞噬掉，你越是不畏懼死亡，抱著安祥之心，去迎接它，它反而會離你而去，不來騷擾你了。疼痛與屈辱也是一樣，你越是害怕，它們便越快把你摧毀，你越是不怕，越是作了隨時會被摧毀的心理準備，它們反倒疑惑起來，不來碰你。生命的這種弔詭，可以說是先死而後生，禪宗所云的歿後復甦的情況。這種體驗，正好印證了《老子》的名言：後其身而身先，外其身而身存。

　　這個弔詭，讓我想起自己曾在過去的一些著作中引過的海德格轉述一個天主教神父的話：

　　　一個在死亡之前已經死亡過的人，在死亡時，不會死亡。

這番說話，展示出對人生中的死亡的弔詭的深邃的洞見（Einsicht）。一個人倘若在生存時期，參透死亡的本質，超越了和克服了對死亡的畏懼，而達到忘我（道家的說法）或無我（佛教的說法）的境界，不再癡戀、執著自己的個體生命、個別自我，則他在精神上已由相對的生死層面提升至絕對的生死一如或無生無死的層面，這即是「已經死亡過」的意思。這樣的人是不朽的，在他的肉身死亡時，他的精神（Geist）會長留於天地之間，不會因肉身的腐

化而消逝。海德格是在他的故鄉向一些鄉親父老發言時引述那個神父的話的，他自己也應當首肯這樣的說法。這樣，我們可以說，《老子》、禪宗與海德格對生命的負面特別是死亡的問題具有類似的洞見。這可以說是哲學或宗教上的類似性（philosophische, religiöse Homogenität）。

另外一種消融屈辱的方法是多聽西方的古典音樂，特別是巴哈（J. S. Bach）、海頓（J. Haydn）、韓德爾（G. F. Händel）等和以前的宗教音樂。在醫院的那段時期，我在白天自然不能入睡，晚上也不可能入睡，只能聽這些音樂，讓自己的神經能鬆弛一下，腦部也可以作有限度的休息。我聽得最多的，是海頓的〈創世紀〉（Die Schöpfung）。這是我聽過的海頓的音樂中最具有魄力、最能讓人奮發的作品，在其中，我充分地感受到上帝的慈愛，和要在地上建立天國的願望。同時，它讓我對前途充盈著盼望與信心，這種盼望與信心，可以暫時抑制內心的屈辱感。我幾乎每晚都聽這首〈創世紀〉，很多時聽到某一段落，自己的心緒也隨著它的旋律而遊行，而呈半睡半醒狀態。但當音樂完結，我又醒來了。

六、屈辱感與羞感

要指出的是，我在這裏所說的屈辱或屈辱感，表面上與釋勒爾（謝勒，舍勒，M. Scheler）所說的羞感（Schamgefühl）意思有點相近，兩者都可說是具有正面的、積極的和肯定的意義的價值感或價值觀感；與釋氏所說的妒恨（ressentiment）殊為不同，後者是負面的、消極的和否定的意義的價值觀感。但在較深微的地方，屈辱感與羞感

還是有不同之處,需要分別清楚。釋勒爾基本上是以感覺來說羞感,這種感覺具有兩面本質(嚴格言,本質應具有絕對義,只能說一,而此一亦不是數目上的一,而是絕對的、終極的意義,釋氏在這裏,用語並不嚴謹。)一方面,生命個體對於普遍領域中的東西要保持距離,把自己區分開來,不讓自己沉沒於普遍性的大海中。按這樣說本質,似乎偏離了一般把本質歸到普遍性格方面的傾向,反而以生命個體的特殊性來說本質了。這有點類似胡賽爾(E. Husserl)以本質為具體物(Konkreta)的說法。釋勒爾的思維方式顯然是受到胡賽爾一定的影響。另方面,依於對對象的不同的價值選擇,而有所謂身體上的羞感和精神上的羞感。這其實是各自不同的意識的表現,各自獨立於對方,不能相互間由此方推引出另一方。就此點看,釋勒爾似有二元論的傾向:物理的身體之元與靈性的精神之元。

依釋氏,身體上的羞感可以開出兩種性能。一種性能對生命上的愛作出具有價值義的選擇。另一種性能則是本能的衝動,這種衝動是純然地感應性的,它直接指向可欲的東西而要擁有它。而最可欲的東西,便是性。即是說,性的衝動是最濃烈、最難抑制的本能的衝動。至於精神上的羞感,則是對於愛的價值選擇功能,要高揚生命力的功能。這樣,倘若我們把焦點集中在愛一面來說,或對愛的價值選擇來說,則有兩種,一是生命上的愛的價值選擇,另一則是精神上的愛的價值選擇。在這裏,釋勒爾很明顯地把愛二分:生命上的愛與精神上的愛。兩者雖都有價值選擇性,但層次不同。一是生命上的,偏向於情欲;另一是精神上的,偏向於理性。

再回到意識問題。釋勒爾總結謂,每一種羞感都有其意識功能在裏頭。同時,每一具有意識功能的羞感都有其對立的要素:身體

上的羞感有生命本能與感官本能，精神上的羞感則有精神的、人格的愛與生命的本能。在這裏，釋氏對於生命一詞的用法，欠缺嚴格性。對於身體與精神兩種羞感，他都用生命字眼。一般來說，生命可指自然生命，那是經驗義的，受到時間、空間與範疇的決定。生命亦可上提至精神的層次，那則是超越義的，不受範疇作用，亦無時間性與空間性。在釋勒爾的著作中，這個詞時常出現，但意義的界線總是有點模糊，讓人傷透腦筋。（以上有關釋勒爾的羞感思想，參看他的〈論害羞與羞感〉一文，林克譯，劉小楓校，劉小楓選編：《舍勒選集》上，上海：上海三聯書店，1999，頁531-628。）

如所周知，釋勒爾是博學多才而且思考深邃的哲學家、現象學家。他的現象學，特別是所謂價值情感現象學，可說是他的整套學問的最重要的、最核心的內容。他很擅長對現代人由於科技文明的快速進步與增長而帶來的精神上的失衡（包括人與神之間的疏離）現象的描繪，特別是在價值問題上的意識的顛倒，而以惡為善，以醜為美。他的《價值的顛覆》（Vom Umsturz der Werte）便是在這方面的力作。此書包括三篇長文：〈道德建構中的妬恨〉、〈論害羞與羞感〉和〈論哲學的本質及哲學認識的道德條件〉。其中的〈道德建構中的妬恨〉即是上面提及的《妬恨》（Ressentiment），後者以單行本印出。對於由科技文明的快速進展與增長而帶來的精神上特別是道德上的失墜的濃烈意識，和宗教上的虛無徬徨的深切感受，都能在其著作中明顯而詳盡地表現出來。不過，釋勒爾的細膩的分析與描劃，現象論性格居多，現象學的色彩反而較淡，雖然他在這方面所做出來的成果，被稱為價值情感現象學。例如，他在《價值的顛覆》一書中，論到人在無能的狀況下不能在現實上實現報復，因而

在價值上作出種種主觀構思與認識，把日常生活中的價值觀與價值認識翻轉過來，這樣，無能可以被視為謙和、寬恕、捨己為人的道德懷抱。在這些方面，釋勒爾做得很好。但他的工作基本上是解構性格的，不是建構、建立性格的。他比較關心人在個人層面與社會、族群層面的在價值上的顛倒，至於如何在價值上（價值意識上）復位，讓人在處理價值問題上回歸向正途，他則說得不夠，不多。

　　現在讓我們回到主題上去。釋勒爾論羞感，雖是就正面的價值感或價值意識來說，但他是聚焦在物理、生理上的軀體方面，而且特別照顧到性行為或性生活方面的羞辱感，這便傾向心理學、生物學、生理學的經驗描述方面，實際上也很難建立出一套具有道德價值導向的現象學來。一個人儘管在性的問題上做得很好，有很妥善的性生活，但若只是順著生物本能的衝動滾下去，與動物齊同，則說不出人的特質，更說不出人的人格尊嚴來。幸而釋氏在另一面也很強調愛，特別是就精神上的羞感的面相來說愛的價值選擇，這樣，愛便可建立為一種德性（virtue）。在他論及基督教的愛與希臘哲學的愛及比較兩者的異同時，他強調後者言愛，是對形而上的理念的一種欣羨與仿效，把價值的焦點聚在形而上的理念上，這便有與現實脫節，甚至鄙視現實之嫌。基督教論愛則不同，它的方向是由上（上帝，形而上層域）而下的，耶穌以神之子的尊貴身份，委曲傴僂地來到世間，為世人贖罪，而犧牲了生命。這有溝通世俗的形而下的經驗世界與勝義的形而上的超越世界的濃厚意義，要把天國在人間建立起來。就此點來說，特別是就基督教來說，羞感的愛（精神上的羞感的愛）自然具有現象學意義。

　　屈辱感便不同。當事人不一定是由於無能而受人欺侮，沒有能

力反抗，而是反抗的適當時機還未到，他不想為了一些不是關要的事（例如抗拒別人的侵擾）而誤了他做大事或要事的時機。所謂「忍辱負重」，很能表達這個意思。他是要反彈的，但這反彈不必通過報復、以牙還牙的方式來做。一旦他完成了重任，「負重」成了過去，他便可吐氣揚眉，以前所忍的辱，或屈辱，很多時會自然消失，而令你感到屈辱的人，也會逼於形勢，或經過自覺、反思，覺得過往所做的不是，而自動來向你道歉。舉一個例子，還是韓信，當年熟讀兵書，是一個軍事人才，但總是碰不上機會，更為故鄉街頭一班少年惡棍欺凌，要他在胯下穿過，否則便不能上路。韓信逼於形勢，不想與這班惡棍糾纏下去，只得照辦。這當然是屈辱的事，問題是你能否忍得住。及後韓信幫助劉邦擊敗項羽，立下大功，封為齊王，回到故鄉。那班流氓惡棍慌了，一齊出來謝罪，韓信也不計較，反而以為他們幫了他。若不是因為那次受辱，而奮發起來，一心一意幫助劉邦成就帝業，自己可能也不會有今天哩。

由以上的例子看到，屈辱可以有很強的現象學意味，它能激勵人矢志向上，在精神上挺立起來，作自我的轉化。這完全是一種意志上、鬥志上的堅持的事，有一種價值的自覺、價值的選擇在裏頭，與身體、生理沒有關係，與性的問題更扯不上聯繫。有沒有愛在裏頭呢？有的，這點倒可以與釋勒爾論羞感相通。屈辱很多時是為了一個理想而承受的，這便是對理想的愛。這理想可以是多導向的（multi-dimensional），它可以是道德的理想、宗教的理想、真理的理想、知識的理想；這樣的理想可以讓很多人受益，因而也可說是對別人的愛。耶穌上十字架，當然是一種屈辱，他是被冠以叛國（羅馬帝國）和欺愚惑眾的罪名的。他是為宗教的理想而承受苦痛與

屈辱，結果得以宣揚天國的福音，成立了基督教，讓千千萬萬的基督徒受益，這不是對人類的普遍的愛麼？文天祥長時期被囚禁於環境極為惡劣的燕京牢房，還說是「鼎鑊甘如飴，求之不可得」。這是為了成全民族氣節而承受屈辱，他的就義，照亮了千千萬萬漢族人的愛國、愛民族的心。

七、平等機會委員會

　　由於接受脊骨手術，我在醫院前後逗留了八天。由於身心都受到重創，情緒低落，夜夜失眠，更令整個人的精力、精神完全癱瘓下來。因此，在離開醫院後，並未先回家，而是到黃醫生的診所接受心裡檢查與治療。黃醫生很能了解我的心緒是如何地焦慮、無奈與無助，他判我的症狀是憂鬱（depression），他也曾用心理失衡（mental disorder）字眼來描劃我的狀態，不是一般所謂失眠。他說我要服藥，但不是安眠藥，而是治療憂鬱的藥。至於這種憂鬱症的成因，據黃醫生的解釋，是我的低落的情緒與疲乏的體力抵受不住由脊骨手術所帶來的巨大的痛楚，因此腦部的一些細胞的作用失衡，不能正常地運作，這嚴重影響我的心情，讓它低落至谷底。這是生理影響心理的明顯例子。當時我未有向他提及自己的屈辱問題。

　　回家後，我經過一輪休息，精神慢慢好轉，便開始看書與撰作了。當時我以密集的方式寫自己的一直在寫的《唯識現象學》，又用心看葛達瑪的詮釋學的書，主要是他的《真埋與方法》（Wahrheit und Methode），暑假便是這樣過了。九月新學年開始，由於我剛做完大手術，故請了病假，繼續在家休養。在十二月左右，我突然收

到平等機會委員會（Equal Opportunity Committee, EOC）寄來的信，說李君正式以「騷擾」為由，向平機會投訴，我困擾她。我心想這個學生真是恁地狠毒，她在五月畢業，快要離校了，卻先是向大學投訴我，待這個案子（case）告一段落，還死心不熄，對我窮追猛打，完全離開了大學後，又向平機會（平等機會委員會）投訴我甚麼甚麼騷擾，讓我感到尷尬。她的投訴內容，是新瓶裝舊酒，和向大學投訴的無異。我的內心有些燥，也非常惱，心想這個無賴的女人怎麼老是纏著我呢？她先是要求我再寫道歉信，我又寫了。她不滿意，竟然自己替我擬好向她道歉的行文，要我簽名。但這些行文內包含很多暗晦的事情和她自己炮製的事項，我告訴平機會，我不能為自己未有做過的事道歉，因此拒絕簽名。平機會結果提議我先擬一份未簽署的道歉信，交給李君，若她滿意，我便簽署，若她認為有要修改或補充之處，便加在道歉信中，待我簽署。豈料她又臨時變卦，說寫道歉信沒有意思，提出錢來，要我拿出一筆相當大數額的錢來，以她的名義，捐給她自己指定的志願機構。我一聽到這種提議，便覺事不尋常。捐錢給志願機構本來是一件好事，但錢既是由我捐出，為甚麼不是以我自己的名義做呢？為甚麼要以她的名義做呢？倘若以名義有俗氣，則亦可以無名氏的名義捐出。另外，為甚麼要把錢捐給她所指定的機構，不由我自己決定呢？我覺得事態嚴重，自己沒有辦法跟這個女人糾纏下去，便找律師（鄧律師）幫忙處理這個案子。鄧律師又找來大狀（大律師），共同行事。

在律師樓，我們談及各方面有關問題。騷擾自然是主題。我並提到，由於李君的魯莽行動，拿著我在五月二十五日寫的和簽署的信衝擊系主任，讓系主任及文學院長相信我還在困擾李君，還需調

查，結果我被迫取消赴德、瑞養病之行，提前以極為惡劣的身、心狀態去接受脊骨手術，惹來憂鬱症。由於信是在五月二十五日寫的和投寄的，道歉信是六月二日交與李君的，但六月四日李君才收到我在五月二十五日寫的信，此中顯然有 campus mail 傳送信件的延誤問題，但這點與我無關。我能決定何時寫信，何時投寄，至於信件何時落在收信人手中，則非關我事。李君、系主任、文學院長應該明白此點，不能說我於寫了道歉信後還繼續試圖聯繫和困擾李君。因此，對於我以惡劣的健康狀態接受大手術而致患上憂鬱症，三人都應負上責任。我因此提出是否可以此點反控李君與大學當局，特別是控告大學行事失當的問題。大狀在了解過一切情事後，寫了一份評論，指出李君向平機會投訴我對她騷擾一點，並不具有很強的理據。至於控告大學一事，評論並不積極支持，它表示大學當會盡一切方法去維護自己，而且這會使我與大學之間形成一種緊張、尷尬關係。

　　說到騷擾，我倒記起過去與李君的一段對話，李君的問題對我有騷擾之嫌。那是在我的辦公室中，我講過學問後，歇了一下，談到自己以往在日本的留學生涯。李君突然問我：你在日本那麼久，為甚麼不去找日本妹呢？我嗅到她的話有淫蕩的意味，有點惱怒地答：找甚麼日本妹呢，我太太在我身邊呀！她低頭不語，大概知道她的提問有越軌的性質。我於是問鄧律師，我能否就此點向平機會作反投訴，投訴李君對我騷擾呢？律師說可以。我即寫了投訴函，寄給平機會。彼方的答覆是被投訴人的問題可以構成騷擾，但由於我的投訴距離事發的時間已超過一年，他們不會接受這種超過一年的投訴。但李君對我的投訴距離事發也超過一年呀！他們為甚麼又

接受她的投訴呢？我說平機會這樣做，是雙重標準。律師的回應是
平機會的確是這樣，並表示可以就此點向申訴專員公署投訴平機會
違背平等機會的原則。我於是照辦，寫投訴函，但寫到一半，覺得
太煩，便停筆不寫了。對於投訴這投訴那，我一點興趣都沒有，我
不明白為甚麼有些人那麼喜歡投訴別人，而且所投訴的又不具有足
夠的理據。

八、面對十字架的顫抖

　　當我確定了平機會持雙重標準時，已失去了為自己申辯的興
趣。於是我以健康的理由，請黃重光醫生替我寫了一封詳函，要求
平機會暫時擱止這一投訴案，直至我的健康好轉為止。平機會的答
覆是它只需要我回答（筆答）它所擬定有關此投訴案的問題，醫生
的函件並未表示我不能回答這些問題。看來我的申辯是免不了，我
於是回應了這些問題，並對李君的投訴提出一些質疑。李君即時提
出反駁，語態非常囂張。鄧律師勸我不要看她的反駁，免得自己動
氣，浪費很多細胞。我說看看不妨，於是便看了。果然意氣凌人，
充滿謾罵與人身攻擊的語句，你很難想像這是出自一個自稱為虔誠
的基督徒之手。基督徒我遇得多了，浸會大學內便有一大堆。單就
宗哲系而言，除了我自己外，幾乎所有的同事都是基督徒。我覺得
很難把李君的回函與基督徒關連起來。

　　最後，平機會終於要我們雙方對質了，地點是該會的辦事處。
我由鄧律師與大狀陪同，被安排聚在一個辦公室，李君則被安排坐
在另一個辦公室內，雙方不碰面，溝通是通過一個中介職員 C 小

姐。對質的內容，我不想詳細多說，讀者也不會有興趣知道。我只挑其中一些有代表性的交往來提一下。其中一件是，我正在講學問，她以雙手交叉掩蓋肩膊，說感到有點冷，我即從自己的背包中取出一件灰色的羊毛背心，交給她說：穿上它吧，這是我近日買的，只在試身時穿過。她一手接過，也不猜疑，便把薄外套脫下來，穿上羊毛背心，然後又把薄外套穿上。我於是繼續講學問。但李君在她的反駁信中冷嘲熱諷地表示，根本沒有這回事，那時正是盛夏，怎麼會穿羊毛衣服呢？同時，她又說我不整潔，意思是不會穿上我的衣服，云云。她的意思，自然是我在說謊。我看了有點動了氣，心想我好心借衣服給你禦寒，怎麼反咬我一口，說我在扯謊呢？我帶著洋毛背心在包袋裏，為的是防範半島酒店的冷氣而已。若冷氣太強，便得穿上。我忽然想起小學時候讀到一個故事，一個農夫在寒冬的夜晚尋路回家，看見路邊有一條蛇冷得捲作一團，昏迷不醒，他很同情這條蛇，拾起牠，抱在懷裏，讓牠溫暖。豈料那條蛇暖後醒來，向著農夫的頸部嚙了一下，農夫即時倒在地上，死了。那是一條毒蛇。

　　在對質時，我特別提到李君說在我替她祝福時做過某些動作，我根本沒有這樣做。由於當時並沒有第三者在場，我如何證明自己沒有這樣做呢？我只有以發毒誓來證明自己的清白。我於是說，我沒有宗教信仰，只能依自己的良知起誓，我沒有做過這樣的事，如有虛假，自己隨時會死於非命。對於這些，C 小姐都記錄在案。到談到我以羊毛背心助李君禦寒一點時，我特別取出上面提到的那件灰色羊毛背心，表示這是物證，李君曾穿過它，抵賴不得，而且穿的方式奇特，如上所說。她在反駁信中說未有穿過，是說謊。我即

時把羊毛背心交給 C 小姐，請她把它交給李君看。如她仍然說沒有穿過，並請她在她所信奉的主耶穌的十字架面前起毒誓，以證實自己的清白。C 小姐便依我所說，拿了那件背心出來了。不久她回來，把背心交還給我，說李君看過這件背心，仍然表示她沒有穿過，她已經在這件事上表過態，再沒有必要起毒誓了。

案情發展到這裏，我和兩位律師都相視無語，大家心知肚明（我相信 C 小姐都是這樣）：李君說沒有穿過那件作為物證的灰色羊毛背心，是扯謊。但她還有點良心，不敢在耶穌的十字架面前起假誓，說自己從來沒有穿過這件東西。在十字架面前，她還是感到顫抖，不敢起假誓，更不用說毒誓了。老實說，倘若你真的沒有穿過這件衣服，即使起毒誓又何妨？沒有做便是沒有做，在十字架面前是如此，在上帝面前也是如此，在你自己的良知面前也是如此。你怕甚麼呢？

平機會安排我們一先一後離去，免得碰到面感到尷尬。鄧律師問我，今天過後，是不是會舒服一些呢？我微笑點頭。幾天後，他跟我說，由於自己是我們三個人中最後離開的，當時他還站在平機會所在的大樓外面，看見李君出來，由兩個人伴著，其中一個是牧師，另外一個可能是那個社工女士，云云。我心想，怎麼牧師也來了呢？是不是因為我是佛學專家，因而要找一個牧師來抗衡呢？佛學專家也好，牧師也好，任何人也好，扯謊同樣是不可容受的。

九、生命的永恆斷裂

自那次對質後，八個多月過去了，我未有接到鄧律師的來電。

這表示平機會一直沒有跟他接觸，我估計平機會也認為李君在扯謊。這本來是一件小事，問題已在大學方面解決了，李君要把它誇大，提升到平機會的層次，這真是無風起浪，好肉剜瘡。由於扯謊的事被看破，平機會好像已沒有興趣繼續處理了。結果是我們雙方兩敗俱傷，恩斷義絕。我不知她如何想，在我來說，時間與精力都大量消耗，卻帶來這樣令人沮喪的後果，特別是憂鬱的情緒，到現在還在困擾自己。這是一場完全沒有意義的師生交往，對於一個視說謊如同兒童遊戲的人，你還有甚麼期望呢？我本來要很認真處理這件事情，多方面試圖聯絡李君，希望冰釋她的誤會，結果還是徒然。鄧律師曾多次勸我不要跟這個人正面交鋒，要盡快了結這件案子。他說，你是瓷器，她是缸瓦，你們相碰撞，吃虧的是你自己。你的健康、學問、大學教授的職級，國際聲譽等方面都會受損，她有甚損失呢？他說得也對，這件事勢必成為明日黃花，追懷無益。我們師生之間的生命聯繫，已經斷裂，而且是永遠的斷裂了。

　　在人生的路上，我喜歡作各種嘗試，光是到外面留學、做研究，已經出洋三次，很少人有我這種紀錄。不過，嘗試越多，失敗與挫折也越多。與李君的交往，由對她懷有盼望、希望，到失望，最後到絕望，而雙方決裂，是我到目前為止的最大的挫折。這挫折使我對培養學生成才，完全失去了興趣。古語有云：窮則獨善其身，達則兼善天下。我現在是窮，只能退出江湖，獨善其身了。

　　讀者或許會問：有沒有在這次挫折中、屈辱感中吸取教訓呢？有的。我在自己的生命歷程中，對於每一次的失敗，我總會反省，找出自己的弱點所在，以求以後避免它，防止它，俾能進行自我轉化。對於這次的屈辱的經驗，三年以來，我都沒有一日忘懷，總把

它念念置在心頭。在作過長時期的全面的反思之後，我的確找到了
自己的弱點或疏忽，那便是如上面提到的文學院長的話，我缺乏**警
覺性**，對很多敏感的問題或事情不懂避嫌，招來瓜田李下，讓人猜
疑。而且自己太容易相信別人，個性也太強，也太主觀，不能設身
處地地站在別人的角度來想，未有足夠地留意別人的感受。這如許
弱點或疏忽積聚起來，便讓自己受屈辱之苦。對於這次的苦惱，別
人需要負些責任，但最需負責任的，還是我自己。

　　往事如煙，這件不幸的事情（也可以說是悲劇）也告一段落，我
相信它會慢慢地在我的腦海裏被淡忘。可喜的是，我對學問與真理
的追求熱情絲毫沒有減退，反而增長起來。在這幾年之中，我寫了
和出版了幾本重要的著作，而且還編排了一個龐大的撰著計劃，我
相信自己會按部就班去做。我感到這件不幸的事情或悲劇正在我的
生命中反彈，而且會繼續反彈，豐富的成果正在後頭等著我。

　　我自己是一個平常的人，不是儒家聖賢之徒，也不是任何宗教
之徒。我做事只憑良知，良知是不容扯謊的，不管這謊話是嚴重或
不嚴重。在我看來，一些人為了保護自己，或者維持自己的面子，
而扯謊，出賣自己的誠信，是無法想像的事。自己明明做作了某件
事情，證物擺在眼前，而且別人也清楚地、忠實地說出你與證物的
關係，如何處理證物，你還在扯謊，說沒有做過有關的事，也未見
過證物，對我來說，是完全無法想像的事。這樣做，或許得到一時
的便利、利益，但良知不會讓你好過。扯謊便是扯謊，基督徒不應
這樣做，平常人也不應這樣做。

第六章　在求職上的挫折與屈辱

　　我這大半生，都在學院中渡過，基本上是做研究與教學。此後的餘生，恐怕還是離不開做研究，或更貼切地說是做學問，搞哲學。這種生涯本來是比較單純的，特別是出入於學院之中，所遇到的不是學生，便是學者、教授，總的來說都是讀書人。這樣的生活圈，一般來說，生活比較穩定，人事上的問題也比較少。不過，由於我自己的學習與研究的歷程非常曲折，在學習與研究之餘也需兼顧生活，這便是謀職或求職了。在這方面，我的挫折很多，伴著而來的很多時是屈辱感。以下所記載的，便是這些挫折與屈辱，其中也反映出一些學院中的人事上的傾軋與明爭暗鬥。

一、政務官與助教

　　我第一次正式求職，是在大學畢業前夕。當時只有香港大學與香港中文大學的學位為政府認可。政府照例每年都向這兩家大學招手，聘請一些新血作政務官，成為政府公務員。由於政府公務員福利好，生活安定，因此兩大的準畢業生很多都會申請。一般來說，香港大學方面的學生機會較高，只有少數中文大學的學生能成功受聘。當時是一九六九年春夏之交，我見到很多同學都填表格申請，

要當政務官。我當時不大清楚政務官是甚麼東西，要做些甚麼東西，竟也隨著中大的同學填表格申請。表格上填了些甚麼東西，也記不清了。但有一點很清楚：凡是填表格申請的，都有機會被安排面試。

那天我穿上新衣新褲，也打上一向很不喜歡的領呔，有點侷促地走進面試的房間。房間內坐著五位先生，都是中國人。其中有兩位是我認識的：一位是李越挺先生，他在金文泰中學亦即是我的中學母校教了幾年書，然後被調到教育司署；他是讀歷史的，卻教我們英語。他在官場很順利，最後當起教育署長來。另外一位是李思義先生，他也曾在金文泰中學教過書，後來更當上校長；他也是讀歷史的，也教我們歷史，特別是外國史。其他的人我便不認識了。那次面試的印象很模糊，大家都是中國人，但都講英語。我的英語會話本來便很不靈光，也不大知曉政務官到底要做甚麼事。兩位我認識的李先生都沒有提問，只是李越挺先生對我微笑一下。發言的是另外三位，所問的大體上不出自己的抱負和對政務官的期望一類問題，由於我事前沒有準備，故回應得很差，我自己也不大明白何以會表現得出奇地糟。十五分鐘後，面試便完了。結果自然是如意中所料，不入圍。對於這點，我並沒有甚麼感覺；我本來無所求，結果一無所得，因而沒有失望的感覺，但卻有一種屈辱感。大家都是中國人，為甚麼要用英語交談呢？我想到香港是英國的殖民地，便也罷了。

第二次正式求職是在中文大學哲學系讀畢碩士的那段日子，那是在一九七一年夏天。我於該年六月口試順利通過後，便著手找工作。其中一個目標是中大崇基學院（中文大學當時由崇基、新亞、聯合三

所學院組成）宗教哲學系的助教職，因此嘗試與系主任沈宣仁先生聯絡，他非常忙碌，時常要開會，找他很不容易，我大概在不同時段找過他三次，問他宗哲系有沒有助教空缺，他每次都說沒有，好像不很歡迎我的樣子。我當時感到求人的滋味，頗有一種委屈的感覺。中文大學一直以來只有新亞學院與崇基學院有哲學系，聯合書院並無開設。新亞書院一向很保守，故我的唯一希望便在崇基了。沈先生對我的冷淡態度，大概是由於我在大學最後兩年所修的通識科目缺課的記錄特別高，考試成績又特別差的緣故。後來我看報紙，見到崇基宗教哲學系招聘助教的廣告，於是便問沈先生，他才說原來的助教剛辭職，因此有空缺。他並叫我填申請表格，安排我面試。面試中，沈先生知道我醉心於康德（I. Kant）哲學，便問我其中原委。我便說康德哲學規模龐大，而且容易接上中國哲學，特別是儒家傳統。他說我的這種看法是受了牟宗三先生的影響，並說自己早年曾專研西方的懷德海（A. N. Whitehead）哲學，這種哲學也可和中國的傳統相接呀。我說懷德海哲學與中國哲學傳統距離較遠，大概只有佛教的華嚴宗思想較能相應。沈先生似乎不很滿意我的回應，讓面試的氣氛有些緊張。當時洋人教授紐曼（P. Newman）也在座，便提出一些其他問題，氣氛似乎緩和了下來。結果我總算被取錄了。

　　打後接近三年時間，我都在崇基學院宗教哲學系當助教。但只有助教之名，並無助教之實，特別是頭兩年為然。在這段時間，我的工作主要是替由沈先生負責的通識課程影印講義，有時也替他修改和校對他所寫的通識課程的中文文稿，這些東西與宗教、哲學都沒有直接的關連。沈先生顯然未有注意及我在學問上的專精處與著

力處是佛學與康德哲學。這些影印、校對的工作,由秘書做便成,何必找我做呢?為甚麼把我投閒置散,讓我受屈辱呢?不過,投閒置散也好,我沒有把時間浪費掉,我把時間集中起來讀德文和研讀德國觀念論方面的著作。到了第三年四月,我便辭去助教的職位,到日本留學了。

另外一點是,我當時拿的是碩士學位,而且我的碩士論文寫得不錯,分數很高。在那個年代,倘若要當講師(lecturer)的話,通常要有博士學位,但實際上不是這樣,很有一些講師是沒有博士學位的。至於副講師(associate lecturer)或助理講師(assistant lecturer),有碩士學位便有資格申請了,崇基學院中文系便有好些副講師或助理講師亦只有碩士學位的,有些甚至只有學士學位,便當起講師來。我當時是宗教哲學系的助教,通常大學畢業便可以做助教了,拿了碩士學位而做助教,像我那樣,是有點委屈的。有些朋友頗為我不值,我反而覺得沒有甚麼問題,大家都知道,大學的助教(tutor)不是永久的職位,只是過渡性質,通常做兩三年便走了,不是出國繼續升學、研究,便是轉行,做別的事情,不攪學問了。我當時已有這樣的打算,做助教頂多以三年為限,然後便到國外留學。香港地方太小,又是一個商業城市,沒有文化氣氛,哲學與宗教根本不受重視。除了攻讀儒學外,你要研究其他的哲學與宗教,便只有出國一途。另方面,香港的大學教育不能提供足夠的外語課程。你只能修讀中文和英文,其他語文如日本文、德文、法文,即使有課程提供,也非常弱,你修讀完了,也不能拿來運用,例如看書和寫論文。我當了兩年多的助教,便到日本研究去了。

二、最昏暗的時期

　　我在日本留學近三年，全部時間幾乎都放在學習日文、梵文與藏文方面，那是由於以後要以佛學研究為自己做學問的重心的緣故（這種想法到一九九九年便改了）。臨行前我往訪唐君毅先生；他要我留意西藏文，那是由於印度佛學後期的典籍多有散佚，梵文原典已失佚，又沒有漢譯，只餘藏文翻譯的緣故。要研究這段時期的印度佛學的發展，只有依賴藏譯。另外，唐先生又提議我爭取與西田學派或京都學派多接觸的機會，這是日本當代最有分量、最具影響力的哲學學派，由西田幾多郎所創。這兩點我後來都做了。一九七六年末我回香港，在回來前夕，我寫了一封信給唐先生，表示希望能在他所主持的新亞研究所當研究員，甚麼等級的研究員也好，希望每個月有一千元的研究費，安頓生活，主要的工作是編撰一部中文的梵文文法書，把自己在日本所學到的東西（主要是梵文文法），貢獻出來，以利後學。倘若能如願，這便是第一本用中文來寫的梵文文法書了。梵文是印度大乘佛學的原典語文，它的重要性（對佛學研究的重要性）是毋庸置疑的。我很快便收到唐先生的回應，是非常令人失望、沮喪的回應：他說新亞研究所缺乏經費，在這方面「愛莫能助」；不過，研究所可以請我作副研究員，俾我能借用所內圖書館中豐富的藏書。我收到信後，覺得很詫異與失望。新亞研究所一直受到台灣教育部與美國的雅禮協會周濟，其中也養了一些閒人作編輯，幫忙校對所內出版的他的著作《中國哲學原論》，怎能說沒有錢呢？我因此回港後再找唐先生談這件事，他堅持說研究所缺乏經費，不能支助我完成梵文文法書的編撰計劃；他反而提議我重

回崇基學院宗教哲學系當助教,不必計較職位的低微,云云。唐先生這樣說,可能是一片好意,為我設想,但我感到奇怪的是,他當中大哲學系講座教授多年,應該很清楚大學的助教只是一過渡性質的職位,不能長期做下去。你既已辭職,這個職位便由別人替上,這個空缺怎能老是等著一個人回來填補呢?而且,雖說不必計較職位的高低問題,但助教的職級,只要是大學畢業、拿到學士學位便可以當了。我早已拿了碩士,又在日本留過學,雖然沒有讀學位(在我留日的時期,根本沒有外國人攻讀博士學位的事,起碼我所在的京都大學是如此。博士學位不消說,連讀博士課程也不可能。京大是以嚴格知名於國際學術界,要讀佛教學的博士課程,必須先通曉梵文與藏文。我只是這方面的初哥,怎會被接納呢),但助教的職級對我的學歷來說,根本不成比例。我覺得唐先生的建議只是託詞。我甚至有這樣的印象:唐先生處理學生的問題,是雙重標準,他對從新亞研究所出來的,特別照顧有加,對其他學術機構(包括中文大學)出來的,總有疏離。他不是支持過幾位新亞研究所畢業的學生在中文大學哲學系任教麼?我於是不再對新亞研究所和唐先生存有幻想。(我最後終能如願編撰了一本梵文文法書,以《梵文入門》的名義出版,那是上世紀八十年代初期的事,那是唐先生不及知的。)

但當時我的經濟狀況的確不好,妻子又懷了孕,需於年末分娩,我不得不到處張羅,找工作。其中包括夜中學教師、報館日語翻譯、貿易公司日語編輯,等等,都不滿意,或不成功。例如,我曾往北角一家報館應徵日語翻譯,面試時,對著一個日語說得非常流暢的女性主管,竟然說不出話來。我在日本所學的日語是拿來看書的,看佛學研究的書,不是拿來說的。最後女主管問我希望得到

多少錢的月薪，我知道已沒有希望，便隨便提了一個數字走了。我覺得很委屈，自己簡直是在浪費時間。我也曾應新亞書院雅禮協會之邀而去面試，他們是要請一位教師教外國人普通話。我雖然學習過多種語文，包括中、英、德、日、梵、藏文，但普通話不是我的專長，自己也不是地道的北方人，不能說標準的普通話。面試的幾位人士雖然讚賞我勤奮好學，一學便是六種語文，但我的內心覺得好笑得很，我教外國人士講普通話，肯定不會教得好，怎麼會在這種場合應聘呢（其實我對教外國人學講自己的廣東話也缺乏信心，我根本沒有學習語文的天資與興趣，學習梵文、藏文，都是由於佛學研究的需要而死撐的）？很快我便收到雅禮方面的回函：NO。

最無聊而又失望的一次，是我剛從日本留學回來不久，父親看到香港大學馮平山博物館招聘館長的廣告，便對我說這個職位人工很高，要我去函申請，他可請他的前金文泰中學的同事蘇宗仁先生從中關照。那時蘇先生已從金文泰中學調到教育司署工作，他是香港大學董事會的董事，或許真能幫忙。父親又提到，我童年時期不是很喜歡繪畫和書法麼？這些東西都和博物館的東西有關。他又特別提到我在高中時代應中學開放日籌備處之邀而編繪了一冊《中國科學家》的大型作品以備展出之用，這份東西展示出我國古代至近代、現代的傑出的科學家的畫像，下面還附有他們的生平和貢獻的敘述。他著我把這份東西也寄去，俾負責招聘的人員能參考。我對博物館的東西本來便沒有認識，也沒有興趣，它們都是過去了的東西。憑我這樣的資歷，怎能去申請當博物館的館長呢？但當時的確是求職心切，沒有怎樣想過，便依父親的提議去做了，也特別去拜訪蘇宗仁先生，以表達請他留意的誠意。結果申請自然失敗，連附

寄去的《中國科學家》一作品也不獲退還，他們大概拿去銷毀了。後來我知道，香港大學的一切招聘，對於所寄附的一切資料文獻，都是不發還的。這樣的職位我壓根兒是不應申請的，因為絕對是不可能成功的，我的學歷與博物館根本沾不上任何關係。你勉強去申請，只是自取其辱而已。結果連在中學時代所製作的最好的紀念作品也被沒收掉！

我是從香港中文大學出來的，學士和碩士都在那裏讀的。一種頗為流行的做法是，你從哪裏出來，總會傾向於回到那裏去，包括覓職在內。在這一點上，我在早期也不例外，回崇基當助教便是明顯的屬這種性質的做法。在作助教的第二年，我聽到一個消息，謂中大哲學系有一個講師或副講師的空缺，是中國哲學方面的。在當時的情況，當講師要有博士學位，當副講師要有碩士學位。我當時想，自己懂些中國哲學，也有碩士學位，應該可以申請當副講師吧。由於當時只是聽聞，未有見到報章刊登的招聘廣告，於是我便找牟先生，聽聽口風，他好像是系主任，但不是每天都來上班，一星期只到辦公室三幾次。我於是逕自到他家（在那個年代，我們學生後輩到老師家裏聊天或請益，是很平常的事。我在大學時時常到勞思光先生家裏，在研究院時則時常到牟先生家裏），問個究竟。怎料他一開口便把整件事情和盤托出：關於這個職位，我們準備請王某來填補。我聽後幾乎不信任自己的耳朵，這是牟先生親口說的話麼？怎麼招聘廣告還沒有刊出，還未接到來自各方的申請，便已私下決定了聘請的人選呢？你怎麼知道申請人中沒有比王某更好、更懂中國哲學的呢？牟先生不是說中國文化要建立完善的道統、政統與學統麼？這樣做顯然有違學統、客觀的學統的原則。我察覺到牟先生要學唐先生了，

要推薦自己的學生了（王某是牟先生任教香港大學時的學生），要用人惟親了。牟先生既然這樣說，我便不再多問，失望之餘，匆匆告辭了。

　　過了一段頗長的時間，我又去看牟先生。他主動地談起王某，嘆息地說新亞哲學系有三個老師負責教哲學概論這門課，其中王某教得最差。我心想既然是這樣，當初為甚麼又力挺他進入系中呢？到了一九七六年，要決定長聘王某或解雇他了。聽說牟先生下不了決定。哲學系很多同學不贊成長聘，其中陳榮灼反對長聘最力；但牟先生下不了手解雇自己一手栽培和推薦入來的學生，那年剛好他要退休，他在這一點上不作決定便退休了，把這個難踢的球交給下一任系主任去處理。

　　為了解決經濟問題，當然可以代課，你只要到教育署登記，寫下聯絡電話便成了。在那個時期，我有到中學代課，也有到小學代課。代課只是過渡性質，你不會很投入；倘若是短期的，例如一兩個星期，你不用負甚麼責任，甚至不用講書，只要管得住那一群學生，不讓他們在課室內大吵大鬧，致影響隔鄰班房的上課，便成了。代課的心情當然不好受，像我的情況，自己捨命忘軀地到日本研究梵文，日以繼夜地在演習那些文法規條和死記動詞的語根和語尾變化。文法總算掌握好了，回到香港卻一點用也沒有，對著一班跑跑跳跳的小學生，或吵吵鬧鬧的中學生，他們知道你來代課是玩票性質，根本不理你，也根本不尊重你。你哭笑不得，面對著這一群活力過剩的孩童，你怎麼應付呢？我的經驗是，「隻眼開隻眼閉」，任他們去攪（在一定限度內），只望下課的鐘聲快快響起來。

三、佛學研究方法論的
確立、開展與挫折

　　幸而這段時間並不長久，我從日本回來的翌年六月，便到德國做研究，為自己建立佛學研究方法論，以備日後作嚴格的佛學研究之用。但一個人不能老是在外面作研究，他需要安定下來，找一份可以維持生計的工作，同時又可有足夠時間去繼續做學問的工夫。在德國漢堡大學（Universität Hamburg），特別是在後半截階段，我尤其有這種心意。於是改變原來計劃（我本來的計劃是先到德國作為期一年半的研究，然後轉往加拿大麥克馬斯德大學（McMaster University）專研宗教學），在德國結束研究後，到台灣去發展，為推動現代意義的佛學研究（具體地說，即是文獻學與哲學分析雙軌並進的研究）盡一點心，出一點力。我當時選定以佛光山作為基地，逐步拓展，原因是台灣的佛教道場，以佛光山最具有發展現代意義的佛學研究的條件，資源（人力與財力）富足是一點，它表現出一種新生的向上的活力是另一點。但事與願違，台北與高雄的分處與總部我都去過，覺得他們的資源、人力以至精神上的走向，都是環繞著宗教上的信仰與宣揚方面轉，離正規的學術性研究還有一段距離。我於是在台北與高雄作過幾場演講，及和星雲法師論及佛光山未來的可能的學術性發展之後，便回香港了。

　　在這段時間，我發表了很多文字，特別是〈佛學研究與方法論〉和〈論我國佛學研究的現代化問題〉兩篇長文，後來都收入於拙著《佛學研究方法論》（台北：台灣學生書局，1983 初版，1989、

1996、2006 增訂版）中。❶當時適值香港僧伽聯合會會長洗塵法師要整頓該會核下的能仁書院，向台灣教育部申請設立哲學研究所，把重點放在佛學研究方面，由台灣教育部認可它所頒授的碩士、博士學位。要這樣做，需要很大的魄力與深廣的識見，洗塵法師具有這樣的條件。他知道我剛由德國研究回來，要施展抱負，實現我國佛

❶　〈佛學研究與方法論〉於一九七八年暑假於德國漢堡寫成，隨即發表於那段時期出版的《佛光學報》；〈論我國佛學研究的現代化問題〉則於同年末在台北的佛光別院寫成，也發表於那段時期出版的《覺世》雜誌。兩文其後分別於香港出版的《內明》雜誌轉載，然後都收入於拙著《佛學研究方法論》中。關於研究佛學的方法和方法論的問題，日本學者很早便提出來討論，其重要著述，拙著《佛學研究方法論》有提及，讀者可參考。中間有過一段較長的時期，日本佛學研究界似乎很少談這個問題了。去年九月我重訪京都，無意中在法藏館看到一本題為《仏教をいかに學ぶか：仏教研究の方法論の反省》（如何學習佛教：佛教研究的方法論的反省）。這本書是不同學者的論文結集，由日本佛教學會編，在二〇〇一年十月由京都平樂寺書店出版，雖在書名上帶著「方法論」字眼，但內容非常複雜，而且缺乏系統性。真正探討佛學研究方法論的文字不多，很多反而是研究佛學中的某些概念的意義、討論佛教文獻的翻譯問題，甚至有總結某些學者（如玉城康四郎和中村元）的佛學研究的成果和一些特定的研究方式（如中村元以邏輯代數來作研究），這反映出日本學者近年在佛學研究上的多元性，包括研究法、概念理解、翻譯問題、解釋技法（這有詮釋學 Hermeneutik 的意味）和思想史的重構各方面。
在我國的佛學研究界，對於佛學研究的方法論的自覺發展得比較遲，拙著《佛學研究方法論》於一九八三年出版，中間頗長一段時間少有同性質的著書和論文被提出來。近年這個情況似乎有所改變，漸漸有人認真地留意和探討佛學研究的方法和對這方法的反思（方法論）的問題，有好些地方與筆者多年前提及的不謀而合。這是一個很好的現象，不能不說是一種進步，希望這種進步能帶來一些突破，為我國的佛學研究展開一個新的局面。

學研究現代化的理想，因此邀我來談。當時是在台灣他們核下的一所中學的一個辦公室內，我向他們僧伽會的重要成員談及自己的抱負與理想。洗塵法師認為可行，決定把研究所的所址設在長沙灣由一個護法捐贈出來的一層樓宇，大加修茸，設立書架可以移動的圖書館，必要時可以把書架移聚在一端，整個圖書館便變成一個禮堂，可以容納多人聚會，甚至舉辦大型的演講會、講座一類活動。當時我即擬定研究所的課程及開列出以英文為主的佛學研究書籍，由所方委託專人負責向印度新德里的書商訂購。至於《大藏經》與《續藏經》等的購置自是免不了。最後便是招生了。

但在開學前夕，人事上起了變動，他們請來羅時憲先生來主持，我只擔任輔助角色。羅先生是舊學出身，他的老師是支那內學院的呂澂的徒弟，對於唯識學的經論（限於是漢譯方面）非常熟悉，在香港的佛學界有一定的聲望與影響力。僧伽會方面大概是認為我的年紀尚輕（當時我是三十三歲），經驗未足，找羅先生來主理大局，比較穩妥。但羅先生的辦學理念與研究方法，完全是傳統的舊的那一套，與我在日本與德國所學到的大相逕庭。由他來主理研究所，不但佛學以至哲學一般的課程要改，連語文的培訓方面也得大幅度刪掉，羅先生是不懂日、德、梵、藏諸種語文的。

這種臨時突然而來的改動，對我來說是一種很大的打擊與挫折。羅先生對我很客氣，我也尊重他為前輩，但由於雙方在學術研究的理念與所受的基本訓練的明顯懸殊，我的那一套佛學研究現代化的理想藍圖勢必會被擱在一邊，不能實現了。結果真的如我所料，課程遭到大幅度刪改，羅先生自己開的課程定為必修科，語文科的份量減輕，邏輯、哲學概論這些基本訓練的科目被取消掉。我

眼看自己的教學與研究的抱負與理念又無法實現了，那種難以承受的屈辱感頓然生起，因而意興闌珊，覺得積極地參與研究所的教務活動已無意義。在這種情況下，我不得不對自己的工作重點與未來的計劃作相應的調整。我當時的想法是，既然抱負與理想不能實現，不能利人，那便只有利己吧。結果我又被逼返回個人的學術研究的老路了。除了每星期必要的授課外，我盡量少到研究所去，反而大部分時間留在家裏，展開對佛教義理作更深更廣的鑽研和寫書，包括上面提到的《梵文入門》一書的編撰，而自己的成名作《佛學研究方法論》也寫就付梓。

　　當時有一段小插曲，值得一提。香港大學在報章上刊載了一幀招聘廣告，它們的中文系要請一位講師，任教宋明理學與佛學。我認為是一個機會，不可錯過，於是便申請了。這本來是機密的（confidential）事，但很快便傳到僧伽會中一些人的耳朵裏，洗塵法師便找我來問，他也沒有很直率地責難，只是說若我到港大任教，便不能替僧伽會和哲學研究所服務了，這是很可惜的事。我覺得有點不好意思，雖然僧伽會對我沒有約束力，而且出家人做事，時常變來變去，但洗塵法師對我還是很信任，便推說這項申請很早便已提出了，而且多半不會成功。結果真如我所料，我的申請落選了，據內幕新聞，主要是由於我還沒有博士學位的緣故。我聽後感到屈辱，也覺得現實的確殘酷。你們要聘請的是一個能教宋明理學和佛學的人，不是要聘請一個博士學位呀。我若要拿博士學位並不難，而且可以很快便拿了。只要到美國找一家大學讀些漢學（sinology）便成，但我的專業學問是佛學，與漢學很不同，它需要梵文、藏文方面的文獻學訓練呀，也需要佛學研究方法論呀。我到日本與德

國，捱得很辛苦，也是沿著這條路走。應聘當大學講師雖然失敗，但我對到日本與德國作艱苦研究的事，並不感到後悔，它始終會開花結果的。

這樣，我帶著一些屈辱感，平心靜氣地在香港渡過了幾年，每天都讀書與寫書，處於半閉關狀態；我只視到研究所講課是兼職而已。

四、在求職路途上最大的屈辱

經過幾年的潛心苦讀，我覺得自己在學問的功力上愈來愈深厚，特別是多年來在日本與德國自己闖出來的方法論：文獻學與哲學分析雙軌並進的研究法，產生了豐富的成果。我到外邊研究的雄心壯志又來了。我這次去的地方不是日本或德國，而是北美（加拿大）；麥克馬斯德大學（McMaster University）宗教系給我很優厚的獎金，足以養活一家四口。我不單是做研究，而且是讀博士。那是一九八三年九月的事。

麥克馬斯德大學位於加拿大東面安大略（Ontario）省的咸美頓（Hamilton）市郊，環境幽靜，是潛心研究的好地方。在那個時段，它的宗教系教授陣容鼎盛，在北美洲來說，是五大之一，只是近年才明顯地滑落下來。我在麥大三年，除了罹患腰傷外，一切都很順利，在兩年多的時間，我取得博士候選資格，於一九八六年六月和家人回香港，餘下的便只是撰寫博士論文了。這篇東西是我帶著腰傷寫的，那是有關佛教天台學與中觀學特別是龍樹（Nāgārjuna）的哲學的比較研究，從中展示出天台學的特色。這篇論文寫好後，我即

回返加拿大麥大母校作論文答辯（defence）。該論文很快便被推薦給夏威夷大學的出版社印行出版，題為 *T'ien-t'ai Buddhism and Early Mādhyamika*（天台佛學與早期中觀學）。該書出版後旋即在印度被翻印。這是我迄今為止所寫二十五部書中寫得最好的一本書，起碼是其中最好者之一。美國的天台宗教士布魯薩（Jion Prosser）最近來電郵，稱此書是一「里程碑的作品」（monumental work），評價很高。後來我又用中文寫了兩本有關天台學的書：《天台智顗的心靈哲學》、《法華玄義的哲學與綱領》，我儼然成了國際知名的天台哲學的專家了。

　　我有時想，倘若僧伽會不臨時換馬，不找羅時憲先生來主持研究所，而按原定計劃讓我來主持，又倘若我事業心重，把主要的時間與精力用在開拓與發展研究所方面，我很可能會長留在香港，沒有第三次的放洋留學，因而不會有對天台學的既深且廣的研究，也不會構思自己的純粹力動現象學了。

　　一九八四年秋冬季之間，那時我仍在麥克馬斯德大學宗教系，羅時憲先生移民加拿大，在咸美頓定居，對於研究所的事務，他是半管半不管，處於半退休狀態。一年只回香港一段時間，順便處理所務。那時我和他有比較多的時間相敘閒聊。有一次，在一家餐店，他有點自信地說：「香港的佛學界，除了你老兄之外，都是我一手帶出來的。」然後他談及自己退休的問題，說一九八六年他會完全退出研究所，要我來接替他的所長一職。我說自己會在那個時間回香港。於是便這樣決定了。

　　一九八六年中我們舉家回香港。我和羅先生即和當時僧伽會會長寶燈法師和副會長永惺法師約好一個時間，在研究所的所長室談

所長職務的交接問題。羅先生表示月內會退休，不做所長了；他推舉我來代他，並表示對我很信任。兩位法師點頭同意，當時的氣氛很好，只是永惺法師談到洗塵法師的病況（糖尿病）時，大家都有哀傷之感。跟著我把自己的一些著作送給他們，包括主要的《佛學研究方法論》，永惺法師接過了，表示要抽時間來閱讀。最後談到我當所長的薪酬問題，由於當時時間已不早，兩位法師要離開了，於是議定這個問題由羅先生和我來談。這便是當日會面的情況。

這次談話之後，我便沒有再見到兩位法師。反而聽到一些人說，僧伽會已聘請了剛由中文大學哲學系退休的勞思光先生來當所長，並設有研究員的制度。我當時想，這怎麼可能呢？當日兩位法師不是表示得很清楚，由我來接替羅時憲先生當所長，主理研究所的事麼？但這個消息好像越傳便越具有真實性。我於是趁見到勞先生的機會，當面問他。他說僧伽會方面的確委託過一位姓林的先生來跟他聯繫，請他退休後出任研究所的所長。我猜想他提到的姓林的先生便是林庭狆，我和他有數面之緣。當時有人說他接替剛去世不久的鍾應梅先生當代理能仁書院院長之職。後來我又在研究所所長室看到一份文件，上面列出一些研究員和副研究員的名單，其中有姓關的、姓張的、姓黃的和姓李的。這些人我大抵上都認得，他們近年來跟勞先生比較多來往。我於是相信僧伽會請勞先生當所長一事是真的，而且勞先生還帶了一些自己的學生來，看來似是要有一番新的作為。過了不久，我接到研究所秘書打來的電話，說我還有一些自己的論文的單行本存放於所長室，勞先生著我把它們拿走，云云。我於是不再懷疑了。但我感到困惑的是，那天我和羅先生及兩位法師的談話是不是都成了廢話呢？兩位法師說同意讓我接

替羅先生當所長的話，算不算數呢？當時雖然沒有留下任何白紙黑字的文件，但大法師的決定與承諾，一言九鼎，怎會說改便改，而且改得那麼快，完全沒有知會我呢？我跟羅先生談起這個問題，他提議我親自找兩位法師理論，要求他們當面交代清楚。我說不必了，香港一些出家人辦事的態度與方式，我很清楚，很難要求他們講信用的。這種屈辱我受夠了，我不想再跟他們打交道，不想讓他們覺得我在求他們。

過了一段時間，令人詫愕的新聞又來了。勞先生在報章（華僑日報）中刊登了一段聲明，表示不當研究所的所長一職，今後不再與僧伽會有任何來往，云云（內容大概是這樣）。

五、在香港浸會大學的榮光與屈辱

一九八八年九月，我應香港浸會大學（那時尚未正名為大學，而稱「香港浸會學院」）宗哲系系主任余達心的邀請，任該系的講師，主要教授佛學課程：印度佛學與中國佛學，另外還有一科佛教文獻選讀，一教便是十五年。這是我一生中很重要的一段時間，我前此的主要著作，除了《佛教思想大辭典》外，都是在這段期間寫成和出版。在浸大教書，教課一般，分量不太重，也不太輕。我比較少參與行政的事，課餘之外，盡量利用時間來做研究和寫書，特別是在夏季放暑假和聖誕節、新年放寒假的時間。系中的同事中，以我在這方面（研究和寫書）表現最為活躍。曾經有兩年（一九九五年與一九九八年），我每年出版了三本書，都是哲學性、思想性的，產量非常豐富，在質素方面也有一定的水平。在教學方面，我最初幾年表現

得很積極，特別是在指導學生撰寫畢業論文（Honours Project）方面。在最初的十年，我也頻頻提出研究計劃，由大學的研究委員會和香港教育支助委員會撥款支助。在這些方面，我是有些表現；因此在二〇〇一年春，大學頒了一個學術研究表現優越獎（Award of Outstanding Performance in Scholarly Works）給我，表示肯定我在學術研究、發表論文和寫書方面的成績。這算是我十五年來在浸大的主要榮光，其他的便不談了。

在浸大工作，也有煩惱，讓我感到屈辱。關於這方面，我是只想提兩點。首先是職級問題。我加入大學時，由於尚未拿到博士學位，雖然有留學日本和德國的記錄，職級還是偏低。三年後，余達心為我提出升職（promotion）問題，他是一個胸襟比較開朗，能夠欣賞與容納他人的基督徒，與別的眼光淺近、襟懷狹隘的基督徒不同。要升職，便要拿出學術研究的成果出來，以供校方及校外專業人士審查。但問題在，除我自己以外，大學中沒有一個懂佛學的人。我的研究重點在佛學，拿出來供審查的是佛學方面的著作。校內既沒有適當的審查人選，也沒有人知道應該往校外找甚麼人來審查。這個提案擱了很久，還是沒有決定。最後，校方終於找到在牛津大學作客席的日本佛教學者高崎直道。他當然是適合的審查人選。結果提案很快便通過了，我由講師升為高級講師。那是一九九二年一月的事。

過了三年多，我的重要著作《佛教思想大辭典》和《天台佛學與早期中觀學》（*T'ien-t'ai Buddhism and Early Mādhyamika*）先後在台灣與美國出版了，另外還有幾本著作，包括《遊戲三昧：禪的實踐與終極關懷》，也在台灣出版。我看已經遠遠超過一般升等的要求

了。在台灣，一個大學講師教了幾年書，便可拿一些論文或把它們集結起來成論文集出版，申請升等。問題是當時余達心已經離職，由一位洋人同事當系主任，他根本不懂佛學，也不能看中文論文或著書，也沒有留意我在美國出版的那本英文的天台佛學著作。另外也沒有其他同事懂佛學。按規定，升等是需要系主任提名推薦的。我當時覺得，系主任所要做的工作，應包括留意系中同事的學術研究和學術著作的出版情況，俾能提請大學當局擢升合乎標準或資格的同事。我當時還覺得，由當事人主動向系主任提出升等問題是很為難的事，好像是要求他幫忙，讓人有屈辱感。洋人系主任對這些事毫不留意，怎麼辦呢？只有毛遂自薦。我於是繞過系主任，逕自向洋人文學院長提出升等。幸好洋人系主任有容人之量，對我作過一些了解後，便為我寫推薦函，再經一番審查，我的提案便獲通過了，我獲升為副教授甲級。那是一九九五年九月的事。

三年後，即一九九八年，同樣的問題又來了，我越來越勤於做研究，而且把研究的題裁從佛學方面拓展開來，兼及儒家、道家，和日本的京都哲學，每方面最少都寫有一部專著，佛學的研究仍然持續，著書不斷，包括份量較重的《龍樹中論的哲學解讀》。華人系主任照例很少理，他是英國分析哲學的背景，對東方哲學疏離得很。我又得毛遂自薦，繞過系主任，逕自與華人文學院長談升等的可能性，即升為教授。我覺得，大學自正名為香港浸會大學以來，不少同事都因此而獲擢升，成為教授，甚至講座教授，其中很不乏不學無術的。不過，這次並不順利，提案被駁回。理由是離上次升等只有三年，時間未夠，云云。其實這裏面有歧視（discrimination）現象，上面提到的系中洋人系主任由高級講師升為首席講師，再升

為教授，最後升為講座教授，像坐直昇機一樣，也只是四、五年間的事而已。系中幾乎沒有同事認同他具有當講座教授的條件。但這是大學高層的決定，有誰敢冒險犯難，多管閒事呢？

　　兩年後，即二〇〇〇年，我看時間差不多了，便向華人文學院長重提舊案。這次也不成功，但理由由時間不足改為我參與的行政事務太少，而且在學生對我的教學評估（teaching-evaluation）中有負面記錄（關於這點，我會在後面交代）。院長說我的學術研究成績雖然很好，但還需學生的教學評估和參與行政事務兩方面配合起來，三者達到一定的水平，才能成事。我聽後覺得有些困惑，心想一個人只有一個腦袋，兩隻手，要在這三方面都有滿意的表現，恐怕連諾貝爾獎的得獎人也做不到哩。大學似乎有意多設關卡、障礙，阻止一些同事上進。而事實上，這三個標準也並非嚴格執行，特別是學術研究方面。有些同事寫寫 ABC、子午線一類普及讀物，在電台、電視上講講中文一分鐘，談談孔子，也當起教授來。又有些同事編寫一些中學教科書，或根據既有的材料整理而成一本浸會大學創校史，為大學作報導、宣傳，竟能順利升等。這些跟學術研究有甚麼關係呢？

　　華人系主任的反應更為激烈，以斥罵的語氣說我在「玩嘢」，繞過他而向文學院長提案。並說以我在教學上的負面記錄，所提案子絕對不會被通過。他的意向很清楚：不會支持這個案子。一般來說，系主任對同事的升等申請有很大的影響力，若不支持，提案勢難通過。我心想大概他忘記了多年前他未當系主任時對我說過的話。他說憑我的學問早應升為教授了，我以《佛學思想大辭典》便可以把那些決策的高層人員擲個半死。最後，我還是要把自己的佛

學著作交給他審視。對於這點，我感到很無奈和屈辱，我的專業的佛學著作要由一個在這方面完全是外行的人來審查，能有甚麼結果呢？

　　結果如我所料，提案不成功。此後幾年，我雖在思想上有突破，由佛學研究轉到現象學的闡發方面去，寫了幾本這方面的專書，但不再想升等的事了。在一所大學裏，沒有人對你的專業的學問有起碼的認識，你能有甚麼發展呢？自此之後，我已有離開大學的意向。

　　另外一項讓我感到屈辱的事，是教通識課程。浸大是一所基督教背景很濃厚的大學，那是很多人都知道的事。它提倡全人教育（whole man education），要學生除了修習自己的專業科目外，還要修讀佔一定學分的通識課程，例如思想方法、哲學概論、世界宗教，及好些環繞基督教教義（例如倫理方面的）方面的科目，才能畢業，授課主要由宗教哲學系方面負責。對於這些東西的修讀，學生一般都視為畏途，認為是強逼他們做的，但不讀又不成。因此多以被逼心情來上課。較好的學生通常坐在課室的座位的前排，靜靜聽講，有時也記下所講的要點，但從不發問問題。這是非常好的了。大部分同學都無心聽課，他們很多時同系的聚在課室後面的一個角落，談這談那，或東張西望，或拿出一些三文治、汽水來吃喝，或乾脆睡大覺。他們最感興趣的，自然不是聽課，而是講義。他們總是希望教師有講義派發，這樣，他們便可以不理上課的問題，到考試前夕，拿這些講義來看看，便可應試過關了。我通常是不派發講義的，你要聽課便聽課，不聽課而去睡覺，或吃東西，只要不影響我的講課和別的同學聽課，我都不管。但若過了這個限度，一堆同學

聚在一起在一個角落談笑，我便要干涉了。通常我是以請他們離開課室來處理。倘若他們不肯離開，我便自己離開，這樣，便不能繼續講課，之後我不會補講，考試有問題，他們自己要負責。因為並不是我偷懶不講那些東西，而是同學自己秩序不好，談笑的聲浪太大，讓我無法繼續講課的緣故。我這樣做，便激怒了不少學生，他們便在期末所作的教學評估中，以負面的字眼來寫，這便是我在上面所謂的教學評估的「負面記錄」了。對著這樣的學生講課，簡直是在活受罪，是一種屈辱，是浪費精力與時間。特別是，這種通識課程，由於選讀的人很多，通常會被安排在很大的教室授課，你便更難控制同學的秩序了。每次講課完畢，我總是疲累得要死，總是要趕回自己的辦公室，一動不動地躺一兩個小時，才能起來，恢復一些活力。

六、我的感懷

以上所敘述的，是我在求職生涯中所遭遇到的挫折或不公平的對待，這些經驗讓我感到委屈、冤屈，覺得自己受到侮辱，因而有屈辱的感覺。屈辱感是需要宣洩的，讓他人知道自己的不幸；最好是得到平反，還自己一個公道。倘若這種感受得不到妥善的處理，長期悶在心裏，便會導致心理上的不平衡；這種不平衡若日積月累，會膨脹起來，最後會爆發而為一種激烈的行為，對自己做成傷害。對待屈辱的妥善方法，莫若以一種寬容的心，把屈辱包容起來，視之為一種日常生活中常有的經驗，把它加以點化，化戾氣為祥和。較積極的做法則是從屈辱中吸取教訓，反省屈辱的來由。屈

辱很多時是外來的，對於這樣的屈辱，我們很多時難以預料，它來
了，也難於應付。你無緣無故受人侮辱、屈辱，倘若不太嚴重，自
己又不想被捲入爭執的漩渦，最好是認命算了，把這些經驗拋開，
做些有積極意義的事。報復或光是往報仇那方面想是沒有用的。你
被人侮辱，而感到屈辱，於是以牙還牙，以同樣手法侮辱別人，讓
他感到屈辱。這樣冤冤相報，沒有了期，是雙輸的情況，並不明
智。另方面，當我們反省屈辱的來由，很多時會發覺來由是內在
的，即是，自己自身存在著被屈辱的因素，然後別人才來欺負你，
讓你感到屈辱。例如，一個人意志不堅強，遇事不能當機立斷，而
需要求助於他人，這便會導致一種受人擺佈、欺負以至侮辱的機
會。人很多時是自己不爭氣，自己放棄，自己屈辱自己，別人才來
屈辱你。屈辱可以讓人沮喪，意志脆弱，也可以讓人反省，自思己
過，而奮發自強。如何看待與處理屈辱，需要很高的生活的智慧。

　　就我自己的情況來說，我的童年時代在農村渡過。父親為了生
活，時常要到外邊跑，替人作文書一類工作；母親則大半生雙腿癱
瘓，只能留在家裏。我們兄弟在外面生事，被人欺凌，他們都管不
到，因此，屈辱是常有的事。特別是我體弱多病，先天不足，骨瘦
如柴，時常被人取笑。對於這些事情，我早已習以為常了。農村不
是文明的地方，不是人欺負你，便是你欺負人，總是弱肉強食。長
大後到香港依父親，由於他討了一個心腸不好的女人，要保護自
己，便得奮發自強，不能「衰比人睇」。遇到屈辱的事，我總是以
轉移目標，做其他自己認為有意義或自己的強項的事來應付，把屈
辱平衡過來。因此，我的生命時常穿插於屈辱與榮光之間，情感時
常傾向於一端，平和的感受是很少的。生命形態越是破裂，便越會

追求平和、圓融的境界；但要讓內心時常保持平和、圓融狀態，談何容易呢？由於心靈恆常地處於動盪不安穩的境況，我很早便有「人必先受屈辱然後求奮發自強」的生命觀點和生命認識，並視之為自我轉化的指導原則。因此，對於上面提到出家人的背信忘義的事，我並沒有太大的感觸。這種事的結果，反而促發我生起更堅強的意志，把論文寫好，為自己求取更堅實的學問根基，學位反而是次要的事。我相信，只有這樣腳踏實地自強起來，才能遠離屈辱，讓內心平和下來。即使碰到屈辱的事，也可以信手拈來，拆招點化。

第七章 在教學上的屈辱與反彈

一、在教學上的困擾、屈辱與失望

如上面約略提過，我在香港浸會大學宗教與哲學系任教了十五年，除主要負責開講佛教（印度佛教、中國佛教）的課程外，每學期都需要任教一些通識課程。這些通識課程有點像我以前在香港中文大學崇基學院修讀的綜合基礎課程（integrated basic studies，簡稱為 IBS，中英文的稱法大概是這樣），後者本來叫作人生哲學（philosophy of life）。每個學生每年都要修讀這種通識性質的課程，目的是補主修課程的不足，因為這些課程不涉及專業（discipline, expertise）知識，而是對我們的日常生活有輔助性質的，不管你畢業後繼續研究或找事做，都是這樣。那時（我讀大學的年代）是四年制，關於這些課程的內容，第一年是大學修學指導，這關乎學術性（scholarship）觀念和寫論文的方法、技術問題。第二年是中國文化要義。第三年是西方思想與宗教，主要是閱讀柏拉圖（Plato）的《理想國》（The Republic，或作共和國）和聖奧古斯丁（St. Augustine）的《上帝之城》（The City of God），第四年是西方的科學與心理學，在心理學方面，主要是讀弗洛依德（S. Freud）與榮格（C. Jung）在這方面的著作。這種安排本來不錯，問題是校方是否找到適合的人選來教。就我自己來說，只

覺得修讀中國文化要義有得益，那是勞思光先生任教的那一組；其他的則不知道講師在講壇上說的是甚麼，自己只是在虛耗時間。

要講授這種通識性格的課程，是很吃力不討好的事。就我自己在浸大（香港浸會大學）教了十五年這樣的通識課程的經驗與感想來說，有幾個困難之點是難以克服的。第一，上這些課程的學生通常都很多，要在特別大的課室授課，學生的秩序難以控制。二，由於這些課程是必修科，學生來上課，有被壓迫的感覺，因此時常不專心聽課，整個課室的學習氣氛總是不好。三、學生對這些通識課程不感興趣，認為這些東西沒有用，對他們自己主修課程扯不上關係，學校只是浪費人力資源，浪費他們的時間。四，學生的基本訓練（例如思想方法、語文，特別是英語）不足，自身的資質又不好（浸大在香港的八所大學中，論質素，應被排在末端部分，故很少好的學生入讀），理解力低，對於稍為抽象一點的東西（例如哲學、宗教），總是難以明白。五，基於上述諸點，學生對通識課程通常都不感興趣，因此缺課情況嚴重，直接打擊老師的授課意欲。

我的情況更糟，因為要教哲學概論與世界宗教這兩門通識課。十五年來，不是教這課，便是教那課，沒有一個學期能倖免。這兩門課程，題目大，指涉的東西非常廣闊，而內容空泛，理論與觀念都非常抽象，教課主要憑口講和解釋，不像其他科目可以借助一些較具體的東西來輔助、配合解說，例如圖表、統計數字、道具、幻燈片，以至於播放談話記錄、音樂和紀錄電影。學生對於這兩門課的內容，認識很少；他們在過往中、小學中學習的，基本上是記憶性的東西。但哲學概論和世界宗教，是理解性質的，不管記憶怎麼牢固，不理解便是不理解。在世界宗教方面還可以講些宗教的儀式

等較為具體的東西，但哲學概論則純粹是講說（老師講說）與理解
（學生理解）。譬如說，柏拉圖的理型（Idea），你如何向尚未脫離中
學的填鴨式的、光憑記憶的學習方式的學生解說呢？理型是形而上
的實體，光是形而上學或形而上的東西，再加上實體這些題材，你
講了半天，學生們還是一頭霧水，滿臉困惑的神色。最後他們索性
不聽，拿自己的主修的功課來做，或看金庸的《神鵰俠侶》，或幾
個人在後面聚在一起，聊這聊那，說個不休，或伏在桌上，不動聲
色，夢周公去。有些學生更拿出三文治與可樂汽水來吃喝個飽。下
課時間到了，大家都突然變得龍精虎猛，一陣喧嘩和大動作後，都
出去了，不見了，霎時間偌大的課室變得沈寂一片，只剩下我自己
一個人在發呆。

　　最讓人喪氣的是，他們根本不理會授課的老師是誰，他的專長
在哪裏，他在哲學與宗教的研究方面下過多少苦功，寫過多少部重
要著作，在國際學術研究界如何被重視。他們根本不關心也不知道
我在講壇上向他們講授哲學與宗教的問題，是一個難得的機會，他
們應該珍惜。他們根本不管這些，只是把你當作讓他們受苦、受罪
的人，認為你在阻擋他們的去路，設置種種障礙來卡住他們。你講
得很精彩（你自己覺得很精彩），或在某些地方講錯了，他們都不關
心，不理會。對這樣的學生，你簡直覺得在活受罪，在受忽視，受
屈辱。在他們心中沒有尊敬（對你的尊敬），在你自己心中沒尊嚴
（作為一個老師的尊嚴）。

　　有一次，在哲學概論的課上，我講到知識問題，講到知識的普
遍性（universality）與有效性（validity），我已經花盡心思，盡量把有
關問題講清楚。一個衣履不整、頭髮蓬鬆的男同學半睡半醒地問

我：阿 Sir（這是香港的中學生對老師的稱呼，這個小伙子的心態顯然還是滯留在中學的學習階段），你講的東西我總是聽不明白，你是否能把它講成「一團一團」呢？我聽後愕然，便問他，我不明白你的意思，甚麼是「一團一團」呢？他想了一會，結結巴巴地說：像空中所見到的一堆一堆的雲那樣啊。我覺得他的回答有些古怪，便說，若我把要講的像一堆堆的雲那樣講出來，那你不是更難明白麼？他想了一會，然後眼向下望，沒有回答。我想他可能是覺得我講的還是太抽象，希望講得更具體一些。不過，他不會運用抽象與具體這兩個語詞。

在另一個場合，有些學生總是糾纏著我，要我給他們有關哲學概論的講義。我深知他們的想法，是要以講義來應付考試，而實際上，我並沒有他們所要的那種能應付考試的講義。我便對他們說，我教書是沒有詳細的講義的，我只是把要點列出來，然後依序講解。你們在聽課時可把要點（你們以為是要點）記錄下來。不足的地方，可找一些講授大綱（outline）所列的參考書來看。顯然我沒有滿足他們的要求，讓他們失望。結果，在學期末的教學評估（teaching evaluation）中，他們給我負面的（negative）評估。這便成了系主任與文學院長不支持我升等的主要原因。

大學高層的人員（特別是行政人員）很重視教學評估，認為這是決定教師的教學質素的重要依據。實際上，從以往的多次經驗中看到，學生對填寫那些評估表格非常苟且（起碼大部分是這樣），尤其是修讀通識課程的學生。你要他們對你的教學有較好的評估，你便要與他們合作、回應，順從他們的要求，給他們對考試有利的講義，在 grading（定成績等級）方面盡量鬆手，讓他們高興、滿意。講

得不好聽便是，你要討好他們，放棄做老師的獨立性與尊嚴性。我不能這樣做，也從來沒有這樣做。

　　實際上，對於學生的真實情況，例如他們的興趣、志願、能力、家庭環境或背景、壓力感，甚至心理問題、情感問題，最了解的，還是我們這一批站在最前線的教學人員。那些行政上的高層人員總是忙於開會，根據一些缺乏代表性的、間接的或經過修飾的資料而閉門造車，而定立種種政策、方針，作為教學的指引，要我們教學人員去遵循，這真是外行管內行，結果反而會產生負面效應，對學生和教學人員雙方都沒有好處。

二、我的反省

　　雖然我對討好學生、投其所好一點上不讓步，但對他們提出的一些投訴或抱怨，還是頗為認真的。很有一些初進來的主科學生，一時未能適應大學的教學與環境，特別是對哲學與宗教感到困惑，對兩者的實效性、實用性缺乏信心，深怕將來畢業後找不到工作，影響生活。對於這些同學，我總是好言相勸，要他們耐心讀下去，待對哲學與宗教有多些認識，才決定具體的處理方式。至於將來如何，是很難說的。這涉及很多方面的因素，其中好些因素是自己無法決定的、操控的。對於這些回應，他們似乎能聽得下去。結果不少同學由不認識哲學與宗教變成略為有些認識，也產生了興趣，對兩者的實用性，也沒有原來那樣悲觀。我便安慰他們說，哲學與宗教是安身立命的學問，特別是後者，涉及一個人的終極關心問題，對人會有深遠的影響。我們不應只以世俗的眼光來看它的實用性。

地球是圓的，能轉動的；人的腦袋是活的，能作出種種調整，以對環境作出恰當的回應。在香港，學電腦的確很有用，對職業有保障，但這只是目前的情況，但這個強勢能否長期維持下去，誰能保證呢？哲學與宗教是嚴肅的學問，與人的精神生活大有裨益。誰人能不需要精神生活呢？

　　至於哲學與宗教的內容抽象艱深，難以明白，的確是一個問題。即使是入門程度的哲學概論與世界宗教（其內容其實相應於宗教概論），也有這個問題，需要面對和妥善處理。上面提到的修讀通識課程的學生所表示的抱怨與憂慮，是很可理解的。我甚至認為，像哲學概論這種通貫性的科目，在哲學中，是最難教的，最難明白的，比其他哲學的專門科目，如知識論、道德哲學、形而上學，甚至美學（藝術哲學），還要難。在後者的情況，聽者對哲學的一般知識或學養，已有了一定的基礎，跟他們講專題哲學，只需接著說便成。教哲學概論則不同，你要假定聽者對哲學毫無了解，要從開始說起，要把概念解明清楚，把哲學上各種問題闡明，同時要顧及它們之間的連貫性，不然的話，聽者內心便會產生疑惑：這些問題，例如知識的問題與道德的問題在甚麼地方相通，而能同樣地作為哲學問題被處理呢？知識與道德的關係是一種甚麼關係呢？這樣的問題很不易弄明白，特別是對最初接觸哲學的聽者來說。

　　我又反躬自問，自己在開始學習哲學時，對於這類問題也感到疑惑。知識是知，道德是行（其實也不是這樣簡單，特別是道德，不光是行的問題），知與行如何拉在一起，而成互動的關係？我當時心中便出現這樣的問題。特別是，對於哲學概論，我是自學的，沒有老師來教，要明白、解決問題，只能自己找書來看。老實說，連找書來

看也不簡單。找甚麼書，哪一本書呢？講哲學概論的書很多，但不見得是每一本都是好的，可以說，很少是好的。所謂「好」，包括對初學者的適切性在內。唐君毅先生有《哲學概論》二巨冊，勞思光先生有《哲學淺說》，都是這方面性質的書，但成不成呢？有沒有用呢？都不成，都沒有用。唐君毅先生的書太繁，太深，內裏討論的問題，比專論的書還要複雜。初學者怎麼能看呢？勞思光先生的書太簡，太淺，看後收穫不大，沒有甚麼印象。幾乎四十年後的今日，倘若有人要我介紹好的哲學概論的入門書，我也只能勉強提 J. Hospers 的 *An Introduction to Philosophical Analysis* 而已。

　　至於講授世界宗教的課程，情況也不會好到哪裏去。世界宗教不如哲學概論那般抽象難講，特別是不同宗教有不同的宗教儀式，這些儀式都是具體的東西，比較容易解說。但世界宗教涵蓋面廣，包括東方與西方、古代與現代的宗教，幾乎無所不包，這樣繁多而複雜的東西（每一種宗教的教義和儀式都不同，故是繁多和複雜），如何能在有限的時間中，給學生有個周延的交代呢？最要命的一個問題是有關宗教的存在價值方面。我們一般都說宗教有一個旨趣，是教人如何離苦得樂，如何從有限的、罪苦的環境中解放開來，讓生命獲致永恆的、德福的果實。或者說，宗教是要處理人的終極關心問題，例如苦痛、罪惡、死亡（或對死亡的畏懼）等等。有些學生曾對我提出，你說這如許的東西對我都沒有密切的關係，宗教對我來說是多餘的，我根本不需要它。那你要我了解宗教的作用和世界宗教的發展狀況有甚麼意義呢？他解釋說他現在生活得很好，很快樂、滿足，家裏有錢供他食用、享樂，因此他感覺不到苦，離苦得樂對他沒有意義，他現在便是樂了，何必「騎驢覓驢」（樂便在當下，不

必刻意向外尋找）？他也不會犯罪，一向規規矩矩做人，不需追求罪的另一面的福。他也很知足，不會想得太遠，沒有留意遙遠的終極關心問題的必要。他反而覺得平常生活好好的，去想那些甚麼終極關心的抽象的問題是自尋煩惱，「無風起浪」。結論是，他並不需要宗教，修讀這種課程的確是浪費精神與時間。

這一番議論確實有他的道理，也很平實。從他的角度看，宗教是多餘的東西，是奢侈品。你如何回應他呢？的確煞費思量。即使是死亡，或對死亡的畏懼，他也認為太遙遠，沒有必要考慮這個問題（起碼目前來說是這樣），在他的意識中、感覺中，沒有對死亡的畏懼問題。有病麼？有錢看醫生便成了，何況他有很好的生活環境，很少生病。

這是一個棘手的問題，不易解決。關心宗教的人，總需有一種人生的莊嚴感，有苦難意識、罪業意識，才能感到宗教的真正意義與作用，而起認同的心。另外一點是，宗教需要有同情共感的道德情操在裏頭，才能廣泛地流傳開來。你可能像上面的那個學生一樣，沒有遇到嚴重的人生問題，不覺得宗教的需要性、逼切性。但你周圍的人，包括你的父母、叔伯長輩、兄弟、朋友等等，總不會人人都生活得順暢，沒有憂愁、苦痛、哀傷，甚至沒有生起過重大的病痛以至死亡吧。倘若有的話，則你總會看到你親愛的人或朋友的苦痛而生起憐憫、憐惜的心，以至與他們一齊承受他們的苦痛吧，你總會想到自己和他們同樣是人，是有限的血肉之軀，將來也必會和他們一樣要承受相同或相近似的苦痛吧。這便是我所謂的道德上的同情共感。倘若你有這樣的同情共感，便不能完全不想及宗教所要解決的那些人生負面的問題。這樣，宗教還是有其必要性，

不能忽視。你沒有看過或聽過很多傑出的科學家白天在實驗室中工作完畢，出來便撲向教室祈禱、告解麼？你不曉得偉大的科學家同時可以是虔誠的宗教徒（例如基督徒）麼？這表示科學不是一切，科學不能解決人生一切問題；有些問題，很多時是要緊的問題，是需要借助宗教信仰來解決、處理的。

三、屈辱的反彈

　　以上的反省或反思主要是針對教授通識課程哲學概論和世界宗教而作出的。關連著學生方面的普遍困惑和負面的、不友善和不尊敬老師的行為，我想最重要的還是老師方面要盡授課的任務，把書教好。所謂把書教好即是要以簡明的、通俗的、生活化的和清晰而不含糊的方式把課程的內容直截了當地講出來，讓學生能聽得懂，能明白，知道你在說甚麼。我首先把課程的內容作全盤的審視與調整，把那些雖然是重要的但卻是遠離我們日常生活的、玄深的觀念剔除開來，例如物自身（Dinge an sich）、睿智的直覺（intellektuelle Anschauung）之類。我甚至不用對象（Objekt）字眼，而用「我們要認識的東西」字眼。這聽來有累冗的感覺，但學生一聽便明白，也減殺自己的學究氣。

　　後來我索性不把學生當大學生看，而把他們視為一般的老百姓、市民，模仿電台的播音員以閒話家常的方式和語調來講，盡量運用生活語言，去除一切學術性的詞彙，洗盡一切學究氣。這樣做，最初有些困難，通常我是用撰寫論文的方式、語調來講學的，後來作了大幅度的改變，對語言的運用，由學術研究作通俗化、大

眾化的轉向。有時自己也覺得好笑：口在講話，內心卻在笑。這樣做，好處是學生能聽得懂，知道你在說甚麼道理。結果是我和學生的距離拉近了，他們覺得我親切、平易近人，不是大教授、大博士。有一次，我竟在課室上哼了幾句崔健的歌詞，讓大家輕鬆一下，逗得大家非常高興。以前常有的屈辱感也慢慢減退了。

　　我講課的最大特色，是透過笑話和譬喻來解說。有時笑話講得有些出位，竟忘了自己講課講到哪裏，反過來要問學生，讓他們來提醒。初時有點尷尬，後來也不管了，反正學生聽得舒服，我自己也講得輕鬆。有一次在世界宗教課中講到佛教的修行，涉及禪的打坐的實踐。我索性自己坐在桌上，打起坐來，鞋也忘卻脫除。那是我從京都哲學家阿部政雄先生學來的道元禪的「只管打坐」的坐姿。跟著我叫學生逐個出來，坐在桌上，脫去鞋子，學著我剛才的模樣，打起坐來，我並站在旁邊，更正他們的坐姿。當時的氣氛很好，學生也有意想不到的收穫，學到禪坐的方法。我自己也沒想到在講授通識課程中會由屈辱的挫敗感反彈上來，覺得教通識課程也能產生樂趣！

　　自此之後，在每一學期開始之初，我都審視一下自己的哲學概論或世界宗教的大綱（我每個學期不是教哲學概論，便是教世界宗教，總得教一科通識課程），看看自己的講課內容和方式是否還有進一步通俗化、簡捷化的空間，倘若發現有空間的話，便進一步講得更通俗，更簡捷，盡量使要闡釋的題材，與現實生活連接起來，也盡量用現代的詞彙來表達，讓學生覺得我所講的哲學和宗教的道理，並不是古董一類東西，只適宜藏放於博物館內，而是還有生活氣息的，具有生命力的，對現代人還是有用的。我盡量不讓學生對自己有一種

學究式的、頭巾氣的學者的那種印象。

　　這種去學究氣的轉向，終於為我開拓出一種另類的著作的途徑，這便是作為講課記錄的著作。我一向的著作，都是嚴格依著文獻學與哲學分析的雙軌並進的研究法而寫成的。由於強調文獻學，因而有濃厚的學術性的傾向，也不免有學究氣。長時期教通識課程的結果，讓我開始嘗試以講課記錄的方式來進行撰著。即是，我在課室內講課，學生把講課內容以錄音機錄下，然後把它筆錄出來，我再加以校改，或作一些補充，拿去印行出版，便成一本撰著了。這種著作有它的好處與特色，便是通俗、平易、富生活氣息、流暢、可讀性高。我自己的好些著作，如《印度佛學的現代詮釋》、《中國佛學的現代詮釋》、《金剛經哲學的通俗詮釋》、《龍樹中論的哲學解讀》、《京都學派哲學七講》和《唯識現象學一：世親與護法》等，都是在這種方式下產生的。

　　如上面所說，教通識課程是吃力不討好的事，你需要以有效的辦法，把學生安定下來，這樣便可以免除一些屈辱感。其中一個有效的做法便是把課程的內容講得好，讓學生聽得懂你所講的，覺得自己真是學習到一些東西。因此你必須把課程內容掌握得很好，以自己的學問來震懾他們，不讓他們在後面搞惡作劇。因此我要在哲學概論與世界宗教方面不斷下工夫，釐清一些重要的觀念與問題，對於那些關要的問題給它們一個恰當的定位。對於哲學問題的界線、層次要弄清楚，對於不同宗教在義理上、教義上的異同分際尤其不能放過。這些工夫日積月累，不斷在鞏固自己在哲學與宗教學上的學養基礎。這無疑是由屈辱的反彈而來的成果。特別是，有很多有關基督教神學的書，如巴特（K. Barth）、布魯納（E. Brunner）、

朋霍費爾（D. Bonhöffer）、田立克（P. Tillich）、布爾特曼（R. Bultmann）、拉納爾（K. Rahner）、孔漢思（H. Küng，漢斯‧昆）等的著作，都是在這樣的機緣下看的。

第八章　從香港浸會大學
到中央研究院

　　二〇〇三年八月下旬，我辭去香港浸會大學宗教哲學系的教授職銜，應聘來中央研究院，作中國文哲研究所的研究員；我的妻子也辭去香港依利沙白中學的預科的教育官的教職，俾能跟我一塊兒來台灣發展。這是一個很大的轉變。就我自己來說，我在浸會大學連續教了十五年書，在教學之餘也不停地做研究，出版了很多學術性的專門著作；在中央研究院則不用教學（中研院根本沒有學生），只要專心作研究便可。當然，薪水方面少了一大截。香港的大學教授的薪酬，是全世界中挺高的，跟台灣比較，有四、五倍的差距。但兩地的生活指數不同，而轉職也不是只考慮薪酬的問題，研究的環境也是一個重要的因素。

　　我在一九八八年九月進香港浸會大學（那時仍未成為大學，只稱「香港浸會學院」）的，一待就是十五年，那是我做夢也沒有想到的。我弄的是佛學，跟日本、德國、北美的學者有密切的聯繫。我同時也是當代新儒學（以熊十力、唐君毅、牟宗三、徐復觀諸先生為主）的嫡傳弟子。這兩種學問或思想跟作為浸會大學的宗教信仰背景的基督教很是不同，這是很多人都知道的事。浸會大學請我教佛學課程

（當然還包括其他課程，如儒家、道家、道教、中國宗教實踐、世界宗教、哲學概論、思想方法，等等）是很難想像的，極其少見的。但這的確是事實。

我到浸會大學之初，懷有很大的希望。我希望能培養出一些學生，走學術思想之路，成為一個學者。我尤其希望有學生來承接我的棒子，吸收我的學問，並且能繼續發展。後來我才發現，自己是那樣妙想天開。浸會大學有兩種重大的障礙，很難拓展學術研究。其一是它被政府定性為一所教學性格的大學，不會很積極地發展學術研究，也只能招收很少量的研究生。要在這方面發展，根本沒有足夠的經費。另一障礙是進來就讀的學生，質素不是很好（但有局部性的例外）。香港有接近十所大學，其中被認為是較好的，也被定位為教學與研究雙向發展的，有三所，浸會大學不在其中。另外有兩間大學是理工方面的，課程很實用，重視自己的出路的考生，很多時會選擇它們。浸會大學被視為屬於第三等級的大學。中學畢業生要進大學，一般的情況是，最優秀的那一群，會到海外留學；差一點的，會選擇上述的三所教學與研究雙向發展的大學；再差一點的，會入實用性強的兩所理工大學；再差的學生，會選擇浸會大學和其他類似等級的大學。這種情況明顯地表示，入讀浸會大學的學生，質素（特別就天資 talent 方面說）和基本訓練（語文和思考方法方面）都好不到哪裏去。更讓人喪氣的是，在入讀浸會大學的學生中，幾乎是成績最差劣的，才入讀宗教哲學系。有些學生進來後，隔了很久還不知道宗教與哲學是甚麼東西，當然也不知道自己在讀的是甚麼東西了。

一九九二年末梢，系中的一個由北美洲過檔來當客席的布坎南

（J. Bucanen）博士轉到香港科技大學人文學部方面去，覺得不錯，因而主動邀我也到那邊去，並說隨時可以把申請表格寄過來。由於這個學部沒有大學本科生，只有研究生。我當時對浸會大學還有些盼望，覺得沒有本科生，很難培養出人才來，因此婉拒了他。不過，當時我對浸會大學的宗教哲學系已有點失望。我於八八年進來，到九二年，所授的科目幾乎完全沒有改變，這表示系中四年來都未有發展。兩年後，即九四年，系主任余達心宣告辭職，我很感困惑。怎麼像余達心心胸寬容、識見高遠的人也做不下去，辭職不幹呢？我當時真的懷疑宗教哲學系的確是出了問題。再過一年，我對宗教哲學系便完全絕望了。不過，我並沒有辭職他去，還是繼續在大學教學，但工作的重心，明顯地由教學轉到研究、著作方面去，而且越來越傾向後者。好在大學比較自由，沒有硬性規定教研人員必須朝九晚五地留在辦公室，因此，我在教學之餘，很少參加行政事務，大部分的時間都用在研究方面，而且很多時是留在家裏做。我並不喜歡在辦公室裏做研究和寫書，也很少到圖書館去。辦公室時常很熱鬧，有時有電話來，有時又有學生來，讓人很難集中精神工作。至於圖書館，由於我的研究所需的資料，涉及多種語文，除中、英文外，還有日文、德文、梵文與藏文。浸會大學的圖書館並沒有這後四種語文的參考文獻。這些文獻，我都藏在家中，因此很多時是在家中做研究。

　　浸會大學宗教哲學系的致命缺點是，它基本上是集中在大學本科方面開課，研究性質的課程很少。而本科的課程，來來去去都是那一堆，讓同事們年年都是教那三兩科科目，而且大部分都是關連著基督教的。很多宗教都被忽略，例如，十多年來一直未開過印度

教與伊斯蘭教，儒家與道家的科目也不足夠，與基督教的科目完全不成比例。

系中同事幾乎年年或每一學期都是任教同樣的科目，連一些通識課程也是如此。這對一些懶散的同事來說，自然是好事，他們只要每年都拿著同樣的講義來上課，便可以應付了。實際上，由於學生的水平（思考訓練和語文學養）太低，你要講深入一點的東西，他們便應付不來。就我所負責的佛學課程（印度佛學、中國佛學、佛學原典導讀）來說，學生只能看中文的參考書，英文的便看不明白，更不要說其他語文（例如日文、德文）的參考書了。我在最初參加宗教哲學系當講師的幾年，很積極地替圖書館訂購印度方面出版的英文佛學研究著書，結果是學生根本不理會，沒有人借來看，我因此意興闌珊，不再替圖書館訂購了。

我與系中同事的來往很淡薄，完全談不上深交。我與他們異學異見，雙方差距太遠，除了有一次我在醫院接受手術，一位同事回家，順道探我，在宗教信仰的問題上有過深刻的討論外，一切談話都是應酬性格的。我本來便不喜歡應酬，也很少作無聊的打招呼，因此，我和他們根本說不上來往。他們幾乎全是基督徒，也知道我雖研究佛學，但不是佛教徒，因此，我們之間並無宗教對話。只是有兩次，大學附近的中國神學研究院的同學邀我和余達心作過佛教與基督教在一些重要的問題上（空、愛、無我、救贖之類）作過對談，那時余達心已離開了大學的宗教哲學系，當中國神學研究院的副院長了。

在浸會大學的十五年教學生涯中，我覺得最受困擾的，是自己的職級問題。這個問題在我第一次跟大學打交道時便出現了。當時

大學已經決定聘我，但把我放到甚麼職級才好呢？當時我有加拿大麥克馬斯德大學（McMaster University）的博士候選資格，又有在日本與德國留學的紀錄。這樣的學歷並不容易取得，但在加入浸會大學時，不但沒有給自己帶來有利的條件，反而成了障礙。當他們決定我的職級時，洋人文學院長便以懷疑的語氣表示（這是系主任余達心後來透露的）。這個人去了三個地方留學，怎麼還拿不到一個博士學位呢？他根本沒有留意我在日本和德國學的是甚麼，只是從最現實、最單純的有無得到博士學位一點著眼考慮。結果讓我的職級偏低。這個決定一直影響我在浸會大學的福利，達十五年之久，到最後我辭職離去才完結。你的職級倘若一開始便偏低，倘若這種偏低是不合理、不公平的話，以後便很難平反，我的情況便是這樣。即使後來我寫完博士論文，到麥克馬斯德大學完成論文的答辯（defence），取得博士學位，論文馬上被夏威夷大學出版社看中出版，也無補於事。打後十五年，我在教學與研究方面獲得顯著的成果，特別是研究方面，我在這段時間出版了將近二十本著作，包括深受學界重視的《佛教思想大辭典》，在升職上還是困難重重。每次提出，總是被以種種藉口被駁回。但事實上是，系中除我之外，其他所有同事的學術性著書加起來，還不及我自己著書的一半。在港、台之間，一些同事把自己歷來寫下、發表的論文編集起來成書，便可申請要求升等。但在我的情況，即使提出多種學術性份量很重的著書要求升等，可惜人際關係弄得不好，結果還是徒然。這是我最後要離開香港浸會大學的主要原因。我可以容忍職級上的「沒有發展」，但不能接受不公平、不合理的升等。有些同事，寫一些 ABC、子午線水平的書，在電視、電台上主持一些有關歷

史、語文方面的節目，便能升等。多年前葉明媚曾對我說，他們要讓你上位便升你，不讓便不升，沒有甚麼一定的原因。我自己想，自己在升職問題上總是碰壁，一定涉及一些實質性的原因在裏頭，例如歧視（discrimination）與嫉忌。前者如信仰上的歧視，因我不是基督徒；後者是我的著作，內容既廣且深，屬多產性（prolific），同事完全不能比較。樹大招風，是難免的，雖然我在大學中的活動，一切都盡量保持低調。

　　我在浸會大學十五年，有喜有悲，現在回想起來，真是百感交集，不知從何說起。這十五年是我一生在建立自己的學問與思想方面最重要的時段、人生歷程。本來，我是打算寫好麥克馬斯德大學的博士論文後，便到北美去作博士後的研究，或者到日本和德國發展，這三個地方我都很熟，發展起來，必與在浸會大學教學與研究所得的成果有很大的不同。不過，事情已經過去，追懷無益。在這裏，我想談一談我從香港浸會大學轉職到台灣中央研究院的動機與扼要過程。

　　我對浸會大學宗教哲學系失望，甚至完全失望，是一九九四、五年間的事。當時我曾經考慮過轉職、轉校，但不是轉到香港其他的大學去，而是轉到台灣的中央研究院中國文哲研究所。當時他們的哲學（中國哲學）方面佛學研究員懸空，一直找不到合適的人選。我當時便申請入文哲所，替他們發展佛學方面的研究。申請很快便通過了。我提出的應聘日期為一九九六年底。不過，由於聘書很遲才發出，我已應浸會大學副校長的提議，接上香港大學教育資助委員會（RGC）的一個研究案，研究佛教知識論（Buddhist epistemology）的問題，為時三年。另外，我的兩個兒女還在讀書求學階段（一個

剛上大學，另一個則仍讀中學），我們不能放下他們來中研院應聘。我因此寫了一函與當時當文哲所籌備處主任的戴璉璋老師，要求延遲三年（即在一九九九年）才來台應聘。按中研院一向聘請研究員的做法是，它發下聘書，應聘的人如不能在規定的短期內來台報到，聘書便失效了，以後要再申請當研究員，便會非常困難。戴老師即跟院長李遠哲教授商討，希望能把我的要求作特殊案子來處理。由於像我的這種人才特別難求，李院長便應諾，特別批准我延期，到一九九九年才來應聘。聽說這種安排在中研院是破天荒的，是第一次。因此我非常感謝李院長和戴老師的好意。

到了一九九九年春夏之交，我突然被發現患上腮腺癌（parotid cancer），需要馬上做手術割除腫瘤，然後進行電療。在這種情況下，我只有通知中研院，表示不能如期來應聘、報到了。李院長回函，提議我在病情穩定下來後，以客座教授名義來文哲所作一年的研究。我因此在休假了一段長時間後，與文哲所聯繫，彼方很快便發下聘書，但當我以外訪研究的理由，向浸會大學申請休假（sabbatical）時，遭到駁回，因為在同一時段系內有另一位同事也申請休假作研究，依慣例，在一個時段，每一系只能接受一個同事休假，我的申請被拒絕，因此便不能如計劃中到中研院作訪問研究。關於我的申請被拒，也牽涉及歧視和一些不合理、不能接受的原因的問題。

關於在浸會大學申請休假研究的事情，一直存在著不合理、不公平的處理的問題，我不想多談。我只舉一兩個事例來說一下。在中文大學，教員一直享有每教五年便有一年休假的權利。浸會大學的情況則不同，休假不是既定的權利，每系在同一時段，只能有一

個同事獲得休假，而且只得半年，不是一年。誰獲得誰不獲得，也要論資排輩，職級高的和在大學中服務久的有優先性（priority, superiority）被考慮的待遇。還有一點是，休假以不影響系中的教學為原則。即是，某甲休假，他本來任教的科目可以由另外一些同事來教，申請才會獲考慮。這對我來說，是一個大問題，對其他同事來說，則不是問題。理由是我任教的科目，以佛學為主，這是必修的科目，學生若不修讀和考試不合格，便不能畢業。我若休假，系中沒有同事幫忙講授只有我才能講授的佛學課程。至於其他的科目，特別是與基督教有關的，則不成問題。一個同事休假，可以很容易找人代教，系中基督徒和熟悉基督教的同事多得很。因此，每次我提休假的申請，系主任總是以佛學課程不能找其他同事頂替代教為理由，不予支持。系主任的權力很大，對於很多事情的申請，都要得到他的首肯與推薦，才有望通過，他自己也有休假的特權。我的人事關係搞得不好，因此便處處碰壁，休假研究的申請便是一個挺明顯的例子。關於這點，我不想談得太多，只舉兩個例子來說。在我在浸會大學服務的十五年之中，申請過三次休假研究，只有一次獲得通過。另外一位同事，在這段時間，度過了四次休假研究，其中兩次是與他當系主任當了五年有關係的。可見待遇的差異很大。有一位同事和我同時入大學，十五年來，從未申請得休假研究，一次也沒有。

上面提到我患癌症。在完成基本治療後，我的思想起了重大的變化，最後形成了自己的純粹力動現象學的形而上學體系的雛形。我於是鎖定自此之後的工作，是完成這個現象學或形而上學體系，其他事情都不太重要了。教書對於我來說，漸漸成為一種負擔，甚

至是壓力。特別是，我在一九九八年末被發現患有糖尿病。這種疾病有兩種徵狀，一是疲累，二是口乾。另外，由於腮腺癌的關係，我的左邊腮腺被切除，只餘右邊腮腺。腮腺是分泌唾液的，割去一邊腮腺，口腔便少了一半唾液（口水），口乾（dry month）的問題便更為嚴重。這對於教學來說，非常不利，講者需要不停喝水，才能繼續講課。因此我需要放棄教書的生涯了。我又想起中央研究院，它的重視研究、不需教課的特點，與我的情況最為吻合。我於是在二○○一年末再申請當中國文哲研究所的研究員。當時該所已有撤除籌備處之議，準備正式成立為研究所，而我申請的是較高階的研究員，因此審查得很嚴格。但到次年春天便通過了。我提出應聘的時間為二○○三年九月。

到了二○○三年中左右，香港由於經濟轉型，市道不好，失業率攀升得很快，申領綜緩為生的人越來越多，很多公、私機構都在裁員，以減少支出。所有大學也不能免。浸會大學自然受到影響，教研人員自願離職成為大學節省資源的一種有效方法。大學的高層人員知道我有離校轉往中央研究院的意向，於是由副校長拍板，提出合聘（joint appointment）之議，即是，由浸會大學與中央研究院聯合聘請我，我可以大部分時間留在中央研究院研究，每年只需回大學三個月，以指導學生寫畢業論文及碩、博士論文。同時，我的研究成績可為大學所引用，視為大學教研人員的研究成果。這樣，大學只支付我少部分的薪酬，俾能削減資源。我認為這個安排很好，便向中央研究院提出合聘的計劃。院方的回覆是，他們的確與一些大學有合聘教研人員的協議，但這些大學並不包括浸會大學在內。因此，合聘之議便不能實行。大學人事部的高層很快又提出一種特

別安排的離職優惠，讓我可以順利離開浸會大學，加入中央研究院，以償多年來的心願。另方面，中央研究院文哲研究所的資深人士又表示很歡迎我加入他們的行列，為所方拓展佛學的研究，並表示現在是最好的時機，云云。我因此最後敲定，辭去浸會大學宗教哲學系的教職，如期加入中央研究院中國文哲研究所為研究員。

在這整體事件中，我頗有這樣的感覺、印象：浸會大學好像在打開大門讓我離去，中央研究院又好像伸出雙手迎我進來。我儼然在一種身不由己的狀態下，離開了任教十五年的浸會大學，加入中央研究院。

第九章　屈辱與榮光

一、車禍與治療問題

　　二○○三年九月二十三日我從香港飛往台北，到中央研究院報到，應聘為中國文哲研究所的研究員。本來以為這是一個新的開始，不必再教書了（前此我在香港浸會大學任教了十五年，我的辦公室在宗教哲學系，除了任教本科的課程外，還兼教大學的通識課），特別是可以從通識的課程中解放開來，不必面對那些滿臉是厭惡與疲倦的學生了。但天公不造美，應聘後兩日，便在中研院院內遇上車禍，在分子生物研究所的大樓前面，被一輛小客車高速左轉所撞倒，跌在地上，由於衝力委實太大，致右邊大腿骨上段跌斷破裂，痛得我大聲叫喊，那小客車才停下來，司機（車主）謝某從車內跑了出來，竟說：「我沒有看到你呀！」據事後警察局人員所錄得的口供，謝某左轉時只看右邊，沒有看左邊，而我則剛好站立在左邊，結果造成車禍。當時形勢非常危急，我的下半身被捲進車底，上半身則露在車外，左邊是兩個車輪，右邊又是兩個車輪。倘若我不因骨折而大叫，而那個惡棍謝某不聞聲而剎制停車，只需再向前挪動半公尺，我便會被活活碾死無疑。

　　車禍的結果是我被救護車送往三軍總醫院（以下簡稱「三

總」），檢查的結果是右邊大腿骨上端折斷，要盡快動手術，左邊膝蓋有三處嚴重受傷：韌帶斷掉、骨裂，及一邊軟組織壞死。據三總的初步估計，是雙腿均受重傷。

接著下來是一連串的手術的施行，其間的肉體上的痛楚，較諸我以前接受前後脊骨融合（anterior, posterior spinal fusion）的手術還要疼痛，其感受真不足為外人道。我在醫院住了四十多天，才能出院，然後需定期回醫院覆診。這種做法前後持續了半年多。我當時頗信任為我操刀進行手術的王醫師，以為一切都不錯，於是放心靜養，等待傷勢的復原。

事實上不是這樣。半年以來，我的大腿骨折部位仍然疼痛，仍然需要藉著四腳架（walker）行走，而且只能走很短的路程，根本不能外出，要外出便要靠輪椅，由別人推著。至於左邊膝蓋，雖疼痛減除，但活動範圍收窄，只能屈至 100 度。我開始對三總的王醫師的醫術有點懷疑。當時王醫師看過我的 X 光片，表示骨折部分還有空隙，骨斷未能癒合，便安排我進醫院補救，從盤骨抽取骨細胞，再打針把這些骨細胞注進骨折的空隙部分。我接受他的建議，依時入醫院，接受檢查，由於三總是教學醫院，是國防醫科大學（從前稱「國防醫學院」，它的地位僅次於國立台灣大學附屬醫院而已），不停有人來問這問那，我相信他們是醫科學生或實習醫師。同一堆問題，竟會有不同的人來問幾次，使我感到非常困擾。例如量血壓，我入院以後便有不同的人來替我量三次。至於麻醉方面，也有不同的人來問這問那，都是同樣的問題。最讓我困擾的是，當一切檢查完畢，護士拿了一份表格，要我的妻子簽同意書，同意接受王醫師跟我說過的那些治療項目，即是抽取骨細胞，注入斷骨部位的空隙

中。我妻子猛然看到有開刀一項，吃了一驚。王醫生從未有跟我們提過這一項。擾攘了半天，那時已是深夜，翌日便要入手術室了。但我們不簽字，醫院方面甚麼事也不能做。最後王醫師的一個助手沈醫生終於來了，為我們解釋。他說用來固定放置於大腿骨中的鋼條的螺絲釘鬆了，在做植骨細胞時，會同時把螺絲釘鑽緊一些，由於骨頭在大腿很深入的地方，因此要開刀，把大腿相關的部位的肌肉切開，才能進行鑽釘的事。因此在那份治療同意書中加上開刀一項。沈醫師並補充謂螺絲釘的鬆脫，主要原因是我在手術後半年期間挪動身體所致。他並表示倘若在預定的時間進行注植骨細胞的手術，成功率約有六至七成。再遲便不好了。

　　我當時很感意外與驚愕。第一，我每次覆診都有進行照 X 光的操作，但半年以來，王醫生從來未有跟我提及螺絲釘鬆脫的事。即使我在入院接受植骨細胞以填補空隙那天，王醫生來看過我，也完全未有提及這事。第二，醫生要病人入院接受手術，應把要進行的項目說清楚，讓病人考慮是否接受手術。王醫生沒有這樣做。第三，王醫生半年以來從未跟我提及螺絲釘鬆脫的事，到我進了醫院，接受了一切的檢查，然後才提出螺絲釘鬆脫要借植入骨細胞的機緣把它鑽緊。而且提出這點的不是作為我的主治醫生的王醫師，卻是他的助理沈醫師。我覺得這樣的安排，完全不能接受。王醫師缺乏專業精神。我甚至懷疑，王醫師在替我操刀做手術時，根本沒有把螺絲釘鑽得牢固（這點其後得到香港方面的醫師的證實），他自己也知道，但一直未有跟我說明，只待我入院進行移植骨細胞時，乘便把螺絲釘鑽緊。倘若是這樣，則明顯地是王醫師的醫術與醫德方面出了問題，特別是在後者方面，他對病人的病況有所隱瞞，不肯負

上疏忽的責任，又怕病人不滿，向他進行法律訴訟。結果我們在一怒之下，即時離開醫院。那時已是午夜了。

其後我先後到台大醫院和長庚醫院（林口）求診，聽取彼方在後續治療方面的意見。令人困擾的是，這兩院的骨科醫師所提的意見相互不同，也不同於三總的王醫師的提法。台大醫院的陳醫師提議把大腿下端用來鎖定鋼條與下端大腿骨的螺絲釘拔掉，讓我在走路時下端大腿骨可以上下推移，達到骨折部位癒合的目的。又提出可以把骨頭（由自己身上取出的骨頭）塞進折骨部位的空隙中，以填補空隙。長庚醫院的李醫師則認為上截的螺絲釘太幼，不夠力，需要拔除，代以較粗的螺絲釘。但由於螺絲釘與鋼條具有一致的配合性，因此也要移去原來的偏幼的鋼條，以較粗的鋼條來取代。這樣，下端的螺絲釘也要轉換，即是，把大腿的一切金屬配套拆除拿出來，從新以另一配套植入。這等同重新做一次手術，而且還需把原來的金屬配套取出，這其實較重新做手術更為複雜，我需要承受更大的痛楚。

三軍總醫院、台大醫院與長庚醫院都以骨科著名，都有很好的口碑，但對我的骨折的後續治療問題，各提出不同的做法，我作為一個外地人，如何取捨，如何決定呢？我在惶惑之餘，索性把所有的 X 光照片都寄回香港，給曾經替我做脊骨手術的張醫生和邱醫生看。他們的提法和台灣方面的都不同，不過，兩位醫師相互間的意見很近似。張醫生認為，我在三總接受手術後翌日所拍得的 X 光片，已顯示螺絲釘呈鬆脫跡象，手術一開始已做得不好，與沈醫師所提的半年中的身體挪動毫無關連。沈醫師說我挪動身體導致螺絲釘鬆脫，是完全不負責任的解釋，目的是讓王醫師有下台階，掩

蓋他的疏忽而已。像這樣的手術，把鋼條穿進大腿骨裏頭，然後上下以螺絲釘鑽進去，把大腿骨與鋼條牢固起來，怎能容許鬆脫現象呢？螺絲釘既是螺絲形，整條釘子是凹凸相間的結構，更不易有鬆脫的問題。問題是王醫師鑽釘時鑽得不夠深入，致骨頭的外側留有一大截釘頭，正是由於這點，骨頭內側變得不穩固，斷骨的上面部分容易撒脫，最後導致斷骨部位的空隙仍然沒有改善，不能達致癒合的效果。

最後我決定回香港，請張醫生替我作後續治療，把鬆脫的螺絲釘拔除掉，然後在盤骨部分抽取骨細胞，注入或植入骨折部位的空隙中。整個過程不用一個小時，便完事了。中研院文哲所的同人聽到我要回香港治理骨折的事，都害怕我一去不回，放棄研究員的職位了。我請他們放心，我要回香港，只是為了治療骨疾。我對台灣的醫療技術已失去信心，特別是在骨科方面，雙方在手術、打針和用藥方面，都有一定的差距。我會回來的，只是在有重病或麻煩的疾病時，才回香港或到日本求醫而已。

二、由治療疏忽而來的屈辱感

我在中央研究院內遇上車禍而致雙腿重傷。當時情況的確非常混亂與狼狽。那時大概是下午六時多，救護車和救護人員都來了，人概是院門口的警衛電召他們來的。一些文哲所的職員也聞訊出來，看看有甚麼可以幫忙的。當時最大的問題是如何把我從車底拖出來，和應送到哪一家醫院進行搶救。我當時的感受是雙腳完全不能動，心想這種無妄之災可能讓自己癱瘓過來，不能走路，像我的

母親一樣（我的母親在生了我的弟弟後便雙腿癱瘓，下半世便只能在屋內度過）。由於我的西褲被車底一些東西扣住，救護人員便拿來一把剪刀，把西褲由褲頭剪至褲腳，然後幾個人合力，好歹把我從車底拖出來，放上擔架。到哪一家醫院急救好呢？有些人說最好到忠孝醫院，因為距離最近，可以盡快進行救治。我知道忠孝醫院不是第一流的醫院，或竟是第三流的醫院，便堅拒到忠孝。我提出到台大醫院，那應該是最好的醫院了。但救護人員不從，說台大醫院距離太遠，而且那個時間是下班鐘點，沿途塞車嚴重，會延誤救治。我便沒了主意，想找一些能說話、能出主意的朋友作個決定。我曾請文哲所的職員試聯絡楊祖漢、戴璉璋和李明輝，可惜都聯絡不上，他們全都不在家。怎麼辦呢？忽然有人提出可把我送往較忠孝醫院遠一點的三軍總醫院，我知道這是國防醫學院的附屬醫院，很不錯的，便同意下來。於是救護車便把我載到三總。

到了三總的第二天，王醫生便先替我做接駁大腿骨的手術。其中情況如上面所述。兩個星期後又為我做左膝的手術。這個手術讓我痛得呼天喊地，個中詳情也會在另外一些文字中交代。

這兩個手術其實做得不好，大腿斷骨方面，已如上述。至於膝蓋手術，據香港的張醫生透露，他在替我的大腿骨作後續治療時，曾檢查過我的左膝，表示十字腱帶的處理可能不很周延，又有疤痕問題，最後導致左膝不能盡量屈向內面，只能屈至 100 度，如上所說。

做過這兩項手術後，王醫生每天都來巡房，顯得很有自信，說我很快便會康復過來，能如以前那樣走路。當時我覺得很高興，認為自己雖然倒霉，運氣不好，來台幾日便在中研院內遇上車禍，弄

至雙腿重傷，但一切事情都有變數，我現在雖然受傷，畢竟只是皮、肉、骨的層面，未傷及腦袋，思想如常清晰，只要自己能靜心養傷，信任醫生，一年半載之後，又是一條好漢了。基於這種想法，我便能接受腿傷所帶來的肉體上的痛苦，等待康復的光明的來臨。即使在醫院四十多天的時間中，我在吃、喝、淨身，以及大小便，都需在床上解決，非常苦惱，我也能沉得住氣接受、忍受過來。重要的是，為了讓自己能早日康復，我在起居方面非常小心謹慎，盡量不作過激的動作。我的信念是，健康很快會回返到自己身上來。

　　但事情完全不是這樣。當我知道手術並不穩妥，斷骨的空隙問題半年以來根本沒有好轉，左膝的傷患又未有得到周延的、正確的治療，我的心情變得異常沉重，可謂跌至谷底。自己在過去的六個月中所受到的痛苦的煎熬也能忍受，只是基於一種與事實完全不符的理解而撐持。這理解在本質上根本是一廂情願的光景，是假的。我並未從因手術而帶來的深沉的苦痛中解放出來，要達到雙腿康復的目標，還有一條漫漫長路要走。張醫生雖然已替我做了三次手術，但疼痛仍未消去，相信要過一段較長的日子，疼痛才能消失。但不管怎樣做，在我這個年齡來說，根本不可能完全復原；能痊癒到六、七成，已是很不錯了。

　　每當我回想這種所謂一廂情願的光景，我心裏便感到難過，也有很大的屈辱感。這屈辱感當然是來自王醫師在替我做手術時的疏忽表現，及在手術後我按時去覆診他都把真相隱瞞，不讓我知道。過去的半年，我都生活在虛幻的光景之中，一切努力都是白費，都付諸東流，怎能不感到頹廢、失望呢？約實而言，這屈辱感是可以

避免的，最低限度是可以減殺的，但我需要找到一個很好的醫生才成。我找醫生治病，通常謹守一個原則：需確認一個在有關病情方面最好的醫生，然後向他求助。但在這件不幸的車禍之中和之後，我都呈半昏迷狀態，需找可以諮詢的朋友作一個決定，他們又偏偏不在家，聯絡不上。當時的情況又非常混亂，我雖然曾多次來中研院開會、講演，但畢竟是外人，對台灣特別是台北方面的醫療人才並不了解，特別是骨科方面的醫生為然。我根本不能作出明智的抉擇，只能聽從醫護人員的意見了。來台幾日便遇上車禍，已經很倒霉，又被安排由一個在醫才、醫德方面都不及格的醫師來治療，則更是倒霉中又倒霉了。

不過，我的意志並未有被一次又一次的倒霉的事壓垮。在住院初期，我的情緒的確很消沉，想著自己放棄在香港作大學教授的高薪厚職，來台灣中央研究院作研究員，只求能實現自己多年來的學術理想而已。想不到會這樣命途多舛。最初我的確在胡思亂想，想來想去都是那些負面的、讓人喪氣的事情。我甚至有從香港乘飛機來台灣海峽投海自殺的感覺。後來我漸覺得這樣做不是辦法，應該把精神凝聚起來，積極地做一些事情，讀書、寫書都可以。我的身體受了傷，但腦袋還是完好的。我於是順著這條路去想，甚至找一些挺難理解的書來讀。書惟其是難解讀，才能讓你把神思凝斂起來，讓你再沒有想別的事情的空間。最後我選上了懷德海（A. N. Whitehead）的機體主義哲學的著作來讀，聚焦在他的三本鉅著方面：《歷程與實在》（*Process and Reality*）、《自然的概念》（*Concept of Nature*）和《觀念的冒險》（*Adventures of Ideas*）。在這段期間，我讀了包括這三本書在內的懷德海的七本著作，把懷氏的機體哲學的大

要寫出來，再以自己近年不斷思索的純粹力動現象學來作回應，而
成一本篇幅不算多的哲學專著：《機體與力動：懷德海哲學研究與
對話》。寫好後，我自己由頭到尾再看一遍，覺得還不差，便把書
稿寄到台灣商務印書館讓他們審查，看他們是否接受出版。他們的
反應很快，說這書極有出版價值，他們很願意出版。事情便這裏決
定下來。這是我在手術後六個月中養病而得的收穫。我的神思並未
有被那種隱蔽的、不自覺的屈辱感所攪垮，也顯示出我在屈辱感之
中還能走理想主義的、現象學意義的心路歷程。

三、由車禍訴訟而來的屈辱感

在車禍受傷後，我消沉了一段時期。有時回想這樁意外，的確
是險象環生。友人楊祖漢說我是命途多舛，戴璉璋老師說我是好事
多磨，文哲所同人華瑋以「不幸中之大幸」來安慰我，因為那個惡
棍司機能及時剎停他的客車，讓我的下身未有被後輪壓著致死。她
還說，台北市交通事故、意外特別多，有時有些無良的司機，在撞
傷途人之餘，還要前後挪動車子，把途人輾過壓死，才會罷休。這
樣做純是為自己的利益著想。因為你撞傷撞跌途人，會惹來途人對
自己的法律控訴，自己要負上疏忽駕駛的罪名，要賠償。為了讓自
己完全脫身，他把你撞傷還未算數，索性把車子向後挪移，把途人
壓死才放心。這樣，沒有了人證，誰人能控訴自己呢？台灣真的有
這樣的泯絕人性、喪盡天良的人在橫行霸道，連交通警察也徒呼奈
何。當然，台灣還有很多好人，我們不應一棍子便打死一船人。但
就交通一點來說，台灣在這方面的確異常混亂，特別是那些摩托

車，司機在客車、公車之間穿穿插插，如入無人之境。很多交通意外都是由摩托車司機大膽而又不小心駕駛做成的。

不知是甚麼緣故，台灣的交通規則非常寬鬆，罰款也很輕，在這方面可算是世界之冠。你撞傷一個途人，若雙方私下和解，肇事人賠上十萬八萬便算是很慷慨了。你即使把途人撞傷至成為植物人，也只需賠償一千萬，便可脫身了。撞死了途人的賠償，也差不了多少。從這點來說，台灣的人命是很賤的。一個人的生命只值一千萬而已。在其他國家，特別是美國，情況便大大不同。你不小心駕駛，撞傷途人，是需付足醫療費用的，也要賠償他在肉體上與精神上所受到的痛苦、困擾，而且要天天去看他，問候他，以表示自己的懺悔與對受害者的關心與誠意。若把途人撞倒，致失去工作能力，你便要養他下輩子了。

台灣的交通法例，顯然是偏袒駕駛者或司機，而輕視行人。當有交通意外發生，警察會替司機與行人錄口供，然後把口供內容交予交通裁判所，後者會在一個月左右發出交通裁判書，以確認或決定在這意外中誰應負責。在我的那個交通意外案來說，裁判書在肇事人的名下寫上「左轉疏忽」，在我的名下則無任何字眼。這很清楚表示對於這樁交通意外，肇事人要負上全部責任。但這交通裁判書並無法律效力，只在有需要時供法院或法官參考而已。根據那個替我們錄取口供的警察對我的說法，肇事人展示意外是在馬路中心發生的，而不是在路邊發生的。實際的情況是意外是發生在路邊的。肇事的惡棍只是狡辯而已。警察並表示，在任何交通意外的案件中，肇事人總會展示意外是在對他有利的地點發生的，目的是推卸責任。在這次意外中，肇事者展示意外發生於馬路中心，很明顯

地表示我走路並不靠著路邊走，卻是在馬路中間走，這樣，他便可以把責任推到我這邊。警察說這樣做是很正常的，肇事人所作的一切供詞，或提供資料，都是從自己的利益出發，顛倒事件的真實與虛假，以保護自己。這樣的醜惡的招數，不單警察不會相信，法官也不會相信。

交通裁判書的裁判既然不具有法律效力，則你若要讓意外得到公平的、合理的解決，特別是要取得適當的賠償，便要找律師提出訴訟的狀紙，代為入稟法院。這是刑事的狀紙，必須在意外發生後六個月之內提出，法院才會受理。若超過這個期限，法院便不會受理了。至於民事的狀紙，亦即是牽涉及賠償的訴訟，則不受這一限期限制。在我的情況，由於自己是外地人，對台灣的法律全無認識，特別是交通的法律為然。因此我要請律師代辦刑事的訴訟，律師每次上庭一審，費用是五至七萬元。倘若你要申請所謂「假扣押」，要把肇事人的資產亦即是房屋加以扣住，便需先付出要求賠償金額的三分之一，作為擔保，在我的情況是七十多萬。這筆錢是可以追回的。倘若你付不起這筆錢，不能扣押肇事人的產業，肇事人便可以把自己的資產賣掉，或者放在親戚的名下，又可以申請提前退休，把退休金拿走，然後逃之夭夭，跑到南部地區，或乾脆出國，你便完全拿他沒法了。

這一連串的做法，都落在受害人身上，肇事者可以龜縮起來，天天躲在他的辦公室內優哉悠哉地喝咖啡，吃西餅。到真的被傳令上法庭，接受法官提問，也可以虛構事實，顛倒是非黑白，以保護自己，為自己脫罪。在我的這個案子，肇事的惡棍竟然說那次意外或車禍的原因不是他不小心駕駛、左轉疏忽，卻是我撞向他的客車

而致自己受傷，與他無關。法官信不信他的陳詞呢？我還未能清楚，這一樁案子還在進行中，還未了結。即使他的陳詞不被接納，法官判他有罪，要坐牢，倘若坐牢時間不超過半年，他可以以錢來抵銷，只需拿出十萬八萬元便成了，這樣，他可以不必坐牢，但留有「前科」（這即是我們所說的「案底」）。以後倘若再犯上同類的意外，便需要坐牢了。

由上面所闡述，我們可以看到，台灣的交通法規，顯然有包庇肇事人的傾向。我的雙腿被那個惡棍弄至重傷，在醫院接受過兩次複雜的手術，身心俱疲，而且手術又做得不好，要返回香港尋求後續治療。這在心情上自然不好受。同時還要找律師對肇事人作法律訴訟，結果如何，還是未知之數。但我已付出了一大筆律師費了。這只指初審的費用。倘若初審未能解決問題，未能了結這個案子，則還有二審、三審……律師費會不斷增加。又要拿七十多萬元作為申請假扣押的保證金，扣住肇事人的房屋，讓他不能賣掉逃走。最令人覺得不值的是，我在三總所接受的兩次手術都做得不好，但在這方面所付出的費用，超過六十萬元。這包括醫生的手術費、住院費、手術室的租用費、麻醉師費、特別看護費（我住院四十多天，每晚都要請看護來照顧），等等。以後還需要怎樣的治療，需要支付多少費用，也不知道。這一連串的做法，讓我身、心都受到重創，大傷元氣。即使我提的法律訴訟得直，拿到賠償，律師也提醒我不要有太高的期望，賠償決抵銷不了在整項事件與整個案子中所受到的損失。即使拿到賠償，在台灣的這種偏袒駕車人士的利益的背景中，這賠償金額也很有限，只能視為一種象徵性的補償、一種安慰獎而已。

　　自車禍發生那一瞬間開始，我已預感到自己會陷於悠長的災難中。那個惡棍司機跳出來說未有看到我，我已覺得自己開始浸淹在屈辱的感受之中。那時太陽還未下山，天還未黑，你駕駛著小客車由分子生物研究所前面的支線左轉向主線，不應該先停下來看看左右兩邊的情況才轉向左邊麼？台灣汽車行駛的方向是右上左下的，你不停車而向左急轉，倘若前面有車駛過來，不會跟你的車碰撞個正著麼？對你來說，幸好沒有車輛駛過來。對我來說，卻不幸地站在支線路口讓你駛向主線靠右那邊然後左轉，碰著你盲目地在支線路口便高速左轉，把車身逼著我而把我撞倒在地上，完全沒有後退以躲避的餘地。事後我被送進三軍總醫院，翌日便接受大腿骨斷的接駁手術了。自這個手術以來，那個惡棍一直躲起來，不但沒有來醫院看望一下，連電話、慰問啥都沒有，只有喪心病狂的人才會這樣做。我的內心不停地提出下面的疑難的問題：中央研究院是國家最高的學術研究機構，怎麼會有這樣沒有人性的惡棍在任職呢（這惡棍是分生所的職員）？中央研究院具有清靜的環境讓人作專門研究，怎麼會在院內發生這樣嚴重的車禍，讓行人弄至雙腿重傷，也幾乎取人性命呢？這半年以來，我從未聽過分生所的高層人士對這個凶殘的下屬作過任何告誡，更不要說紀律聆訊了。我很不願意相信在中研院內會發生這樣的災難性的交通意外。但這樣的意外真的發生了，而且正發生在我的身上。事實便是事實。

　　在一般情況，車禍在台灣是常有的。但發生在中央研究院內便很不尋常。幾乎所有的計程車司機都說這是極難讓人置信的事。車禍既然成為事實，肇事人通常都希望雙方能私下和解，不要把案件搬到法院中處理。因此會常與受害者保持聯絡，頻頻到醫院探望，

以了解受傷的情況和治療的進展，以表示自己的誠意。但這次發生在我身上的車禍絕對是例外。肇事人只是天天龜縮起來，一味躲藏起來，以拖延時日。他不單不主動出來承擔責任，甚至在我所的副所長與彼方的副所長討論這件交通意外事故，要求肇事人出來談解決事故時，他一味緊守拖字訣，說要出國探親，兩個星期後回來時才有空來談。幾個星期過去了，也沒有聽到他的回應，我方副所長又與彼方副所長交涉，要求肇事人出來談，肇事人又在拖延，說老婆有病，要安排她住院，十天後才有空來談。最後十多天過去了，都未有他的訊息，也不打電話過來解釋。我們便確認他完全不肯負責任，完全沒有誠意商談私下和解的事。我感到無比的屈辱與憤怒，覺得對方只是在跟我們玩耍，在跟我們捉迷藏。最後我便把這件事委託律師（林律師、陳律師）處理。律師便向他發出函件，要求他立即出來商談，賠償二百萬，否則便告上法院。他還是不理，只說你要告便請便吧，顯示出一臉有恃無恐的樣子。結果律師便向士林地區法院遞上刑事狀紙。士林法院便委託南港警察局（中央研究院在南港區）進行一些審前的調查。那天肇事人上午去，我則在林律師的陪同下在下午去。負責此事的警察告訴我們，肇事人否認他的車向我撞過來，而是我撞向他的車！我聽後很氣惱，覺得被屈辱。林律師則氣定神閒，笑著對警察說：「這個人在撒賴，賴得就賴！」警察跟著對我說：「所有被告都是這樣，只管找一些悖理的事故來保護自己，為自己脫罪。」我聽後便鬆弛過來，氣惱感與屈辱感便慢慢散去了。肇事人不是以為我們都是白癡，都是沒有腦袋，只是急於要替自己著想，不免胡言亂語而已。

四、請求李遠哲院長介入

　　後來我間接打探到，肇事人在中研院服務已超過二十二年。按院方規定，一個職員做滿二十五年，便可以申請提前退休，拿退休金。倘若是這樣，他便可以離開台北，跑到南部去，或乾脆出國，這件交通意外便會不了了之，莫奈他何。我是初到貴境，他是老油條、地頭蛇，很能保護自己。我心想除了在外面依循正途，請律師依法律訴訟程序解決這件事外，也可以在院內做一些事，畢竟車禍是在院內發生的。我的想法是，中研院作為一個國家最高的學術研究機構，天天都有外國學者來交流、講學，或者開會、做研究，總應該有一些法則，規管院內的研究人員或職員的行為。例如有人在院內犯了罪，傷害別人的身體，或者殺了人，總應該有些規例來處理這種事情，懲罰這種不法之徒吧。院長李遠哲先生是院內的大家長，我是否可以把這件事據實向他報告，請他介入這件事，給我一個公道，對肇事的人施予一些相應的懲處，甚至告誡有意包庇他的上司（我覺得分生所的高層如所長、副所長之屬有意包庇他們的下屬）呢？於是便先後寫了兩封信（後來又再寫一封）給李院長，要求他介入這件事，主持公道。李院長很快便有回應了（他很早便注意到在院內發生車禍這件事），他一方面囑咐院內總務主任馬上作業，看看是否可以透過雙方談判以求得有關賠償金額的共識。總務主任結果走訪我們文哲所（他可能也有走訪分生所），催促雙方副所長進行多些溝通來解決這件事，希望能達致私下和解，盡量減少這件事對中研院所帶來的負面影響，特別是避免把它拿到法院以刑事和民事訴訟方式來解決。所謂負面影響是指不管刑事也好，民事也好，一上法院，便公

開於社會大眾和國際的學術界（中研院是一個國際知名的學術研究機構），讓他們覺得中研院不是一個安全的研究的地方，會有嚴重的車禍發生，今天有車禍讓行人雙腿受到重傷，明天可能會有另一樁車禍輾死、撞死行人。於是外邊的學者在決定來中研院交流之先，會考慮及安全的問題，因而躊躇不決。

可惜得很，雙方副所長商談過後，沒法達成共識。只能寄望法院或法官的裁決，以解決這個大家（除了肇事人之外）都不願看到它發生的問題。另方面，李院長也關注到我的腿傷與醫療的進展，知道我不是很滿意和要回香港進行後續治療，便著他的秘書孟小姐告訴我，在台灣，就骨科來說，應該數台大醫院居於首位，他跟台大醫院骨科部有很好的連繫，也有很高的聲望和影響。倘若我願意，他可以找該院骨科部最好的醫師替我治療，而且可以馬上進行治療。這是很有善意的回應，很讓我感動。李院長是諾貝爾獎化學科的得獎人，令人欽敬，對台大醫院的影響力自然是有的，但我已對台北的幾家公私立的大醫院（台大醫院、榮民總醫院、三軍總醫院和林口長庚醫院）的骨科部失去了信心，同時亦已把所有的 X 光片寄回香港，已跟張醫生說好，盡快回來請他操刀，為我作後續治療。因此，我婉拒了李院長的好意，也表示了對他的關注的謝衷。

再回到關於車禍的法律訴訟的問題。由於台灣的寬鬆的交通法例（也可以說在車禍中受重傷甚至致死方面，人命是很賤的）和缺乏現場的第三者作證，肇事人可以肆無忌憚地捏造事情來保護自己，為自己脫罪。不過，對於他所捏造的事情，警察局特別是法院並不見得一定會相信。就他說我撞向他的小客車來說，便有很多破綻。一個正常的人怎會魯莽地撞向一輛正在行駛的客車呢？除非他要自殺。同

時，我撞向他的客車，結果怎會弄至我的下身被捲進他的車底下呢？（關於捲進車底的事，救護人員可以作證，他們曾合力把我從車底下拖出來。）

關於這樁疏忽駕駛傷人案子尚未結束，它會繼續發展下去，好戲還在後頭。

五、榮光與屈辱：
我在台灣與香港的不同遭遇

二○○四年四月二十日我和妻子回香港一轉，主要目的是請張醫生對我的腿傷作後續治療。在出發前一天，我接到院長室秘書孟小姐的電話，說我申請「傑出人才講座」（Outstanding Scholar Fellowship）獲通過了，我可以在今後五年內，領取相當於我在中研院文哲所每月所得的薪水的獎金數額。這表示我在中研院每月領取作為研究員的薪酬外，另外還領取財團法人傑出人才發展基金會所頒發的講座獎金，為期五年（這基金會的董事長正是李遠哲教授）。五年之後，倘若自己有信心，可以繼續申請。這對我來說，是一個大喜訊。我放棄了香港浸會大學的教職，而應聘中研院文哲所為研究員，在薪酬上差了一大截；現在有了這項獎金，對這個實質上的生活費的差距可以起某種程度的有效的平衡作用。不過，最重要的不是金錢方面，而是榮耀、榮光，這表示我的學術研究與哲學創發得到學術界的認同與推許，為文哲所與中研院爭取得光榮。按這傑出人才講座獎金是由財團法人傑出人才發展基金會（Foundation for the Advancement of Outstanding Scholarship）所頒授的，目的是補助和鼓勵由

海外聘請回台灣服務和已在台灣努力奮鬥的各個專門領域的傑出學術研究人才。這種「講座」的申請，每年有兩次，這次申請而獲得通過的，除我自己外，還有中央大學大氣系的一位學者和清華大學物理系及微機電研究所的兩名學者，合起來是四名學者。講座的申請條件非常嚴格，首先是國際知名學者和在他的研究專業中具有領導地位的，然後是領取博士學位十年以後的大學正教授，又需要是一直都在自己的專業研究領域中持續地努力工作的。即是，同時具有這些條件的學者，才能申請。我叫我的女兒開動網頁給我看，發現過去領取講座的學者，絕大部分是從事科學和工程學方面的研究的，很少是關乎人文學科的。較多學者得獎的機構，首推台灣大學，然後是清華大學與中央研究院。

對於講座的申請，其中最重要的一項是自選三部代表作或最重要著作供審查，我所提的代表作是《佛教思想大辭典》、《天台佛學與早期中觀學》（*T'ien-t'ai Buddhism and Early Mādhyamika*，英文）和《唯識現象學》。另外，我也附上將要寫完的《純粹力動現象學》的手稿，這是展示我自己的哲學體系的著作，作為額外的參考文獻。本來我對這所謂「傑出人才講座」一無所知，更不知為甚麼被叫作「講座」，又為甚麼它的英文的相應表述式是 Fellowship 或 Scholarship 呢？只是在醫院養病期間，文哲所同事鍾彩鈞來看我，提到這講座，要我申請。當時我天天都以病床為家，飲食、淨身與疴屎送尿，都要在床上解決，內心很不好受，根本沒有心情做其他的事。同時，這種申請函有要請國際知名的學者寫推薦書這一項，也有期限性（deadline）。可以為我寫推薦書的，大部分都在國外，也都接近或超過八十歲了，如何能請得動他們呢？於是聽了便算

了。過了幾天，彩鈞兄又來探我，詢問我的復原的進展，又重提申請傑出人才講座的事，並且把我前此申請中研院文哲所研究員的資料都拿來，表示一切都可運用這些資料去申請傑出人才講座，包括推薦書和今後五年的研究計劃在內，又表示我提這項申請，真正要做的事情並不多。他又附帶說，我們所的人才並不比史語所的人才差，他們有人入選，我們也不見得不可以（其後我在網上查過，史語所有三位研究員拿過這個講座獎，我們文哲所只有所長王靖獻先生拿過，但那是多年前他在東華大學當教授方面的事了）。我問若我提出申請，有機會獲通過麼？他說可以，有的。他走後，我還是想著自己的健康問題，心想申請總要做很多瑣碎的事，多一事不如少一事，待下一回再說吧（傑出人才講座的申請，每年有兩回，頭一回的截止日期是五月底，另外一回的截止日期是十一月底）。過不了幾天，我出院了，暫時住在中研院的賓館即學術活動中心內。其間，彩鈞兄又打電話來，問我申請講座的事情辦得怎樣了。我無以回應，只說今回（指十一月底截止申請的那一回）太急了，下一回（指五月底截止申請的那一回）才辦吧。鍾兄說現在不妨先辦理申請的事，十一月底前能辦妥便最好，若辦不妥，也可以推移至下一回，功夫並不會白費，云云。我覺得他說得也有道理，而且，倘若我不積極地辦理，他每隔幾天便來催促一次，也很煩，雖然他催我是出自一片好意。倘若我入選，也可為文哲所打打氣，不讓史語所那邊獨領風騷。於是便決定申請了。結果通過了，這可說是我加入中研院文哲所為所方爭取到的一項榮譽，同時也對鍾彩鈞有一個好的交代。

　　就這講座獎項的獲得來說，我要感謝鍾彩鈞和戴璉璋老師的關心；另外還要感謝服部正明、稻田龜男、劉述先、唐力權與瓦禮

（G. Vallée）諸位教授，他們為我寫推薦信；我要感謝中研院文哲所的朋友的支持。最後，我要感謝中研院院長李遠哲博士，他是促發和推動學術研究的那個基金會的發起人。

　　我很為能獲得這項講座獎而感到光榮。對比之下，我在香港浸會大學宗哲系教了十五年書，便沒有這麼幸運了，有時甚至感到屈辱。最初幾年（特別是余達心主持宗哲系的時期）是不錯的。往後的十多年，便越來越失望了。特別是職級的升遷方面，我覺得自己受到的待遇並不公平，有時更有屈辱感。自一九九五年九月以來，我憑自己的著作獲擢升為副教授甲級（Associate Professor Scale A）的職級，自此之後八年，至我於二〇〇三年八月辭職來台灣中研院，都停留在那個職級，沒有變動。雖然在這段期間，我出版了超過十本學術著作，頻密地出席多項國際學術會議，宣讀論文，也多次被邀作主題演講；不斷地在有審查機制的刊物中發表論文，應台灣行政院國科會人文處和中研院之邀審查博士論文和學術論文，這些學術研究的成果對職級的升遷，都起不了作用。在浸會大學，同事在職級上的升遷，系主任和文學院長的反應起著很大的作用。通常的程序是先由系主任提名，這提名自然表示支持，然後有關的同事需填寫表格，表示自己在研究、教學與行政方面的工作與貢獻。浸會大學被定位為一所教學性格的大學，而它的基督教的背景讓它很重視服務、奉獻的精神。因此，學術研究不是挺重要的，或者應該說，學術研究不是晉升的唯一的考慮因素，剛好相反，教學與行政是非常重要的。在我的情況，由副教授甲級再升一級，便是教授了，教授再上，便是講座教授（Chair Professor）了。若要由副教授甲級升上為教授，學術研究、教學與行政都需要達到很高的成果，才能考慮。

條文規定是這樣的，但實際執行起來，則可以很富彈性。一些同事，在學術研究方面幾乎乏善可陳，但只要系主任推薦，文學院長喜歡，雙方支持，同事便可以很容易坐上教授的位子。在音樂系、語文系、英文系和翻譯系，這樣的例子多的是。音樂系的一位同事，可以完全沒有學術研究的成績，未發表過有分量的論文（著書更加不用說），只是多做一些行政上的事情，便可以擢升為教授了。有些同事連博士學位都沒有，卻輕易做起文學院長、講座教授來。我們系（宗哲系）中一個外籍同事，短短幾年間，便從高級講師升為首席講師，再升為教授，最後升為講座教授。聽說其中有種族因素在裏頭：文學院長是歐洲人士，那個同事也是歐洲人士，總之都不是中國人。也曾聽說其中有私人仇怨在內：文學院長不喜歡余達心，余當時是首席講師，是系主任，該院長為了要打擊余，便對那位歐洲同事大加擢升，讓他坐直昇機，由高級講師升起，而為首席講師，而為教授，而為講座教授。他以為這樣便使余達心抬不起頭來。說來也湊巧，達心兄在一九九四年便離職了。

　　我的情況比余達心好不了多少。我的專長在佛學，由印度而西藏，由西藏而中國，由中國而日本，由日本而歐美。最後，我離開佛學而跨到儒家與道家方面去。另一方面，我本來很有德國觀念論的基礎，特別是康德（I. Kant）哲學，後來我順著這條思想路線往下面鑽，以至於胡塞爾（E. Husserl）的現象學（Phänomenologie）和葛達瑪（H. G. Gadamer）的詮釋學（Hermeneutik）。另外，我特別迷於日本的京都哲學，與這方面的哲學家相友善。對於以上的各個範域，我幾乎都寫有專書。近年則醉心於純粹力動現象學（Phänomenologie der reinen Vitalität），要建立自己的哲學體系。

　　系主任對於我在一九九五年以來的表現，似乎置若罔聞。我自己忖度，我比很多已升職的同事，有更好的條件，系主任應該留意同事的活動動向，特別是學術研究方面。我又看到一些其他大學的升職，實在輕而易舉，與我的際遇完全不同。一個朋友把自己的博士論文由英文譯成中文，拿到台灣的一些書局或出版社出版，出版後（可能是自己貼上出版費），便可升等。有些朋友把一個長輩老師在少年、中年時期所寫的論文集結起來，拿去重新排印，或把長輩老師的一些多年前出版的書整理一下，重新出版，便表示在學術研究上有成績了。書出版後，在介紹原作者之餘，又以編者的名義自我介紹，說自己是甚麼甚麼大學的博士，說到著作，則是少得可憐，只有一、兩本，又列出自己曾為某某長輩老師的舊作的編者，視為自己的學術研究的成果。這不是很卡通、很令人感到怪異麼？這種方式的編書，我在三十多年前在大學、研究院肄業的階段中已做過不少，我從來不覺得這樣做跟學術研究有甚麼關係。但這些朋友很快便升上去當教授了。我自己在八年內寫了很多學術性的著作，都在有審查制度的書局或出版社出版或印行，但系主任卻完全不加留意，不在升職一點上為我提名，這不能不讓人感到失望。難道香港浸會大學宗哲系總是這樣難得到升等的麼？我想來也覺不必一定是這樣，上面提到坐直昇機的洋同事是一個明證，他不出幾年，便由高級講師升至講座教授了。我又從人的妒恨的劣根性來解讀這種現象。系主任本來的職級比我低，倘若提名我升等，則我在職級上不是跟他距離更遠麼？心胸狹窄的人便常表現這種劣根性。這樣的人怎能配當系主任呢？怎能帶領整個系在學術研究的成績上更上一層樓呢？

我覺得作為一個系主任，絕對需要不斷理解系中同事的學術研
究的動向、成績，倘若達到某種水平，便應提名，讓他升等。你自
己有傑出的表現，亦可毛遂自薦，向文學院長要求升等。我覺得要
求系主任提名升等，是一種屈辱的事，好像有求於系主任，這會讓
人感到尷尬。倘若系主任看不到你的成績，覺得你在提出不合理的
要求，因而拒絕，你不是在自討沒趣，碰到一面子灰麼？我是不會
這樣做的。我的做法是繞過（bypass）系主任，直接向文學院長提出
升等的要求。這不是依正常程序（procedural）的做法，結果會得罪
了系主任，最後文學院長還是會把申請升等的文件發到系主任方面
去，要他寫推薦的報告。他若不寫，或寫負面的報告，而且把你臭
罵一頓，還是解決不了問題。在這種情況下，我會對系主任說，你
不必那樣激動，不必罵人，你對我研究的範圍，所知太少，或完全
不了解。一個研究維根斯坦（L. Wittgenstein）和分析哲學的系主任，
怎能相應地、恰當地理解基於梵文原典所作出的對龍樹的思想的研
究呢？怎能理解、同情對天台學的「一念無明法性心」這樣的弔詭
的思維方式的有主體性、創造性的解讀呢？在這種情況，我覺得系
主任應該沉住氣，謙虛一點，承認自己的無知，以同情的心理，找
有識之士幫忙，看看當事人所提交的著作是否真具學術研究的價
值，是否真有內涵（substance），而不是拍桌罵他，說他不尊重自
己，bypass 自己。

有一次系主任要我把一些代表作給他看，以便替我寫評估報
告。我覺得很為難。他的思想背景是英國的經驗主義與分析哲學，
離作為我的著作的主要內容的佛學很遠很遠。這裏面涉及辯證的、
弔詭的、綜和式的思考，又涉及梵文、佛教漢文的文獻，和很多以

日文、德文與英文來寫的現代學者的研究。他的專業距離這些東西實在太遠，我並不期望他能理解，更不期望他能寫出一份客觀的、正確的、公平合理的評審報告。自己的東西由外行人來評估，怎會有好結果呢？我覺得他應該做的，是找一些在這些方面是內行的學者來看我的著作，根據他們的意見，寫出一份能夠反映真實情狀的報告。由一個外行的人來評估我自己以生死相許的懷抱而成就得來的學問，對我來說，是莫大的屈辱。

　　我未有機會看到系主任的評審的報告。文學院長發下來的回覆是我的升等的申請不被通過。兩次申請都是以負面的答覆收場。其中一點更提到我在通識教學中學生的 teaching-evaluation（教學評估）中有負面的字眼。我說這一兩個例子不能表示我的教學的質素。我以本科生邀我作他們的畢業論文（Honours Project）的撰寫的指導教授作辯。在浸會大學十多年的教學生涯中，我在這一方面（指導學生寫畢業論文）的貢獻是最大的。我們系有十五個全職教學人員，十多年來積得的畢業論文有二百餘篇，平均每位同事約指導十五個學生寫畢業論文。不過，實際上我所指導學生寫的畢業論文超過五十篇，等於平均數（十五篇）的三倍有多。這表示在系內的同事中，學生找我指導畢業論文的撰寫是最多的。倘若我的教學不好，真有負面的授課情況，則他們為甚麼還是那樣踴躍地找我來指導呢？學生找一個老師來指導他寫畢業論文，應該是表示他們認為那位老師有真材實料，在教學中讓他們有很大的收穫的。學生斷然不會找一個教學記錄差的老師來指導他們的。最多學生找我指導他們的事實，不正是表示學生認同我的教學質素麼？上面提到的我在通識教學中學生的 teaching-evaluation 中有一兩項負面的字眼能表示甚麼

重要的意義呢？這件事情讓我明白到，你要貶抑一個人，即使他有很多好的地方，你總可以找到一些不利於他的原因去貶抑他，否決他。你要獎勵一個人，即使他有一百處不良記錄，你亦總能夠找到一些他的優點或好的地方來肯定他，讚美他。

　　通識課的教學評估中有負面記錄，致我的升等案未能通過。這是大學的行政高層對我的答覆。他們的要求是，教研人員需在教學、行政（服務）、學術研究三方面達到一定的水平（threshold），才能升等。我當時的想法是，這是一個原則，實際的情況如何，則要看你如何處理而定。倘若你執得很嚴格，要對有關教研人員在這三者中抓得很緊，才能通過升等，那可能是浸會大學的全體教授級以上的教研人員，都不符合（完全符合）這個原則、要求。即使一個諾貝爾獎的桂冠者（laureate）也難以做到。一個人只有一個腦袋、兩隻手，不是孫悟空有七十二變化，也不是哪吒有三頭六臂，怎能同時在這三方面都做得完全令人滿意呢？單從學術研究一面來說，我看大學內的教授級以上的同事，便有不少不能說得上有成就的。中文系的某位教授，只寫些 ABC、子午線的通俗讀物，在電視台講三國故事、孔夫子，在報章上發表中文三分鐘，教人認字，這些東西怎能與學術研究掛鈎呢？我曾問及我系（宗哲系）近年來才當系主任的羅兄，這位同事憑甚麼能當上教授來？老羅也顯得一臉困惑，只能說：「不知道呀！」至於我系的講座教授，幾乎系中全部同事都不認同他具有作講座教授的條件。在另一方面，系中一位junior 的同事，與我在同一時間入教浸會大學，在我辭職時，十五年來都是助理教授。很明顯，職級的問題，很難說公平的。你在行政方面表現得活躍些，與高層攬好關係，你便很暢順，有很多坐直

昇機的機會了。

　　不客氣地說一句，我在學術研究上的成就，大學中沒有幾個同事能比較。這也是我在二〇〇一年度獲頒「學術研究卓越表現校長獎」（President's Award of Outstanding Performance in Scholarly Works）的重要原因。在那一年，全校超過一千位教研人員中，只有三位獲得這個獎項。我系（宗哲系）所有同事的學術性著作加起來，也不能和我比較，甚至不能和我的學術性著作的一半比較。特別是，同事們的著作，有一大部分都是一些基督教背景的書局或出版社印行的，其中並無審查的機制。亦有好些著作是編輯性格的，不是自己寫的。單是這一點，已值得大學的行政高層破格考慮我的升等申請了。實際上，在我任教浸會大學的十五年中，我出版了超過二十本著作，內容跨越佛學（印度、中國、日本）、儒學、道家、京都哲學、德國觀念論和現象學。在語文方面，涉及中文、梵文、西藏文、日文、德文、英文。在學術研究之外，還要兼顧教學和行政兩方面，心力交瘁，積下多種難以痊癒的疾病。這是我辭去浸會大學的教職，加入中央研究院作研究員的重要原因。在那裏，你不用為教學、行政而操心，它根本沒有學生，你只要用心研究學問便成。在我親眼所見、親身所感的範圍來說，浸會大學的確有很多地方是不合乎公義的，很多事情都只具形式意義、不具實質內涵。這完全不符合基督教所強調的公義精神。

　　不過，浸會大學的確也有很多好處，值得一提的。它雖具有很濃烈的基督教的背景，但也相當自由，除了教學和一些不能免的行政（校方稱為「administration」，「service」）事務外，基本上我不感到有任何壓力，反而具有很大的自由研究的空間。它的確提供我一個好

機會來進行學術研究，甚至思考和建立自己的哲學體系，這便是我近年努力的焦點所在的純粹力動現象學。特別值得提一下的是它的研究委員會（Research Committee，主席是曾憲博副校長）；它的運作很有效率，我在大學中進行過多項學術研究計劃，都是這委員會支助的，包括支助到日本和德國找資料和與彼方學者進行交流。

香港有九所政府認可的大學。浸會大學的排名是偏在後方的。它在港大、中大、科大、理大、城大之後；不過，我並不介意在浸會大學任教。十五年來我都沒有想過要轉校，轉到排名較高的大學方面去，雖然我具有足夠條件，特別是在學術研究方面。其中的重要原因，是浸會大學夠自由。在某些方面，我在浸會大學感到屈辱。倘若我轉到其他大學，可能也會受到同樣的或其他不同的屈辱。香港本來便不是一個尊重學術研究的地方，要在這裏進行學術研究，特別是像哲學、宗教這樣的不實用的學科的研究，阻力肯定地是有的。

六、恨不相逢未嫁時

我在浸會任教了十五年。十五年前的浸會和十五年後的浸會，在我看來，就我們宗哲系來說，並沒有甚麼分別。初來浸會教的是那一組課程，最後那段時間，教的基本上還是那些課程。或者應該說，後來所教的，是換了一些通識性質的課程。我一向是負責教授主修課程的，像印度佛學、中國佛學、中國哲學主流、儒家、道家與道教、中國宗教實踐、世界宗教等。其後有些同事不滿，認為我教的主修課程太多，通識課程太少，於是新系主任訂立一個規

矩：盡量把這兩類課程均分起來，讓每一位同事都教一些主修課程，也教一些通識課程。這對我來說，有很大影響。我在主修課程方面是較強的，在通識課程則較弱，這樣一改，我的教學評估的記錄便被拉低了。另外一點讓人失望的是，我進來時和十五年後，所教的東西基本上沒有變化，只是一些通識課程置換了主修課程而已，帶研究生（碩士、博士的）少了，學生的水平，無論在興趣、資質、語文訓練等各方面變得愈來愈差。我的感受由最初的希望轉為失望，最後更轉為絕望。絕望了幾年，便辭職到台灣中央研究院去。

　　儘管在浸會大學的十五年，我所任教的科目沒有本質上的區別，但我自己在思考上和學問上的差距則愈來愈大。即是，在這十五年之間，我不斷用功，不斷擴闊自己的學問範圍，加深自己對宗教與哲學問題的認識，同時又強化了自己的思想、思辯能力。但這些優點，在教學上都未能有發揮的機會，不能讓學生受惠。因為來來去去所教的都是那一堆科目。我覺得自己與浸會大學的學生以至浸會大學的整體，差距愈來愈大。我自己的學問上的功力越來越深厚，到了可以自己建立自身的思想體系的階段，但還是教授同樣的課程，對著同樣或更低水平的學生。浸會大學好像越來越倒退，我自己則越來越提升，最後可謂到了一種雙方無法接軌的情況。

　　我在浸會大學任教最後的兩三年之間，頗有一種離開浸大，走向國際的想法。只是我自己的健康狀態欠佳，又在沉思自己的純粹力動現象學的理論架構，決定先把這件事情做好再說。於是由二〇〇二年九月開始，我便著手寫那本討論力動現象學的大書（在我看來是大書，也是我到目前為止的最重要的著作）。現在這本書已經出版，我

亦在撰寫它的續編，讓自己的理論更臻完滿。其他的事，甚麼榮光與屈辱，我都不想了。在浸會大學十五年的教學生涯，在我的腦海中會慢慢消逝，最後會湮沒。在這段漫長的期間中在浸大進進出出，我並不覺得有甚麼東西是值得留戀的。我本來便完全沒有任何心理準備要在這所基督教意味那樣濃厚的大學教書、停留那麼長久的。我並沒有甚麼東西帶進浸會，也沒有帶走甚麼東西而離開。對於基督教，在理解與態度上，也沒有由於這十五年的生涯而有所改變，我和這一偉大的宗教的關係是「擦身而過」。它在我的生命中，不會產生任何正面影響，也不會有任何負面影響。我們的相遇、邂逅、相聚，是緣；我們的分開、離別，也是緣。

　　屈辱與榮光是我在浸會大學與中央研究院中的活動的寫照。我並沒有刻意地把這兩種感受拉在一起，以做成一種強烈的對比。我知道很多人（包括自己的朋友）認為我在這個階段引退，離開大學，是愚蠢的做法，特別是在經濟疲弱的環境下，拋棄大學的高薪厚祿而又不需要做很多事的情況為然。那些為我安排引退的各方有關人士可能會私下微笑，慶祝他們在為大學削減教授因而節省資源這條路上又跨進一大步了。他們如何想，並不是我要關心要討論的問題。我甚至不想提起這件事和有關的人物。我有我自己的想法。人生有很多曲折的歷程，每一歷程都有他最適宜的事去做的。我覺得自己的教學與研究的生命歷程已經到了盡頭，不應該再持續下去了，我已進入另一個歷程了，那便是建立自己的思想體系。高薪厚祿不是我所關心的，也不是我所需要的。我已經找到自己的哲學的立足點，應該由這立足點亦即純粹力動觀念開始，開拓一個屬於自己的哲學世界。這哲學的立足點已經是來得很遲，讓我有「恨不相

逢未嫁時」的感懷。現在由這立足點起步，已是遲了一點點，再晚便來不及了。人的年壽有盡，而學思無涯。以年壽去與學思競爭，你是輸硬的。換轉一個方式來說，你與時間競賽，你一定會失敗的。這是人生的悲劇，裏面也有無盡的人生的莊嚴性在內，讓人生起無窮的浩歎。

倘若對屈辱與榮光作進一步的解析，我想不能有如下的看法：在浸大教書是屈辱，轉移到中研院是榮光；由浸大轉到中研院，是命運的轉換、提升：由屈辱上提而臻於榮光。這種理解是分解性格的，不能深刻地反映問題的真相。實際上，屈辱與榮光是弔詭的關係，這關係應該在一種綜和的、綜合的觀點下被理解。即是，屈辱與榮光是一個背反，兩者在存有論的脈絡下是對等的，是屬於相同的次元（dimension）。我們不能以榮光來克服屈辱，以為由浸大轉到中研院是以榮光來克服屈辱的做法。榮光沒有這樣的能力，屈辱也不是這樣容易地被克服。問題不能這樣解決。

屈辱與榮光既成一個背反，依背反的定義：兩者在性格上相反而總是糾纏在一起，拆不開的。要解決背反，只有突破、克服它，從它所屬的二元的次元或層次超越上來，提升上來，而達致一夐然絕待的、非思維的、非分別的絕對的境界。近年我提純粹力動（pure vitality, reine Vitalität）這一理念而要建立關於這力動的現象學，與此便大有關連。

這種解決背反（Antinomie）的方式，也是京都哲學家們所優為的。但這過於抽象，不易讓人想到由屈辱方面脫身出來，以求得榮光的具有生活氣色的、較具體的做法。實際上，我解決自己的屈辱問題的方法，簡單得很，這便是自己發奮自強，盡力做好自己分內

的事，便成了。一個人的潛能可以很大，可以有很寬闊的發展空間，你若能在這些方面抓得很緊，抓得很恰當，便可讓人尊重你，屈辱便沒有容身的處所，榮光便會不請自來了。屈辱是毀，榮光是譽，毀譽不應由別人加進來，而應由自己來操控。這兩者也不是與失敗與成功有直接的聯繫。失敗不必是屈辱，成功也不必是榮光。你能否堅持鬥志，專心向著一個崇高的目標而挺進，才是關鍵之點。人不可能做每一件事情都成功，能否成功，有很多因素決定，你不必都能操控。但你能操控自己的決心與鬥志。在人生的生命歷程中，你會在很多情況下失敗而倒下。這並不要緊，只要你能堅持，不輕言放棄便成。倒下麼，掙扎站起來，便可以了。

　　關於我在香港浸會大學與在中央研究院所受到的不同對待，的確有榮辱之分。特別是在浸會大學，我想更包涵有歧見以至歧視在裏頭。我先後兩次提升等的要求，都被駁回，最後提前退休或辭職，大學方面完全沒有挽留的動作，讓我有意料之外的感覺。平心而論，以我的學術成就來說，我的請辭，不能不說是大學方面的損失，特別是現今大學氾濫，到處充積著不學無術的所謂學者、教授為然。我在佛學研究方面的成就，不單在中、港、台這三方面受到注意，即在國際學術界來說，說具有一定的位置，也不為過。我在美國與印度出版的《天台佛學與早期中觀學》的英文著書，有哪一位從事這方面的研究的學者能不看的呢？我在兩岸出版的《佛教思想大辭典》，連歐美的漢學家也常置於案頭。浸大宗哲系的同事的著作，有哪一種能受到這樣重視的呢？我近年停止作佛學研究，留心京都哲學與要為自己建構一套純粹力動現象學，連日本與德國方面的學術界、哲學界也注意到了。我提出請辭，系內同人與大學中

的高層絲毫沒有惋惜、留戀之意。這是不是與我的專業研究是佛學，而佛學或佛教與大學所背負、所貫注於其中的基督教有衝突呢？倘若我的研究範域不是佛學，而是基督教，而且能得到同樣的成就，大學高層與系內同事是否會以不同的眼光、不同的態度來回應我的請辭呢？在這一點上，我不能沒有疑惑。

在另一方面，我向中央研究院中國文哲研究所申請加入他們的行列，便受到很不相同的看待。在一九九六年我第一次申請進中研院便成功了，但我未能如期到院應聘，院長李遠哲博士破格讓我推延三年應聘，即在一九九九年應聘。這是沒有前例可援的，因此稱為「破格」。根據中研院招聘研究人員的慣例，你的申請獲得通過，它們要求你提出應聘的日期，然後發聘書。倘若你在一個月內不來應聘，聘書便會自動失效，你以後若要再申請，由於留有「前科」，會很困難。那一次院方接受我的請求，破格讓我推延三年應聘，是一種特別安排，主要是像我這樣的佛學研究的人才，在中、港、台仍是少有的緣故。可惜到了一九九九年春夏之交，我被發現患有腮腺癌，需要立即切除腫瘤和進行電療。應聘中研院的事便告吹了。到二〇〇一年，我又再向中研院申請加入文哲所，過程很順利，很快便獲通過，而且是研究員的職級。按中研院的職級規格，它的研究員的職級比大學的正教授還要高；故大學的正教授若轉職加入中研院，通過後，通常會被配置於副研究員職級。這次中研院以研究員來聘請我加入文哲所，顯然是認同我在學術研究上的卓越成就的表示。

回想過去兩次向浸會大學申請要求升等為教授，都被駁回，不免有些感慨與失望。提出這樣的申請，要在事前做很多工作，包括

闡述過去的成績與展望今後的計劃。最好是你的計劃能提升大學的社會地位。以我自己的學術研究的成績（由我加入中研院後首次申請傑出人才講座便獲通過一點可以作證），即使我在教學與行政方面未能有理想的表現，破格通過又何妨呢？一九九六年中研院不是破格容許我推延應聘的日期麼？浸會大學的行政架構的推行，顯然是有過於呆板、機械化（mechanical）之嫌，這樣做，會留不住人才。而人才問題並不是大學高層行政方面所最關心的。他們最關心的，是處身於香港不景氣的經濟困難的情況下，如何能保住飯碗，不被解雇。讓他人離職，對保住自己的飯碗，有密切的關係。

說到這裏，我猛然想起余達心於一九九四年辭卻宗哲系系主任一職，往中國神學研究院當副院長的事。當時香港的經濟還未下滑，他的離去，應該與經濟問題無關。那實際的原因是甚麼呢？中國神學研究院是由教會支持的，浸會大學宗哲系則是由政府支助的，後者的發展前景肯定比前者好，如與這點無關，那他為甚麼捨此就彼呢？在我看來，余達心好比浸大宗哲系的靈魂，只有他能號召系中的同事與學生，能凝聚雙方的力量，因為只有他能秉公辦事，沒有私心，不會以權謀私。其他曾任宗哲系系主任的都不能做到這點。他的離職是那麼突然，我根本來不及問他個究竟，他已經走了。他的離去是否涉及對大學的發展方向或路線不滿呢？或者是對大學的高層行政方面有異議，致不能與他們共事呢？我都不清楚。我只是覺得，老余離開後，宗哲系的發展便開始下滑，越下滑便越嚴重，到我去年離職的時間，還是那樣。在我看來，最不可能、最不應該離開浸大宗教哲學系的人，是余達心，但事實上他是離開了。這對我最後也要離去可謂埋下了伏筆。

第十章　忍受痛苦與包容痛苦

　　二〇〇三年十月十日黃昏時分，是我有生以來最痛苦的時刻。那天是中華民國國慶日，台灣的很多人載歌載舞來歡迎這一天的來臨，我則以接受漫長的大手術來迎接。醫院外面熱鬧得很，闊綽的人在酒店的大堂享受豪門夜宴，沉醉於特別為他們而設的美酒佳餚中，有些人在金蛇狂舞，有些人則在豪飲後躺在軟綿綿的疏化上，甚至有人呼呼大睡起來。而我呢，則在醫院的病房中與痛苦糾纏。大手術歷時五個多小時，主要目標是左邊膝蓋。由於有多處受傷，特別是腱帶嚴重斷裂，故手術過程非常複雜。醫生考慮到我的健康背景，故在用麻醉藥方面特別小心，要防止我的神經線受到永久性的傷害。他們施的麻醉藥較輕，當手術完結，我被推回病房時，麻醉藥已消散，我已清醒過來。便是由於這個緣故，我經驗到空前巨大無倫的痛苦，整個左膝像火球般燃燒著，我的意志與忍耐受到強勁無倫的挑戰。

　　我在前此曾接受過很多次手術，包括二次脊骨融合（spinal fusion）、切除腮腺腫瘤和電療。雖然都很痛苦，但與這次手術相比，還是差得很遠。我曾經說過，一個人在極度痛苦的時刻，生存、死亡與痛苦自身糾纏在一起，你根本不能分辨出自己是屬於哪種狀態。在巨大無倫的肉身痛苦的壓力下，除了大喊大叫外，甚麼

事也不能做，連自己叫喊甚麼，也無從記起。醫護人員根本不理不睬，他們把我推回病房後，便都跑掉了。病房中只有我在大叫大喊地發作，妻子在一旁飲泣安慰。

我在當天正午被推進手術室，出來時已接近下午六時了。妻子在室外乾等了五、六個小時，除了擔心、焦慮外，甚麼也不能做。我在病房中叫喊了半天，聲音變得沙啞，也極為疲怠，精力好像都被手術帶來的痛苦榨乾了。最後終於稍稍安靜下來，膝蓋的痛苦絲毫不減，護士替我注射嗎啡，希望能減輕我的痛苦。但這根本不管用；人在極度痛苦之中，吃止痛藥，注射嗎啡，都沒有用，只讓你變得更為昏沉而已。我在半昏迷狀態中，還能作些思考，心想自己未必能熬過當晚，便著妻子急電戴璉璋老師，看他能不能想些辦法，讓我減輕痛苦。我視戴公為長輩，他則視我為忘年交的朋友。我們很談得來。他和夫人來了。戴老師要我耐心忍下去，能夠捱過當晚，翌日便會好些了。我也記起香港一個醫生的勉勵的話：明天會更好，心情便好了些。但我又想起父母雙亡，自己的身體弄成這個樣子，將來在黃泉道上碰到他們，如何交代呢？想到這裏，我有點激動，哭了起來。

戴老師他們離去後，病房回復原來的寂靜。對於人的苦痛問題，我曾在實存體驗的基礎上，作過一些反思的工夫，並且寫了《苦痛現象學》一書。這種反思與撰作，讓我在義理方面對苦痛的性格與處理，有較深切的理解，對於忘我或無我的心境，亦有較親切的體會。但義理歸義理，在苦痛真正地、實存地衝著自己而來時，仍然感到方寸不穩，惶恐無地，陣腳有被打亂的感受。特別是意志不夠堅強，忍耐也有上限。想到這裏，便感到自己在對付苦痛

的問題上，還未到家，還差一大截。天台宗的智顗大師當年定慧雙修，晚年仍歎自己只及五品弟子位，距離圓覺的境界還是很遠很遠。我自己的這些體會，算得甚麼呢？

　　我在那個晚上集中反思的，只是一個「忍」字。童年在農村生活時，由於母親傷殘，沒能好好照顧我，保護我，因此常被別人欺負、侮辱。我應付的方法是，鬥得過便鬥，鬥不過便忍，最後是走。在與別的孩子有爭執時，我總是先與他們打鬥。在未進入戰場與人交手前，我是不肯認輸的。真的鬥不過，輸掉了，便奪路逃走，忍耐著，等待下一次再鬥時贏他們。在人生的旅程中，挫折多得很，人常常會抵受不住而倒下。倒下是無所為的。但必須要能掙扎站起來，繼續原來的行程。倘若倒下便放棄，失了信心，沒有盼望，人便完蛋了。我自己在很多事情方面，挫折多得很，也屢次倒了下來。但我總是掙扎，要站起來。只要能站起來，休養一番，三、五個月或一年半載後，便又是一條好漢了。但這需要忍，忍耐與忍受，急不來的，你需要給自己多一點時間。一個人有道德的勇氣，有要堅持的人生目標、人生理想，不管是哪方面的，只要是正當的，便會有效地產生殊勝的力量，增加自己的忍受與忍耐力去面對擺在面前的困難。不過，忍受與忍耐都有上限，不能過於勉強。過了這個上限，人會支持不住，倒了下來。但人有頑強的意志、鬥志，這意志與鬥志常常能支撐一個人，讓他「忍」，讓他爭取時間，培養元氣，恢復自己的生命力、精力，克服精神會崩潰的危機，繼續努力下去，以至於理想、目標的達致。

　　我是在一九四六年出生的。那時剛好是抗日戰爭結束，但跟著而來的，是國共內戰。我生長於南部農村，經濟條件惡劣，家裏很

窮，時常要捱餓，飯吃不飽，或根本沒有飯吃時，便吃蕃薯、芋頭代替。因此母親體質不好，缺乏營養（在那個時候的農村，有飯吃已經是很好的了，根本談不上營養），這也直接影響我先天不足，身體羸弱多病。我的個性又頑劣難改，總是與鄰家的孩子爭吵，為了一些很無聊的事而鬥個不停。事情不能解決，最後便訴諸拳頭，打鬥起來。由於母親在生下我的弟弟後，不知是甚麼緣故（鄉中的人說是產後入風，但這種說法缺乏科學理據），雙腿癱瘓，不能行動，我在外邊生事，她常常不知道，也不能幫助我（她根本管不了我）。在這種情況下，我常受到別人欺凌、侮辱，我都只能忍受、忍耐、「忍」。關於這些欺凌、侮辱的事，我很少跟母親說，怕她聽了難過。但忍有上限，過了這個上限，便忍不住，找機會發洩，在家裏大吵大鬧。母親拿我沒法，自己也只能忍。

便是因為這個緣故，忍變成了我日常生活中時常發生的現象。忍得住便忍，忍不住便想法子逃避，這是保護自己的最有效的做法。但我不是逃避開了便算，我總是要找機會報復的。「君子報仇，十年未晚」。我自然不會等到十年，幾天後便想到辦法報復了。忍與報復，特別是前者，是我日常生活中時常出現的一項節目。忍一方面是生物的本能，另方面是我的日常生活所促發形成的。這種生活方式，直到最近的幾年，才有本質上的改變。忍的哲學思想的背景，是二元的對峙（dualism, duality）關係。在這種關係中，有忍受的自己和自己所忍受的對象。最近幾年，我開始建立自己的哲學體系：純粹力動現象學（Die Phänomenologie der reinen Vitalität），為自己的人生目標定位，這便是諧和：與別人諧和、與宇宙諧和（莊子分別稱這兩種諧和為「人和」、「天和」，由人和可以得到人

樂，由天和可以得到天樂），和與苦痛諧和。在關連到忍方面，我不再堅持忍中求報復，而追求忍中求寬恕、諧和。諧和的哲學模式是一元論（monism）。上面提到的戴璉璋老師要我忍耐，是很好的忠告，與我的哲學導向（philosophical dimension）是同調。

忍是一個人生命中的大事。一件重要的事最後能否完成，很大程度是靠忍。人受侮辱而忍住，不計較面子問題，努力向自己的目標邁進，常常是一個人在事業上成功的關鍵點。這種情況，在歷史上多得很。春秋戰國期間，孫臏與龐涓同受教於鬼谷子，龐涓做了大將軍，妬忌孫臏的才幹，暗中使人抽斷孫臏的腳筋。孫臏蒙受巨大的痛苦，但仍忍著，將計就計，裝成一個瘋人，坐在市集的擺放糞便的地方，胡言亂語，龐涓便不以為意，覺得自己可以完全控制孫臏。其後龐涓幫助魏國，孫臏幫助齊國，兩軍對壘，孫臏藉著自己的軍事才幹，打敗魏國，最後把龐涓和他的下屬趕入山谷，萬箭齊發，龐涓終於死於非命。其他類似的事例很多，如越王勾踐臥薪嘗膽，韓信胯下受辱，司馬懿寧願閉門受辱，仍不與諸葛亮開戰，等等，比比皆是。在佛教，菩薩（bodhisattva）需要修習六度，或六波羅蜜多（pāramitā），其中的一個波羅蜜多，便是忍辱（kṣānti）。

我是如何渡過那個最痛苦的晚上呢？此中也沒有甚麼奧秘，我只是忍，以忍耐心來忍受痛苦。我一動不動，躺在病床上，靜靜地去感受痛苦如何折磨自己。我並不勉強自己去抗拒痛苦，因為這樣做會在自己與痛苦之間，做成一種張力（tension），這種張力會對自己構成壓力，讓自己更痛苦。我的內心也不起橫逆，不強行地做一些不自然的事，以轉移注意的焦點，由左邊膝蓋轉到其他的事物方面去。實際上，我躺在床上，雙腿都受重創，我的身體所能挪動的

範圍非常小，除了舞動一下雙手外，幾乎再沒有其他的生理上的、物理上的運動了。一個人連大、小便和清潔身體都要靠看護的幫助來解決，你再能做甚麼事呢？

我只是靜靜地去感受痛苦在自己的身體中的流程（passage），由一個部位移向另外的部位。有時痛苦好像集中在如正燃燒著的火球的膝蓋裏。有時候好像移到頭部，特別是頭的右側。實際上，我患上右側偏頭痛已有二十多年的歷史了，在晚上睡得不好、工作過勞，特別是在做手術完畢，我都感覺頭痛，有時更是劇痛，這種痛苦，讓你瑟縮在床上的一個角落，甚麼事也不能做，甚麼東西也不能想，只會苦苦呻吟而已。喊父喊母，喊上帝，是免不了的。我的父母已不在，自己又沒有特別的宗教信仰，要喊，便只有喊「救命」了。

在靜靜地感受痛苦在自己的身體的流程中，你會感到，如上面所說，痛苦並不是總是停留在身體的一個固定的部位，它會轉移的。同時，它也會隨著你的坐姿和臥姿的不同而讓你感到不同程度的痛苦。這便是你用心與用力的關鍵點。你需要花一段時間去適應痛苦，與它打交道，找出哪一種坐姿或臥姿會讓你感到不那麼重的痛苦，即是說，找出痛苦在哪一種坐姿或臥姿中較為舒緩下來，對你做成較輕微的壓力，讓你有喘喘氣的機會。你便要盡量維持、保持那種坐姿或臥姿。這樣，你便會覺得舒服一些。這便是我所謂的與痛苦打交道。對於任何事物，包括你的敵人，你必須用一些時間去和它打交道，和它溝通，跟它建立熟絡的關係，俾能對它有較多的了解，這樣，你便知道自己要怎樣做，採取哪一種態度，對你最為有利。所謂有利，在對待痛苦的情況來說，是不讓痛苦對你構成

太大的壓力，不讓它那樣重重的折磨你，也就是說，讓你感到舒服些，雖然這是在痛苦中的舒服。關於這點，我們不妨說為是「苦中作樂」。一般人喜歡說「吃得苦中苦，方為人上人」，我並不很認同這種說法。我認為應該說，能在苦中作樂，方為人上人。

　　痛苦在我們的身體中有流程，依我們的身體的不同活動而有相應的調整，讓我們不會覺得那麼難捱，難忍受，其理據在於痛苦和一般事物一樣是流變無常，是生滅法；它沒有常住不變的實體（dravya）、自性（svabhāva）。它是不斷地在變化的。因此，它在我們的身體的部位會轉移，也會依我們的活動，不管是坐姿或臥姿的改變，而有不同的刺激。這刺激本身並不是固定的，因而對我們身體的影響，即是，讓我們感覺痛苦難忍，或不那麼難忍，也時刻地在變化。痛苦具有變化的性格或可能性，正是我們忍受、解決痛苦問題的契機（moment）或關鍵點。基於這種性格、可能性，痛苦可以消失，起碼可以在程度上消減、舒緩，不會對我們做成太大的壓力。痛苦甚至可以被轉化，從對於我們有害的東西轉化為對於我們有利的東西。最低限度，在我們與痛苦打交道或在與痛苦周旋之中，痛苦作為我們要應付的對手，可以成為我們考驗自己的能力、磨煉自己的意志與鬥志的工具（工具是中性的，不必取負面的意義）。進一步，倘若我們能包容痛苦，讓它在我們的道德的生活中佔一個席位或位置，則它可以在適當的時機刺激我們，警惕我們，讓我們提高警覺性，不會安於逸樂，怠墮下來，卻是能處處留心，提防敵人，不會讓敵人得逞。這樣，痛苦可以作為我們提高心性的質素與拓展我們心靈的包容性的反面教材。到了這個階段，痛苦可以說已不再是我們的敵人，而是在某種意義下變成我們的朋友了，起碼是

靜友了。這樣，我們也可以考慮有關痛苦的轉化的問題了。關於這點，我在拙著《苦痛現象學》中有很詳盡的、周延的解說，在這裏也就不擬重述了。我要說的是，我們要建立對於痛苦的現象學，在痛苦中磨煉自己，增強自己的忍耐力、忍受力，拓展自己心靈的包容性：我們不單能包容朋友，也能包容我們的敵人（痛苦），這會對我們的心性涵養，很有幫助。最後轉化痛苦，視痛苦為我們身體的一部分，視忍受、承受痛苦是我們生活的一部分。讓痛苦由作為我們生命存在的負面要素變成，要恰當地說是轉化為，我們生命存在的正面要素。一個人的生命、心靈的發展與成長，並不是分析性地由一個較低的層次提升到較高的層次的。不是這樣。它是要經過一種辯證的方式，一種否定的或反的歷程，讓生命、心靈受到嚴酷的挑戰、刺激，在這種負面活動中強化（consolidate）自己的意志與鬥志，最後讓生命、心靈綜合負面的要素或活動，把自己推向一個更高的境界。這種情況不會有一個止點，即是，生命、心靈的綜合作用（在這個階段的綜合作用）完成後，又會接受另外的反面的、負面的挑戰與刺激，然後又克服這些挑戰與刺激，讓生命、心靈繼續提升自己。如是重複地演化、拓展下去，這便是辯證。其中的關鍵點，正是對負面的、反的因素的刺激、挑戰的克服（overcome）與轉化（transform）。

　　在人生的旅程中，負面的挑戰與刺激會不斷地迎著你衝將過來，你必須沉得住氣，站穩腳跟，以無比的忍（忍受、忍耐）來應付。人生不會是一帆風順的，很多時你會被一些障礙所阻，倒了下去，你必須忍受與忍耐，掙扎站起來。一切困難，包括痛苦在內，都是生滅法，都能轉變、轉化，這正是我們能解決困難、盼望美好

的將來的基礎。

　　以上便是我對痛苦的性格與應付之道的深沉的反思，我便是本著這樣的反思，進行忍（忍受、忍耐）的實踐（忍有心靈狀態義，也有行動實踐義），來應付左邊膝蓋因手術所帶來的巨大的痛苦。在忍的心理與行為之中，我頗有「逆來順受」的感覺。我在這種理解與體驗下，忍著痛苦，靜靜地、昏昏沉沉地渡過那個最痛苦的，同時也是最難忘的晚上。

第十一章　大手術後對苦痛、屈辱等問題的現象學的沉思

一、痛苦超越預期的程度

　　二〇〇三年九月二十六日及打後一個月，是我有生以來最黑暗的日子。那天下午我到中研院附近看它的宿舍，然後逆著原路沿中研院正門步行回文哲所。到了中途分子生物研究所前面，突然看見一輛私家車從支線駛出來，我便停步。我知道台灣的交通工具的行走路向是右上左下的，與香港剛好相反。我估計那輛車是要順著大路開到中研院正門的，它應該是先移向大路中心靠右那邊，然後才轉彎。怎料那輛車突然在我身邊轉彎，那應該是由大門進來的車輛行走的路線。倘若當時有車駛進來，他便與駛入的車輛正面相碰。但那車輛碰的不是車輛，而是我自己。他的車開得很快，也沒有在支線與大路交界的地方停一下，便急促轉左，而且車身（左側）向著我迫過來。我躲避不及，被那車輛擦身碰跌，倒在地上。他還不停車。我倒在地上，右股著地，大腿上邊的股骨折斷，痛得大叫，他才停車，下車來看看，說：「我沒有看到你呀！」（後來交通警察替他錄口供，他說轉彎時只看右邊，未有看左邊。我想這便是他沒看到我的原

因。但這樣開車，顯然是有違交通法的。同時，中研院內有車速限制，每小時不得超過二十五公里。）當時我看看自己的處境，胸腹部以下被捲進車底，上身則在車外，左邊是兩個前車輪，右邊是兩個後車輪。倘若那個混蛋還不停車，我勢必會被後邊兩輪輾過，後果不堪想像。

當時我覺得雙腿完全不能動，後來救護車來了，幾個救護員把我從車底拖出來，放在擔架上。有人說要送我到附近的忠孝醫院救治。我說不好，要求送我到台大醫院。他們說台大醫院遠，而且當時是下班時間（5:30－6:00PM），會塞車。當時情況非常混亂。有人提到三軍總醫院，我同意了。救護車立即出發，響起警號，周圍的車輛都要退讓，因此很快便到達三總。我被安排住進一間單人房。警察為我和肇事人錄口供，雙方有一個很不同之處：我表示當時車禍發生在大路旁，肇事人表示他的車是停在大路中心。警察顯然認為他的口供有假，他對我說，台北市的車禍很多，很多有關的司機肇事後都會把自己的車駛開，駛到一個對自己有利的位置。

當天晚上我被驗出大腿骨折斷，需要馬上動手術，把骨頭接駁，並以鈦金屬條放在骨頭內裡，作支撐之用，兩頭又用四個鈦縲絲釘固定下來。翌日便由王世杰醫師做這樣的手術。這種手術是在半身麻醉的情況下做的。麻醉師曾對我說，我的健康狀態不是很好，麻醉藥所帶來的危險性較手術所帶來的危險性還要大。

這樣，我便在醫院裡待了一個星期左右。之後便明顯覺察到左邊的膝蓋不妥，有兩個地方很痛。於是院方安排我接受X光檢測及磁力素描檢測，發覺有幾處受傷：左側腱帶斷掉、小腿上有骨破裂、膝蓋內有些軟組織壞死。結果又被安排接受第二次手術。在那天（十月十日國慶日），日子特別難捱。在清晨七時多我便被安排在

擔架床上，準備隨時被送進手術室。但等了三小時，才被送進手術室的外室等候。這外室大得驚人，到處放著病床，幾乎沒有一個人，只是間中有一兩個醫護人員匆匆走過，我問他們到底是甚麼回事，為甚麼把我撇在那裏，到底還要待多久才做手術。他們都不理會，匆匆過來，匆匆又走了。我禁不住大叫幾聲：這到底是甚麼地方，你們要把人當成人看啊！也沒有人回應。

在那個陰森、恐怖的外室待了大半個鐘，我終於被推進手術室了。當時我感覺自己的狀態不太好，希望能推遲接受手術，在被推入手術室後，我向旁邊一個相信是幫助做手術的人說：「我今天的狀態不好……」，我正想說下去，他卻冷冷說了一句：「甚麼狀態好、狀態不好呢？」我於是立時被抬上手術桌，很快便完全失去了知覺，那自然是麻醉藥的效應了。

五個多小時後，手術完畢，我被送回病房，麻醉藥也逐漸散去，我感到空前未有的痛苦。我以前曾接受過多次大手術，包括兩次脊骨融合手術和割除有毒腫瘤和接受電療，雖然都很痛苦，但比這次來說，還差得遠，我呼天喊地地不停叫痛，妻子在一旁痛哭安慰。值班的護士立即通知替我做手術的王世杰醫師，他吩咐護士在替我打嗎啡針液止痛之外，更在吊鹽水中加入止痛藥物。我覺得承受不來，預計自己不必能熬下去，便即時叫我妻子打電話給戴璉璋先生，希望能依賴他的影響，請醫生做些更積極的事，減輕我的痛苦。當時我處於半昏迷狀態，但思想仍很清醒，真正地感到、體會到「痛不欲生」、「生不如死」的慘痛經驗。戴老師和夫人吃完晚飯便立即趕來醫院，和我說了很多親切的話，令人感動與感激。不過，由於王世杰醫師正在做著下一台的手術，不能分身，我只有硬

捱硬撐下去。我想起近期自己建立的苦痛現象學，又不停地念誦起
「觀世音菩薩」的名號（我平時有坐禪、參公案、跑香、念佛的修行）。在
心理上，我把整個生命都交付與觀世音菩薩了。這樣做，雖然沒有
顯著的效果，但心情稍能平復下來，沒有早前那麼激動了。那個晚
上，我便在迷迷糊糊中渡過了。妻子和請來的看護一直在陪伴著。

　　事後我輾轉地得知，在做第二次手術之前，醫生和麻醉師曾對
整個手術（其實是幾個手術合在一起）和我的健康狀況進行過評估。他
們認為，由於我的健康狀態欠佳，而且在兩個星期前又做過右腿駁
骨手術，這第二次是全身麻醉的，用藥必須非常小心、保守，倘若
用藥過重，可能導致我的一些神經線受到永久性的傷害。最後決定
用較輕麻醉藥。這是我在手術後感到空前未有的痛苦的主要原因。

　　我的想法是，醫生和麻醉師的用心良苦，我能理解，也很感
激。不過，我在左邊膝蓋內的問題，雖然有多個地方受傷，特別是
腱帶嚴重斷裂，但這都不是致命的問題，不是非要馬上做手術不
可。我的意思是，對於這些問題可以分階段來處理，例如分為三個
小手術來做，我可以等。他們顯然未有想過我能否熬得住、捱得過
這幾個手術同時進行所帶來的痛苦的問題。以我的年紀、健康背景
和短期前曾接受過大腿駁骨手術來說，倘若熬不住痛苦，精神可能
會即時崩潰，後果便不堪設想了。

　　事後我又想到，三總與部隊有關，它是國防醫科大學（前為國
防醫學院）的附屬醫院，如台大醫院是台灣大學醫學院的附屬醫院
那樣，既然有國防、三軍方面的聯繫，自然免不了有嚴格的紀律。
因此，在很多與醫療有關的問題上，醫生或院方決定一切，病人的
知情權未有受到足夠的尊重。在這方面，倘若我能多知一點，便會

與醫生商量，提出自己的意見，避免受到這樣大的痛苦的衝激。醫生在做手術前只說，左膝內有多處受傷，手術比較複雜，但在規模上，是較右腿駁骨手術為小的。因此，在手術前我是這樣想的，既然手術的規模較小，我應該是可以抵受得由手術帶來的痛苦的。同時，我想手術既然不大，則半身麻醉便夠了。這是我在接受第二次手術前的心理準備。怎料結果完全不是這樣，完全在我的想像之外。由於缺乏正確的心理準備，手術後所受到的空前重大的痛苦，對我來說，是很不幸的事。不過，這已是明日黃花，多想無益。我應把寄望放在未來。

　　現在，大手術之後已過了兩星期有多了，傷口雖然沒有手術後幾天所感到那樣的痛苦，但還是相當痛。醫生說，要待三個月或六個月，甚至九個月後，傷口才會慢慢癒合，才能藉著手杖慢慢地步行。在我來說，情況不可能樂觀，因為我的左右雙腿都受了傷，沒有一方有足夠的力量助我行走，只能靠著四腳架下床，坐在輪椅上，由別人推著，到處去逛逛。我由於健康背景較一般人為差，只能做散步、步行的運動。現在雙腿受傷，自然不能走動，因此這唯一的運動也不能做了。

二、生命的背反

　　這次無妄之災的車禍，對於我的思想和所關心的問題有很大的衝擊。我一向對人生持樂觀態度，包括對人性與宇宙的終極根源的看法。但對於生命的現實層面，我並不如儒家一往是理想主義的情調，特別是道德的理想主義。我認為儒家與其他諸家對人生的幽暗

的、無明的成素所下的關注與認識，不夠深刻和廣遠。不管是孟子的性善說、佛教的佛性說（我並不認同批判佛教，因此視佛性是佛教的重要觀念）、基督教的愛的福音，以至道家莊子的天地精神觀，就終極的層面來說，雖是可通，但大部分的人都不是生活於終極層面，卻是生活於現實層面。在這一點上，光是說性善、佛性、愛、天地精神，甚至我自己所提出的純粹力動（reine Vitalität），都是過於片面，不能反映人生的現實狀況，更不能具體地解決人生的現實的負面問題。儒家以仁（孔子）、性善（孟子）、天道誠體（周濂溪）、天理（程明道）、本心（陸象山）和良知（王陽明）來說人的整全的生命面貌，都過於單純、片面，未能滲透至人的靈魂深處，了達人的全幅的生命形態。在這一點上，天台智顗大師所提的「一念無明法性心」觀念便有啟示意義。

對於人性的問題，或佛性的問題，學者多從超越層面著手，強調道德理性與如來藏自性清淨心。這自然很好，不過，我認為有悖離了或忽視了現實之嫌，難以與世俗接軌。現實的人性，我想應從神魔混雜或佛魔混合處看。京都哲學家西谷啟治和阿部正雄曾有一段時期留意佛魔混合的問題，阿部便寫了一部叫「非佛非魔」的書。對於這神魔混雜與佛魔混合的觀點，智顗的一念無明法性心的說法庶幾近之。人的當前一念心便常夾雜著清淨與染污兩種成素。在這裏，佛性與魔性成為一個終極的背反（ultimate antinomy）。京都哲學的解決方法是，我們要突破（breakthrough）背反，同時突破佛性與魔性，所謂「非佛非魔」，而達於空（西谷啟治）、絕對無（西田幾多郎）、無相的自我（久松真一）。對於這個問題的解決，我非常重視，也曾思索多年。我總覺得這樣做法太抽象，太哲學化。一般

人在義理層面已難明白，更遑論工夫實踐了。京都哲學的理據是，神性、佛性是一邊，魔性是另一邊，都有所偏，我們應突破兩邊，而上達中道的絕對境界。這很明顯是佛教的思路，特別是龍樹的「非有非空」與慧能的「不思善不思惡」的提法，也近於王陽明的〈四句教〉的「無善無惡是心之體」的路數。為甚麼要突破背反呢？為甚麼不能直接以佛性克服魔性呢？京都哲學的理據是，佛性與魔性在存有論上是對等的，沒有一方較另一方更具先在性（priority）、跨越性（superiority）。因此，在存有論上來說，佛性不能消滅魔性，魔性也不能消滅佛性。兩者總是在二元性的格局下爭持，而成對峙的關係。凡有對峙，便無真正的終極性可言。

　　京都哲學的說法，必須預設一突破者，或一突破背反的主體，而背反自身則為所突破者。能突破者是一元的，所突破者是二元的。二元被突破，讓一元彰顯，這樣的思維模式仍是分析性的：一元的主體從二元的背反中脫殼而出，由背反雙方所成的相對性而躍向一元主體的絕對性，這便是絕對無（absolutes Nichts）。這樣的思維若深一層看，仍有不完足之處。一元的絕對無與二元的背反可成一對峙關係、對峙局面。這樣，絕對無便失去絕待敻然的性格，不能作為最高的、終極的原理。

三、我對背反的解決

　　我對於解決背反問題的提法是，背反的存在，是一個當前的現實。那是作為終極原理的純粹力動（reine Vitalität）的主體形式的睿智的直覺（intellektuelle Anschauung）與由後者凝聚、下墮而屈折成的

主體（主要是知性，但感性也包括在內，姑名之為屈折主體）在這樣的思維脈絡下，睿智的直覺與屈折主體成一個背反。睿智的直覺是一種明覺，是無執著的，相應於法性；屈折主體是解析性格的，是有執著的，由此可再下墮而為無明。要注意的是，在這背反之外，並沒有一個第三者去突破背反，像上面提到的一元、二元可成背反的問題。但睿智的直覺與屈折主體所成的背反問題如何解決呢？我的想法是，背反的解決，仍是來自背反自身的內部。即是說，作為背反的兩端的睿智的直覺與屈折主體此起彼伏地決定生命的方向。當睿智的直覺上揚，生命傾向於理性的、法性的；當屈折主體上揚，生命則傾向於非理性的、無明的。但從根源一角度來說，這不是有兩個相互獨主的主體在爭持。始終只是一個主體，但有不同的表現形態：睿智的直覺與屈折主體。兩種形態可以互轉，也可以同時存在，但不能同時作主。只能是，或是睿智的直覺作主，或是屈折主體作主。

　　生命的這種背反始終需要有一解決。但我們要了解一點：這背反是一個現實，是存有論地被決定了的。我們的生命形態總是挾帶著這種背反而來，我們避免不了。這是依於作為生命之源的純粹力動或睿智的直覺需要透過詐現（pratibhāsa）萬物的方式而展示認知主體或屈折主體這一原理而成的，也是依於海德格（M. Heidegger）的實在的本質是呈顯這一存有論的洞見（Einsicht）而來的。但睿智的直覺下墮為屈折主體，它自身並未消失掉，卻是以一種潛隱的狀態存在，與屈折主體成一背反。因此，背反的兩端並不是截然地被區分為二元性格的東西。無寧是，背反只是一個主體自身內部分化為具有相反導向的兩個生命主體而已。存有論地說，背反自始至終都

只是一個主體，無二亦無三。而這所謂一個主體的「一」，也不是數目上的一，而是絕對、絕待之意。在終極層面言，說主體也好，睿智的直覺也好，甚至純粹力動也好，都是一，無二亦無三。這是一元的力動論。

　　以上我討論了背反的解決問題，只是在原理上、大脈絡上說了一些。以下我要深入探討背反的解決的具體程序，而且是由圓教的層面來談。首先還是就著京都學派的提法來說。這學派的說法的困難是在背反之外需要設定一第三主體來突破這背反，這便有多元論之嫌。就純粹力動現象學的立場來說，屈折主體既是由睿智的直覺下墮而成，而睿智的直覺自身又在下墮後仍保留其潛在的力量，則屈折主體雖在現象的層面（如對外物的認知，對萬物的自性的執著）主宰生命的路向，但在宇宙生成論、存有論方面畢竟隸屬於睿智的直覺。它是由睿智的直覺自我屈折而成立，其根源在於睿智的直覺。解鈴還需繫鈴人，要破解背反，只能在睿智的直覺自身著手，它必須由背反的二元關係中躍起，以其光輝收攝屈折主體，把它的屈曲的辯解性格銷棄，也滲透到它詐現而成的現象的本質層面，徹底了達一切現象只是純粹力動或睿智的直覺所詐現而已，由此實證一切現象的真相或物自身並不是具體的、立體的、質體性的（entitative）個體物，只是純粹力動或睿智的直覺的詐現這樣的一種意義（Bedeutung）而已。所謂詐現（pratibhāsa），說穿了，不是現起甚麼實體性的（substantial）、質實性的（rigid）東西，只是意義而已，是虛的，不是實的。這與胡塞爾（E. Husserl）所說的意向性以意義指向對象，而成就對象的思路有相通之處。

　　天台智顗有「一念無明法性心」的說法。在這裏，無明

（avidyā）與法性（dharmatā）在我們的一念心中成一個背反。在這個背反中，無明與法性是對等的。依他所說，此種對等的關係有兩個發展導向：「無明即法性」與「法性即無明」。倘若是前者，則一切是清淨、無執著；倘若是後者，則一切是染污，充滿執著。這樣說有一個好處，便是法性與無明對等，兩者可以成一個完整的背反。但亦有問題，那是突破背反而來的問題。即是，無明與法性在存有論上是屬於同等層次或次元（dimension）的，任何一方都不能克服另一方；則若要消解背反，不能以法性來克服無明，只能在背反之外找一更高次元的第三者的主體、超越的主體（transzendentale Subjektivität），由它來突破背反。但從圓教、圓融的立場說（天台宗自身雖有其圓教的構思，認為自宗是最圓滿的、圓融的，但這只是宗派的說法，在客觀上未必是如此），法性即是佛性，在存在層次上是最高的、最本源的了，不能在法性之外另立更高的佛性，這有頭上安頭的問題。我以睿智的直覺收攝它所自我屈折而成的主體（知性、感性主體）和所詐現出來的事物。收攝即是包容，不是排斥、否定；唯有周遍地包融、融攝主體與客體、現象與物自身、俗諦與真諦、染污與清淨、迷執與覺悟，才能說周遍的、周延的圓教。

　　我的意思是，背反的雙方，如無明與法性，倘若在存有論上成一對等的關係，則沒有一方在存有論上具有對他方的優越性、跨越性，因而不能憑存有的力量消棄另一方。即是說，背反的解決，不能以正面的一方（如法性）克服負面的一方（如無明），結果是保留正面的一方，消滅負面的一方。這種以正克負的做法，是分解式的。分解的入路不能解決生命的問題。要解決背反問題，則勢必要找一在存有論上較背反的雙方更為根本的主體（終極的主體）來作

業。只有它才具有足夠的存有論的力量，以突破背反。但在佛教，這種做法是行不通的。無明也好，法性也好（法性即是佛性），在存有論上都具有終極義，若它們所成的背反被一個第三者所突破，則它們便由終極的、絕對的層次下墮到非終極的、相對的層次。這不是佛教的當體的意思。天台宗的這個問題，還是要在一心中解決，其中涉及弔詭的、辯證的思維，我在自己的著作中的多處都有涉及，茲不具論。在這裏，我只想強調一點：在 A、B 所構成的背反中，突破背反的，不是 A、B 外的第三者，而是 A 或 B 躍起來突破背反，同時亦成為超越背反的主體。A 作為背反的一端，同時亦可作為背反的突破者，這便有所謂「自我突破」。

　　在純粹力動現象學的系統中，睿智的直覺與屈折主體成一個背反。對這背反的解決，只有一個途徑，那便是睿智的直覺霍然躍起，跨越在屈折主體之上，止息後者對現象事物的辨解、分別與執著作用，一任純粹力動流行，詐現現象而不執取現象，也不以辨解方式對現象作多方的臆測。這樣，現象當體即是物自身，而物自身亦只是一種意義而已，它不是甚麼物體。在這種情況，屈折主體或知性（包括感性在內）仍然認識現象的特殊性，而作為它的根柢的睿智的直覺則認識現象的普遍性，那便是它的詐現性、物自身的意義性。

四、老子的人生智慧

　　我在手術後在醫院養病期間，常常思維老子的「後其身而身先，外其身而身存」的名句，看看怎麼把它融進我當前的處境中

去，讓自己的精神、情緒能稍稍鬆馳一下，消滅由手術而來的痛苦，整天待在牀上過日子的鬱悶感，和身體上下部都由人處理的屈辱感。老子提這兩句話，自然是針對我們的肉身而言，不過這也適用於我們的精神的、心理的自己（關於這點，後面會涉及）。我初步的體會是，對於身體，我們不用太緊張，整天想著它，用盡種種方法去保養它，不讓它生病，出問題。不必一有輕微的不舒服，便如臨大敵地趕去看醫生，要醫生診斷、打針、給藥，才能放心。這不是「後其身」，而是「先其身」。後其身是能把身心放下，不刻意著緊自己的身體與情緒。先其身則是刻意地、過分地著緊自己的身體與情緒，像都市很多女人那樣，每天花大量時間去照顧自己的頭髮、皮膚，動不動便要找醫生；這樣便會養成身體對醫生、醫藥的依賴性，致自己失去抵抗病菌的能力。這樣反而不好，人可能由於一些不太嚴重的疾病而死去。老子並不贊成這樣做。反過來說，倘若我們對於身體盡量順其自然讓它發展，不是一有些微病痛便馬上看醫生和吃藥，卻是暫時休養身體，讓它有機會慢慢培養出一種對抗疾病的能力，這樣反而會對身體有好處。除非是特別嚴重的病痛，需要即時看醫生外，一般的傷風感冒、頭痛，只要多休息，便會自動痊癒。我們身體的健康，常常是這樣形成的。這正是「後其身而身先，外其身而身存」。在貧窮的農村，農民有病，常常沒有醫生可看，即使有醫生，在經濟上也看不起，只憑自己多休息，多喝水，輕微的病，通常都是這樣解決的。而農民的抵抗力（對疾病的抵抗力）便變得強了。

老子的這種說法，有很深刻的人生智慧在裏頭。在戰場上，常有將領為了邀功，不惜身先士卒，勇猛抗敵，以一敵十，敵百。這

樣便容易成為敵人攻擊的對象，處境可以非常危險。除非你是張飛張翼德，能夠在百萬軍中取上將首級，如探囊取物。但在戰場上有多少個張翼德呢？身先士卒的人，自然能展示一種驍勇逼人的氣慨，但也最危險，在戰場上能否保得住性命，便很難說。即便你是主帥，發號施令，井井有條，最後殺退敵人，立下大功勞，受到君王的重重賞賜，那又如何？倘若你不能及時引退，反而到處張揚，炫耀自己的功勳，致「功高震主」，給君王帶來壓力，便會引來君王的警戒心，恐怕你早晚要造反；結果他會以一些事故作為借口，把你殺掉。歷史上這類事件很多，越國的文種，漢朝的韓信，都是明顯的例子。他們不能「後其身」、「外其身」，因此不能「身先」、「身存」，反而招來殺身之禍。老子的這兩句話，的確藏有很深沉的人生的玄機在裡頭。

　　在醫院養病期間，我常把這兩句話掛在心頭，探究它所傳達的訊息。這兩句話隱含辯證的智慧，是沒有問題的。我所關心的是，自己應怎樣解讀這種說法，把它關連到自己當時的處境，讓自己得到啟示，讓自己受益。

　　在醫院內做手術，是醫生的事。他要以恰當的方法和嫻熟的外科技術來處理我們的身體。在這一點上，病人幫不了甚麼忙；他所能做的，充其量只是聽醫生的話，與醫生合作而已。不過在心理上、精神上，我們可以參考老子的說法，做一些心靈上的涵養工夫，配合醫生的外科手術，把手術所帶來的痛楚減到最輕。

　　這基本上是一個去除我執的問題。我們通常都非常重視自我，這並沒有錯，不是罪過。只是當我們只重視自己的自我，而忘卻他人的自我，在一切事情中，都把自己的自我凌駕於他人的自我之

上，以至於做出損人利己的行為，便成為問題了。這方面的問題，涉及道德與法律方面，我們這裏暫不談它，而只擬就個人的涵養方面來說。在哲學上，特別是在存有論上，我們通常總是設定一最高的主體或自我，所謂真我，來主宰我們的肉身。肉身的感受，在一定程度上，與這個自我有一定的關連。例如，一個有勇氣、鬥志很強的人，對於身體上的痛苦，能捱得住，不覺得是甚麼一回事。但對於一個一般的人，勇氣與鬥志都不足夠的人，你拿拳頭揍他，他便會覺得很痛，難以忍受。此中的分別，有個人的涵養特別是精神的涵養在內。勇氣與鬥志的堅持，是個人的精神涵養的問題。例如關雲長，他是一個勇武之士，不怕死，自然也不怕痛苦，特別是身體上的痛苦，因此他能忍受名醫華陀為他刮骨療毒，一邊則喝酒下棋，談笑自若。

現在我要集中談一個人的精神涵養，特別是關連到自我方面的問題。關於自我，我們通常分成兩個次元（dimension）或層次（level）。一個是個別的自我（individual self），一個是普遍的自我（universal self）。前者是個人的、個別的、經驗性格的、心理學的自我；後者則是普遍地為眾人所具有的、超越性格的、精神的自我。佛教所說的「我執」、「無我」的我，孔子說的「克己復禮」的己我，莊子說「無己」、「喪我」的己我，都是第一種自我。至於第二種自我，它可以在不同的哲學、宗教中以不同的形式、字眼被表示出來。如佛教的「常樂我淨」的我，孔子所說的仁，孟子所說的惻隱之心，道家特別是莊子所說的靈台明覺，印度教所說的與大梵（Brahman）合一、回歸向大梵的我（ātman），或「梵我一如」（Tat tvam asi）的我，以至王陽明所說的良知，都是具有普遍性、必然性

的超越的自我。胡塞爾（E. Husserl）所說的超越的我（transzendentales Ich）或絕對意識（absolutes Bewuβtsein），也指涉這種層次的自我。

對於這兩層自我，一般人總是只留意第一種自我，而形成我執。有我執的人，自我意識通常都很濃烈，重視自己的利害關係，做事情總是以是否對自己有利這一前提來考慮。即是，對自己有利的事便做，沒有利的事便不做。這樣的人，對自己的身體也會特別看重。有利於自己的肉身，能讓肉身較長時間地保留下來的事便做，否則便不做。殺身成仁，捨生取義一類大無畏的捨己為人的犧牲精神與行為，對他們來說，是無法想像的。老子所說的「後其身」、「外其身」，便是指以這種犧牲精神作為做人的原則的行為，也是指沒有我執、私心，一切秉公辦理的行為。以這種原則來生活的人，是不會怕死的。一個人不怕死，做人光明磊落，心安理得，沒有不必要的煩惱，便能活得快樂，活得有意義，活得長久。這便是老子所說的「身先」、「身存」。

要注意的是，「後其身」、「外其身」並不表示消極的生活方式，也不表示逃避、不負責任的生活態度。剛好相反，它是表示不斤斤計較自己的利益，不以自己的生命存在來打壓他人，不視自己的生命存在為重要，別人的生命存在為不重要，因此有事情發生時要別人出來作先鋒，去殺敵，自己則躲到後頭作啦啦隊，叫喊個不停。「後其身」、「外其身」的意思是不把自己的身體、個別的自我看得太重要，不要有我執，不要整天都往自己的身體、個別自我的利益方面想，白天恐怕被人攻擊，晚上則怕被人暗算。這樣，生活便能坦蕩蕩，心安理得，能較好地保養自己的身體，免除種種煩惱與憂鬱。這便是「身先」、「身存」。

　　這次的車禍，當然是很不幸的事，我不知道甚麼時候才能恢復走路，能恢復到甚麼程度。不過，這件事的確促使我反思一些人生的重要問題，一些很少人留意的問題。即是，人即使很理性地生活，不作惡事，但仍會遭遇橫禍，甚至橫死。對於這樣的經驗，人應該如何自處呢？如何處理這樣的經驗呢？同時，我也特別留意老子的「後其身而身先，外其身而身存」的背後的消息（message）。倘若把這兩句話關連到我所遇上的不幸的車禍來解讀，則可以這樣理解。車禍讓我的身體受傷，骨頭、腱帶破裂，不能行動（起碼長時期內是如此），但沒有摧毀我的鬥志，我還是滿懷希望地向著原本的目標邁進，即使這邁進因車禍而被推延。另外，更重要的是，受傷的只限於骨頭、筋肉，不是腦袋。只要我能保住腦袋，能夠繼續作正常的思考、運作，這是最重要的。其他問題，都是次要。即是說，受損的是我的身體，那不是最重要的，這是「外其身」、「後其身」；我自始至終都能保住心靈（腦袋），那是挺重要的，這是「身先」、「身存」。這樣解讀，當然不合老子的原意，但我們讀書，貴在受啟發而得益。我可以註六經，六經也可以註我。我讓老子委屈一下，曲解他的原意，卻能讓自己堅持自己的鬥志與理想，老子泉下有知，必不會怪我。

五、德福問題與福的存有論的轉向

　　德是道德，或道德理性（praktische Vernunft），一般來說是善性、發乎良知或良心的意味。我很認真地留意與處理這個問題，是由自己實存地經歷車禍而雙腿受重傷這種主體性的體驗引發的。即

是，人很理性地、善良地、本著道德理性（以下省稱「德」）來行事，來生活，最後仍免不了遭遇車禍而受傷，這使我非常痛苦，也大感困惑。在住院療傷中，我天天都縈繞著這問題來思索，要在義理上、思想上解決這個問題，即是：人依道德理性行事，但仍免不了災禍，這災禍的發生，是荒謬的、毫無道理的，因此承受和處理這災禍（以下省稱「禍」）是毫無意義的，令人感到冤枉、屈辱。進一步說，發自道德理性的道德行為並不必然地帶來幸福（以下省稱「福」）。我們不能直截了當地把德與福拉在一起，以建立因果關係：德是原因，福是結果。德並不保證福。倘若是這樣，我們應如何看待在這種脈絡下的德呢？要不要表現道德行為呢？如何看待在這脈絡下的禍與由它所帶來的痛苦與冤屈呢？我們又應以怎樣的心情去面對將來仍會發生的相同類別的禍與痛苦、冤屈呢？

康德（I. Kant）和牟宗三先生都談及德、福問題，我沒有細看他們在這方面的著作。我只以自己的實存的感受，特別是對苦痛的承受與包容來談這個問題。我深深感到，對於這個問題的解決，需在存有論上把福的內涵注入德一觀念中。在這裏，我想對這一點作較詳盡與周延的探討。

在我們一般的理解或思維中，德與福分屬於不同領域的東西。德是道德，是同情共感、推己及人的情操，傾向於超越的精神意義。福則是幸福（happiness）、福利（welfare），能讓我們的生活有較高的質素，其外延遍及於精神與物質兩方面。德與福的關係，大體上可以良知、良心或善的動機與優裕的效果、富足的生活或豐盛的人生的關係來說。這種關係並不牢固。即是，良善的動機未必能讓人有豐衣足食的生活。前者不必保證後者。同樣，道德的行為未必

能帶給人豐足的、快樂（主要是由豐裕的物質帶來的快樂）的生活。無寧是，良善的動機與道德的行為往往使人孤高寂寞，不易融入世俗社會，而投機的行為反而會讓人左右逢源，八面玲瓏，過著豐厚的生活。

　　這樣的理解也很多時與現實相應。具有道德操守的人往往會一生貧寒，受盡委屈；沒有道德操守、喜歡到處鑽營的人反而能步步高陞，享受豐衣美食。要言之，道德未必能帶來幸福，相反地，道德可能帶來災禍（良相、忠臣往往會因直諫君王而遭貶斥，甚至會有殺身之禍）。德與福之間，不必有必然的因果關係。德不必作為因，而帶來作為果的福。相反地，德作為因，很多時會帶來作為果的禍。在這種情況，人是不是仍要踐履道德格律呢？人應該在實際生活中如何看待道德呢？特別是，人基於道德理性來生活，反而會招來災禍、冤屈，他應該以怎樣的心情來面對將來可能會這樣地再出現的災禍與冤屈呢？

　　對於這些問題的解決，我想關鍵在於我們對「德」與「福」的內涵或意義如何了解。一般人總是傾向於把德或道德與福或幸福、福報分開，視道德為一種基於同情共感而表現的無私的行為，而幸福或福報則是世俗層面的、經驗層面的偏重物質性的優裕的生活享受。我認為這樣了解福報並不完全正確，也不夠周延。福報當然有其世俗的一面，但不應只限於世俗的一面；它應該還包含宗教的、救贖的和在倫理上當下活現充實的精神性的一面。我們說一個人幸福，或有好的福報，並不單是指豐厚的物質生活的享受一面，也可以涉及心境上的平和與寧靜，和理想上的充實與盼望。一個人的心境常處於動蕩的、困擾的狀態，心中沒有理想與希望（盼望

hope），怎能說是幸福呢？這樣的心境與理想需要宗教與救贖的情操才能達致。另外一點更重要的是，人在實踐道德的、倫理的行為當中，當下便會在這種行為中活現出精神上的充實感與滿足感。這不是真正的、純粹的幸福麼？一個人在行為上或日常生活上表現出道德的、倫理的情操，他內心的充盈的感受，必是當下活現的，不是通過一番抽象的思考或邏輯的推演，或是經驗性的追憶，才能感覺到的。道德、倫理的行為帶給人的那種心靈上的充盈感受，必是當前的、直下的，而且是像禪宗臨濟義玄所謂的「活潑潑地」現成的，這便是「活現」。真正的幸福三昧，必須在這種脈絡下被理解。

在對於道德或德的這種理解下，我們可以在存有論方面為德定位，把德建立為一個在存有論上必然包含福的內涵的觀念，以解決一般人所持的德不必能保證福，因而在日常的生活中不必作出道德的行為的問題。同時，由於道德或德被視為當下便能引發活現的充盈的感受，因而我們對德的這樣的處理可視為一種新的、具有現象學意義的做法。我們也可以把「幸福或福必然包含於道德或德中」這樣的確認視為對幸福或福的存有論的轉向（ontological turn），這樣，幸福或福便不單是一個工夫論的觀念，同時也是一存有論的觀念。以下我即要詳細地證立這些論點。

德在存有論上必然包含福這一種對福的存有論的轉向之所以可能，關鍵在於日常的道德行為本身「必然地能引發」因而也可說為「必然地具有」當下在生命中活現起來的歡愉與允實的感受，這種感受不單是心理學意義的，同時也是存有論和救贖意義的。讓我引述孟子在論四端時所涉及的老例子來解說。孟子以為，有人見到孺

子爬向井那一邊，將要掉進井中了，他直下便有一種救人的動機，想也不想便衝向孺子，把它拉回來，不讓它掉進井中淹死。孟子以為這事例是展示人的惻隱之心、不忍人之心，亦即人的超越的善的本質（性善，善性）的好例子。孟子認為，那個人這樣做，完全沒有報酬的想法，沒有想到這樣地救人會對自己帶來甚麼樣的好處，這種救人的行為完全是自發的（spontaneous）、自動自覺的、無私的，因而是道德的行為，是人的善性的當下呈現。孟子的看法是對的。不過，我要作一些補充。這個善心的人在救孺子的整個歷程中，內心必然地活現著歡愉與充實。這歡愉與充實不單是一心理學上的、工夫論上的感受，同時也具有存有論的意義。即是，這歡愉與充實是一種存有論的觀念，表示我們生命中的實存的要素。

歡愉與充實可以說為是一種福、幸福，以至福氣，它正存在於道德的行為之中。因此我們可以說，德本身便必然地含有福。更圓融地說，德即此便是福。道德的行為即此便是幸福。一個實踐道德的人，在他表現道德的行為中，即此直下便感到幸福；幸福直下便是道德當體所含容的。一個真正實踐道德的人，在其道德實踐之中，即此便活現出歡愉與充實；這作為幸福的一種表現形式的歡愉與充實，即此便存在於道德實踐之中。即是說，幸福自身總是存有論地包含於道德之中，而且是當下現成的。這便是幸福或福的存有論的轉向。

我們必須對福作出這樣的存有論的轉向的處理或思考，才能保證德的實踐的正面意義；這也是對於德與福的關係的正確理解。在實踐方面來說，我們可以絲毫也不考慮後果或回報，便可立時去做我們認為應該做的事，有道德意義的事；我們內心所要求的回報

（倘若用「回報」字眼），正存在於道德行為的踐履之中，這主要是精神的、心靈的意義的回報，如上面提到的內心的歡愉與充實。因此，一個人行善積德，目的在於有豐裕的物質上的回報，或死後能投身於高級的生命存在境界（例如佛教所說的四聖六凡中的「四聖」境界），便不成為問題了。人的生命、心靈境界是可以上下升降的，對道德格律的踐履，可以讓人直下感到現前的歡愉與充實，這便是所謂「回報」，這樣的行為與心靈上所感到的歡愉與充實，可以立時提升人的生命與心靈的境界。倘若說人行善積德，實踐道德格律，過了一段時間，便得到回報，不管是屬於哪種性質的回報，這便落於第二義了。第一義的回報或真正的回報，是即在道德行為之中當下現成的。道德行為即在這種回報或福報的當下現成中，例如心靈上的歡愉與充實，保證了、保障了「有德必有福」、「德中有福」的真實不虛性。明乎此，人便可以安心而且必須表現道德的行為，因為福必然而且只能存在於德之中。只有存在於德中的福，才有真正的內在價值，因為只有德才具有內在價值。

在這裏，我必須補充一點。我說福在德中的存有論的轉向，表示在道德行為中即此即存在著幸福，對於這幸福，我用「歡愉充實」來說。這基本上是精神性的、意志性的涵義，也不排除與經驗現實的連繫。一個群體，如懷德海（A. N. Whitehead）所說的結聚（nexus）或社會（society），總是歡迎有德行、操守的人加入他們的生活圈子中。這新的生活圈子，又可以提供這樣的人實踐道德，而使圈子內的人受益，他自己也融入這圈子中，因而更覺歡愉充實。有德的人與社會的關係是互動的，互動越強，歡愉充實感便越飽滿。

六、對於禍福及其關係的
現象學的詮釋

對於本章的核心問題，我在醫院一個多月，總是念之繫之：一個人理性地、善良地生活，最後仍不免遭橫禍，甚至橫死。橫禍已成事實，我們應該如何對待它呢？我們應該以甚麼樣的心情去等待將會來臨的這樣的橫禍呢？對於這個問題倘若不能妥善解決，人在理性上、道德上的一切努力，從效果一面言，可以變得毫無意義（毫無作用）。倘若是這樣，則人是否還應該理性地、善良地去做人呢？這的確是一個非常頭痛的問題。就儒家來說，不管結果如何，人還是要理性地、善良地做人。董仲舒的「正其義不謀其利，明其道不計其功」充分地表達出這個訊息。他們以為，理性地、善良地做人本身便是價值，效果如何，是次要的。孔子所謂「知其不可而為之」，也有這個意思。佛教則提出業報來說：前生積下惡業，今生承受惡報。這種解釋推到前生，有規避現實問題之嫌，不可接受，也不值得討論。儒家的說法，有一定的道理。人「只問耕耘，不問收穫」的生活態度，就內在價值（intrinsic value）來說，的確可以成立。

儒家一向都強調良心、良知的重要性，特別是在做事的動機方面。我們做任何事情，都要對得住良知，問心無愧，過得良心這一關。就我在上面所提的問題來說，儒者大體上都會作這樣的回應：我們做任何事情都要以良心（道德良心）出發，要發自道德的動機。至於結果如何，那是第二序的（secondary）。這樣的思維與西方的康德所提的「善的意志」（gute Wille）基本上是同調的。但這個問題很

複雜，因為這不單是個人的事，也涉及其他人，特別是當事人的家
屬。一個人理性地做善事、或乾脆說很理性地生活做事，可以單純
地從良心、善意出發，以道德理性為依歸。這沒有問題。但是，倘
若他有家人，而且他自己是家庭的經濟的支柱，他理性地行善，就
他自己來說，可以不計較結果、報酬，但他的家人是等著他賺錢來
開飯的，他不計較報酬，這會讓家人捱餓，他的內心也會有不安的
感受，覺得對不起家人。一個人賺錢養家，是天經地義的事，無可
諍議。賺錢養家是很普遍的事。在這種處境中，一個人倘若只問耕
耘，不問收穫地去做事，讓家人捱餓受苦，這其實可以說是不道德
的、悖離理性的。因此，我在上面提出的問題是挺重要的，非要認
真處理不可。

　　這個問題，倘若以較寬鬆的角度來看，是一種德與福的關係問
題。在這裏，德概括理性、善良與道德的內涵。即是，在我們的日
常生活中，德並不必然保證福；在某些情況，德反而會帶來禍。這
樣，我們是不是仍要以德或道德的原則去做人和做事呢？

　　對於這個問題，我想作以下的分析。第一，理性與道德是應然
的問題，展示價值的指向。凡是應然的事，本身都有其獨立的領
域，它的價值存在於它自身之中，不必亦不應由在它之外的別的東
西來決定。我們過理性的、道德的生活，作出理性的、道德的行
為，本身應已具有某種意義的福了。

　　第二，這樣的福，基調是精神意義的，是不充分的、不實在
的。理性與道德的行為不能當飯吃，解決我們的饑餓問題。我們是
生活於時間與空間之中，雙腳踏著大地過日子的。我們是如此生活
的，我們的家人、朋友也是如此生活的。一切理性的、道德的行為

都必須透過我們的身體表現出來，而我們的身體的表現、動作，正是在時、空之下，腳踏著大地才是可能的。在這個意義下，便顯出我們的身體、行為一類事物的重要性。即是，理性與道德的涵義是抽象的，它需藉著我們的身體的行為表現出來。而身體是具體的，它只能在時、空的形式與經驗的環境中表現出來。要實現理性與道德的價值，非要透過具體的身體與經驗的環境不可。身體需要物質營養來滋潤，光講精神是不夠的。

第三，由上面兩點說下來，超越的價值的實現非常重要，這涵意正遙契海德格（M. Heidegger）所說「實在的本質是呈顯」這一洞見。一切價值，若不能展現於時、空下的經驗世界之中，都顯得虛脫，缺乏真實性。理性與道德也是一樣，光是從理論、觀念一面說它的涵義是貧弱的。它若不能在時、空與經驗的環境中，包括我們的身體，實現出來，從實效一面來說，便形同虛設，說了等於沒說。

第四，由上面的陳述可見，理性與道德雖有其自身的內在價值，但必須要能在現實的經驗生活中表現出來，其價值才能臻於圓滿，才能是既「真」且「實」。倘若理性與道德不能實現，只能出現於純思想與理論之中，則勢必成為像柏拉圖（Plato）所說的理型（Idea）一類東西，供世人欽羨，不能成為世人的體驗（Erlebnis）對象，不能在世人的日常生活中發揮其光耀的影響力。

第五，理性與道德若無實現的基礎與可能性，則只能具有意義層面的福，不能成為現實生活中的福（happiness）。這福不應是理論性的倫理學或道德哲學的觀念，而應是一存有論的與工夫論的觀念。它可透過生活實踐而成為存在世界的內涵或一分子。

　　基於以上幾點分析，我模仿柏格森（H. Bergson）把宗教與道德分成開放的與封閉的兩種類型的做法，把理性與道德分成包涵著福的理性與道德與不包涵著福的理性與道德，前者是盈滿的理性與道德，後者是空乏的理性與道德。由後者到前者，包含一存有論的省思與工夫論的實修實證的歷程。所謂存有論的省思，是在存有論上把福一觀念注入理性與道德之中，以建立一必然地包含福在內的理性與道德觀念。也就是說，在真正的理性與道德（authentic reason and morality）之中，必然有福存在著。福成為鎖定或界定真正的理性與道德的不可或缺的存在要素。所謂工夫論的實修實證，不是在概念上把理性與道德作為空乏的概念建立起來，而是在對理性與道德的實踐中，存在地、主體性地（existentially and subjectively）、質體性地（entitatively，此「質體性地」是正面的、好的字眼，不是場有哲學的那種有滯礙性格的不好的字眼）與理性與道德密實地關連起來，使福成為在對理性與道德的實踐生活中必然具足的、活現的內容。

　　因此，在不包含著福在內的理性與道德與包含著福在內的理性與道德之間有一個發展歷程，這亦是一個創生的歷程。這是福的創生歷程。所謂福，我們可分成兩種：物理性的與精神性的。前者如金錢、名貴飾物、豪宅、轎車，等等。後者如性格的涵養、心靈空間的拓展、對宇宙與人生的深刻洞見、對前景的信心、對病痛、死亡的超越、對他人的忍讓與容受，等等。對於物理性的創生，意志很難用力，因為有很多外在的條件，我們無法把握與操控。例如賺錢，除了需要有賺錢的決心外，還要看周圍的環境，與所涉及的人的關係，等等。精神性的創生，對於有些人（如現實感強、缺乏向上的鬥志的人）來說，並不容易。不過，它基本上可以透過意志的培養

來達致,在主體方面較有把握,不需要多方面依賴外緣條件。我們所特別重視的福,是這一種。但這並不表示我們可以完全不需要物理性的福。人總要有健康的身體,有飯吃,有衣服穿,有房屋住,有汽車代步這些基本的生活需求等,才能談意志的培養。不過,就目的與手段來說,精神性的福應是目的,它有終極性;物理性的福應是手段,缺乏終極性。

現在我們集中看禍的問題:禍如何轉成福;這包含物理性的福與精神性的福。這點非常重要,因它直接關連著我們在開首提到的問題:人即使很理性地、善良地生活,但也逃不過禍的命運:橫禍或橫死,那我們應如何處理這樣的禍,又應以甚麼心情去面對將來隨時會來臨的禍呢?在這裏我想先提兩點:一、理性的與道德的或善良的生活自身有其內在的、獨立的價值,我們不應隨便廢去。我們不應因這樣的生活帶來橫禍而否定它。實際上,我們理性地、善良地生活會帶來橫禍只是這兩件事情碰巧連在一起而已(理性地、善良地生活發生在先,橫禍發生在後),它們之間並沒有必然的因果關係。我們不應視理性的、善良的生活是原因,橫禍是結果。我們只能說,即使我們很小心地,理性地和善良地生活,有時不能帶來好的(包括物理上的和精神上的)結果,甚至不能免於橫禍。我再強調這點:即使我們很理性地、善良地生活,在某些情況下,我們不單不能有福祉,反而會有橫禍到來。我們無論如何也不能在理性的、善良的生活與橫禍之間建立因果關連,不能以前者為因,以後為果。因此,我們實在沒有理據以理性的、善良的生活會引來橫禍,因而有廢棄、否定這種生活和這種想法。因此,不管後續的事對我們來說是禍是福,我們也不能隨便否定、棄掉這種生活。相反地,我們

應該尊重、支持和維持這種生活，因它具有自身的內在價值。

二、即使我們理性地、善良地生活，也逃避不過橫禍，橫禍仍是隨著這種生活而來，我們雖不能說這種生活帶來橫禍，不能說兩者之間有因果關係，但我們應承認和接受橫禍是事實，它已經來了，我們必須勇於面對它，用恰當的方式來處理它。以任何藉口來逃避是沒有用的。橫禍已經來了，而且駕臨到你的身上（如車禍把我的雙腿撞傷，讓我不能走路），你除了接受外，別無其他的選擇。接受了，便需要儘快處理，不能拖延下去，不能讓橫禍對自己引生更大的傷害。在處理橫禍這一點上，我們倒有多種選擇。接受外科或其他治療是一定的了，這基本上是醫生的事，我們所能做的不多。但在心理上、精神上我們應如何面對橫禍，卻可以是人人不同。這要視乎當事者的心性涵養、面對困難所累積而得的經驗，甚至他的信仰與人生觀而定。我在這裏特別著眼的，正是這方面的問題。

由上面所提的兩點，我們可以作這樣的省察或考量。我們理性地、善良地依道德的導向來生活並沒有錯，我們可以放心去做。但我們也要明白，即使這樣做，也不能保證一定能獲致福報，特別是上述的那種物理性格的福；我們也不能保證禍事一定不會降臨到自己身上。禍的出現，涉及很多因素，其中很有我們無法預知或操控的。我們可以說自己不幸、倒霉，或運氣不好；但不應怪罪於理性的、善良的生活，甚至放棄這種生活。當我們真正地在經驗的生活中表現出理性與善良情操，但仍不能得免於禍，我們應該還有解決的途徑。這途徑的主脈是轉禍為福，這主要是就生存意志的堅持與心靈境界的提升說。很明顯，這是精神意義的轉化。在物理方面的轉化或改良，我們所能做的東西並不多，也可以說是非常有限。

　　我在上面提過，在沒有福的情況下轉出福，是一種創生的歷程，我又隱約地提過，真正的理性與道德，需要在存有論上包含著福才成。這是非常關鍵之點，非要認真探索不可。首先，在佛教特別是唯識學中有轉依（āśraya）或轉識成智的說法，天台智顗也提到要轉無明為法性，達摩（Bodhidharma）在其小著《二入四行》中也強調「捨妄歸真」。道家莊子教人「坐忘」、「心齋」的實踐，要人止息識知心的作用，而展示靈台明覺。婆羅門教要人摒棄心靈上的染污，回歸向清淨的梵，達到「梵我一如」（Tat tvam asi）的境界。儒家孔子提出「克己復禮」以踐履仁的德性，都有轉依的意味，我在這裏提出的由禍轉出福來，也是轉依的意味。

　　首先，對於禍的來臨，一般人總會提出這樣的問題：自己依理性來生活，也心地善良，不要說殺人放火，就是欺騙他人以圖利的想法與做法都沒有，怎麼會有災禍、禍事落到自己身上來呢？這個問題的確讓人很困惑，內心憤憤不平，甚至會咆哮「天公沒有眼」。我的想法是，在這種情況下憤怒、咆哮是沒有用的，禍事已然發生，而且擺在眼前，自己無論如何做也逃避不了。我們除了承認與承受禍事外，再無其他選擇。下一步要做的，是如何恰當地處理禍事的問題。首先是堅持求生存的意志或鬥志。禍事可能來勢洶湧，排山倒海地向你猛撲過來，好像要把你捲入死亡的海底。在這種情況，你必須站穩腳跟，不讓自己倒下。倘若不幸倒下了，也要掙扎站起來。倘若倒下便放棄，便是精神崩潰，便是死亡。這種關頭，正是你自己逼顯求生存的意志或鬥志的緊要時刻。求生存是生物的本能，在生死關頭，它可以發揮極其殊勝的、巨大的力量。這是一種意志的力量，也可說是一種鬥志。鬥爭的對象，表面上好像

是凶殘的禍事，實質上是你自己：畏縮的你自己。人的自然生命的活動導向，是趨吉避凶，求生存。但這種活動導向有時會因禍事過於窮凶極惡而被卡住，讓人畏縮、放棄。你便必須與畏縮的自己爭持，以自己全部的生命力量與鬥志頂上去，不能因畏縮而倒下，倒下站不起來，你便垮硬了。

在這樣的險惡關頭，人往往會感到孤獨、軟弱、無奈與無助，覺得光靠自力是不足夠的。同時，人在精神上也會感到渙散，左想不成，右想也不成，意念總是向外揮發，集中不起來。在這種情況下，我們不防依仗他力的幫助，讓自己得到扶持，同時也把自己的意念集中起來，讓自己的精神集中起來，不要在雜念的生命中消耗精神力量。求助於他力可以有很多種有效的方式，包括祈禱與念佛。我自己常常選擇的是後者，不停地念誦「南無觀世音菩薩」的名號，把自己全部的生命力量交付與她，希望慈悲的她聞聲而起悲願，助我一臂。這不意味著投降、放棄，也不表示軟弱。一個人在患難之中，總是希望遇到同伴或助力，以消減自己的痛苦。在三千大千世界之中，有那麼多的佛、菩薩、上帝，甚至大仙（黃大仙），他們都是慈愛的化身，是救苦救難的，為甚麼不向他們求助呢？人的生命存在是有限的，苦痛則是無限的，有限的生命抵受不住無限的苦痛的壓力，因而求助於有無限慈悲與愛的佛、菩薩與上帝，有何不可呢？在這一點上，只要出之以虔敬的心念便成。

熬過生存這一關後，便可以談禍事或苦難的處理了。在這裏，我要先提出非常重要的一點，這點我在他處也涉及過。我們對某一事物的看法，可以從兩個導向或面相來說。一是看它的生成、結構與變化。這是對事物的客觀的描述，我們可以事物為對象，建立知

識論與宇宙論。二是我們的主體對事物的存在、關係與活動方面的評估，由此可建立對事物的價值論（axiology）。在這種評估中，事物的意義（Sinn, Bedeutung）也被確定下來。這種意義牽涉到主體的行為與價值取向；但在一定的程度中也要遵從客觀的律則，因此有它的普遍性格。以下我們即集中討論事物的這種意義問題。

　　在胡塞爾（E. Husserl）的現象學來說，事物是由意識（Bewuβtsein）所構架的。意識有意向性（Intentionalität），意向性指向一個意向對象，這意向對象是意識通過意向性的作用，把意義傳達出去，而建構出來的，這對象便是意向的所指，它的來源是意識。我對於這種說法持保留態度。事物是具體的、立體的，意識即使作為一種純粹活動（reine Aktivität）來說，也不能免於抽象性。抽象的意識如何能衍生出具體的、立體的、有形有象的事物呢？此中需要一種宇宙論的推演（Deduktion）才成。胡塞爾沒有解決這個問題，也沒有交代這個問題。我在拙著《純粹力動現象學》（台北：台灣商務印書館，2005）中，以抽象的純粹力動凝聚、下墮、分化，最後詐現出種種現象或事物。詐現（pratibhāsa）這個字眼出自梵文佛典，表示事物宛然呈現，好像有某種事物出現，但不能確定它是實實在在的有，只作虛詐的呈現而已。即是說，它沒有實質的（substantial）、質體的（entitative）存在性，卻在我們的感官面前作虛假的呈現。一切具體的、立體的性格，都在這虛假的呈現或詐現中得到交代。事物的具體性、立體性，都是詐現性格，是不實在的。胡塞爾這樣解讀意義，可以讓人得到一點啟示：所謂意義，或事物的意義，並沒有一種客觀不變的定準，讓人非要如是如是理解不可。意義是由意識所給予的，因此附屬於意識。因而意義的所指，

也是由意識決定的。意識不但給出意義，而且可以創造意義的「意義」，當然這種創造不是任意的創造，而是要依據一定的理法。關於這點，由於涉及較深微的問題，在這裏不能詳予闡釋，希望日後有機會補上。

關於意識能創造意義的「意義」，是關鍵點。我在這裏不依胡塞爾所提的意識字眼，而說為心靈，意味是一樣的。我也要把意義字眼，以較具體的事物字眼來代替。這樣，我們便可以說，心靈能創造事物的意義。這當然是觀念論的立場，以心靈對於事物在存有論上具有跨越性、先在性。

就我在中央研究院內很冷靜地、理性地走路，卻被汽車撞傷，而且傷得那麼厲害，要接受五次手術，而第二次手術又做得那麼複雜，要我承受那樣巨大的痛苦，是完全荒謬的，毫無道理的。對於這樣巨大的痛苦的承受，更是完全不值得的。即是說，「我承受巨大痛苦」這一事物或事件，是完全不值得的。因一個魯莽駕駛的渾蛋而受苦，是完全沒有意義的。倘若直接就這件事來說，或直接關連著這件事（魯莽駕駛而被撞倒受重傷）來說，我的受苦的確是完全沒有意義。不過，倘若我把受苦的事和作為它的直接原因的魯莽駕駛而撞傷的事分割開來，而把受苦這一事件作為一獨立的事件看，而把這受苦事件的意義作另外的處理，由心靈賦予它新的意義，情況便會大大不同。經過這樣的意義上的創造性的處理，我的受苦可以從完全是新的角度看，可以具有創發的意義。

即是說，我的受苦，可以視為為先父、母而受苦，把受苦而積得的功德（guṇa），回向他們。我的受苦，也可以視為為已經逝去的老師而進行的，甚至為一些受苦的人而進行的，讓他們的痛苦可

以減輕。我的受苦，也可以視為為一切未受苦的人而進行的，我承受了他們將會遭遇到的苦痛，因此他們能得免於受苦。印度聖雄（Mahātma）甘地（Gandhi）為了解放自己的同胞，為了印度的獨立，而絕食受苦，結果觸動了印度人的愛國神經，也透過國際輿論，逼使英國放棄印度，讓它獨立。甘地以救國、救民族的大勇而絕食受苦，意義非常深遠，也鼓舞了無量數在異族的枷鎖統治下的人民，促發他們的自救、救民的行動。甘地事件的意義，表示上看是政治性格，骨子裏其實涉及宗教的、救贖的轉向（religious, soteriological turn）問題。

我的受苦，是不是也可以這樣看呢？我認為可以，而且意義既深且廣。在基督教與佛教，也有信徒代病人祈禱和念經（如《般若波羅密多心經》（Prajñāpāramitā-hṛdaya-sūtra））的事，希望病人得到上帝和佛陀的祝福與加持，早日康復。我也可以視自己的受苦受難為減輕正在受苦受難的眾生的苦痛的一種行為，讓他們能轉危為安、轉迷為悟。這便有一種轉化的轉向（transformational turn）的意義。此中的關鍵點，自然是我自己的誠意。我相信自己的確有這樣的誠意。普渡眾生，是一切宗教的頭等大事，非常莊嚴高潔，怎能出之以輕率、逢場作興的態度呢？

我在上面提過，由不包含著福在內的理性與道德轉而為包含著福在內的理性與道德，是一種創造性活動，特別是心靈方面的創造性活動。上面剛討論過的宗教的、救贖與轉化的轉向，可以說是表現這種心靈上的創造性的好例子。關於這點，本來還有很多方面可以說，不過，我不想扯得太遠，只舉出這個例子便夠了。

七、對於理性的荒謬性的對治

　　由我自己的不幸的遭遇和思索，我提出理性的荒謬性這個問題。即是，我在清靜的中央研究院院內小心地、理性地行路，儘管院內有車速的限制（每小時不得超越二十五公里），仍然會遇到橫禍，被汽車撞倒，致雙腿受重傷，不能走路，接受了五次手術，痛苦異常，康復的情況如何，還有待觀察。這種遭遇，我把它稱為「理性中的荒謬性」，或生命中的非理性的荒謬性。對於生命中的這種不受歡迎但又光臨到你身上的東西，我一時不知如何應付。對於由這荒謬性所帶來的痛苦，我可本著自己建立的苦痛現象學來應付。但這荒謬性的存在，從根本上逆反了理性生命、理性生活對人生幸福方面的保證。理性與幸福並無必然的關係。即使你理性地生活，災禍仍然隨時會來臨。對於這一點，我思索良久，一直想不出積極有效的態度或方法去面對，只是需要接受和忍受而已。

　　由於這生命的荒謬性，我們顯然要面對這種現實，把理性與幸福分開：理性並不必然帶來幸福。倘若是這樣，我們是不是還需要理性、尊重理性呢？這是一個大問題。依京都哲學的看法，理性與荒謬性可成一個背反（Antinomie），理性存有論地便涵有荒謬性，兩者不能分開。即是，我們不能把這背反分解、分開，只選取理性，而揚棄荒謬性。而是要超越、克服這理性與荒謬性所成的背反。但到底要如何超越、克服，在工夫論上如何切實下手呢？久松真一好像討論過這個問題，但欠缺說服力。我在這裏也不擬多提。

　　我的想法是，我們必須接受理性存有論地便具有荒謬性在內這一種生命的現實。這接受或承受並不表示甚麼也不做，只是消極地

讓命運隨意擺佈自己，讓自己隨順著命運的腳跟轉。命運歸命運，我們的意識、意志、主體性還是要堅持，要挺立。這是我們的身份認同，沒有了它，我們的生命存在便不能說。

生命的荒謬性在存有論上是一個事實，誰也逃不了。但在價值論上、工夫論上，它是要被對治的，而且要永遠地被對治，因為它沒有完全止息的一日。一個荒謬性的事例消失了，另一個荒謬性的事例會隨時出現，我們必須先承認、接受這點，不管你對它是如何的抗拒。現實便是這樣，除非你不想活下去，要自殺了斷。我們畢竟不是上帝，要以雙足踏著大地來生活的。生命的荒謬性隨時會在大地上出現。它好像是一個幽靈，總是把你糾纏著。它暴躁咆哮時，會讓你受盡折磨與苦痛。它靜斂下來時，你便可以暫時歇息，培養自己的元氣。

對於在生命的荒謬性中的直接肇事者（例如車禍中的冒失的、狡詐的駕駛人）我們可以依現有的法律條例來處置。這不是我要思索的問題點。我要思索的是，對於生命的荒謬性所帶來的巨大苦痛與不便（包括以後的不便），我們應該如何去面對？如何去克服？此中的關要之點是，這苦痛與不便是一個現實，你我都逃不了。但它與我們在責任上沒有任何關連，即是，這不是我們因為一些過失而招惹來的，我們不必對它負上任何責任。上面提過，我可以苦痛現象學來應付任何苦痛。但生命的荒謬性或理性的荒謬性所帶來的苦痛，跟我們一點責任上的連繫都沒有，但最後我們卻成了它的承受者。最讓人喪氣的是，在承受這種苦痛中，感到一點意義都沒有（我作為被害人，的確有這種感覺）。這對我們來說，不止是苦痛，而且是巨大的冤屈。耶穌道成肉身，來到世間受苦受難，最後被釘死於十字

架上。但他能以寶血來清洗世人的罪業，在人間建立天國，他的鮮血沒有白流。他沒有冤屈，他的志業反而有重大的意義。在我的情況，則完全不同。對於這種苦痛與冤屈的承受，是完全沒有意義的。我們應如何把這苦痛特別是冤屈擺平，不讓它燃燒自己的身心，致不能如常地、心平氣和地過日子，的確是一個挺重要的生命存在的問題。

這裏涉及一種非常深微的心性涵養或精神開拓的問題。首先，苦痛雖不是自招的，但它是一個事實，你必須承認與接受（即使不是坦然接受，而是像吃鐵饅頭般接受）。承認與接受這事實，是 imperative 的，你別無其他選擇。不成功便成仁。你若起矜持、遲疑，堅決不承認、不接受，那便會更糟，你會垮下來的。你若不甘心，堅決與苦痛對抗、對著幹，則後者會對你形成一種張力（tension），讓你倍加痛苦、難受。但承認與接受並不是投降主義，不是消極放棄。

在這種情況，我們不能只從道德責任的角度來看問題。這種荒謬性是生命的弔詭，以道德理性來處理這個問題，是不成的。我也不認同京都哲學家的看法，以（道德）理性與生命的荒謬性為一背反，而以超越（transcend）、克服（overcome）這背反作為解決的途徑。荒謬性既是存有論地內在於生命之中，便是與生俱來，與生命相俱。即是，它會恆常地糾纏著生命；除非生命了結，它才會了結。倘若從輪迴的觀點看，則生命無了結之時，除非能成正覺，從輪迴中解放開來。如何能超越它，克服它呢？在這點上，京都哲學家過於樂觀，過於理想主義。它既然存有論地成為生命的一部分，我們便不能硬把它除掉，把它消滅，而只能承認它、接受它、包容

它、安撫它、最後把它點化、轉化。這種思維方式與實踐方法的理據在於，任何事物，只要是生滅法，不具有常住不變的自性（svabhāva）、實體（dravya），便有變化、轉化的可能。人生的這種荒謬性雖與生命相俱，顯沒無常，但它畢竟是生滅法，因而是可以改變的、轉化的。不過，這需要極強的忍耐與極大的勇氣，也要有恰當的、有效的方法或策略（strategy）來配合。

我要特別提出，在這個問題上，忍耐尤其重要。忍耐可以讓人磨煉意志，培養元氣，也爭取時間。特別是後一點，一切生滅法都離不開時間性，都受時間牽制。今天應付不了的事，可以等明天來應付，或再等後天來應付。對於忍耐，我在寫這篇文字時的處境，是一個很好的例子或樣板，這實是鍛鍊自己在這方面的涵養的絕好機緣。我在醫院中接受手術，養病，等待康復，有四十多天了。每天的生活節目，包括吃飯、睡覺、大小便、淨身、與探訪的朋友閒聊，以至寫這篇東西的前部，都在臥牀中度過。護士小姐每天定時替我驗血糖、量體溫、血壓和脈搏，已經讓我麻木了。我只能等候：先是等候出院，等候康復，看甚麼時候可以走路。看來還需等待一段相當長的日子。在這種處境，你怎能忍耐呢？有時可以平心靜氣地等待，有時只得硬忍，內心焦急不已。但焦急是沒有用的，它會增加張力，讓斷骨的部位更難癒合。我所能做的，的確只有忍耐，有時也寫些東西，看一些書，但只能在室內活動，出外複診，便需倚賴輪椅和助行器，我的忍耐三昧，大概也修得不很好，因我時常想，我目下的生活，就缺乏身體的活動來說，比坐牢還慘。

苦痛與冤屈都是非理性的結果，解決的方法則不同。我先說解決苦痛問題的方法。對於苦痛，不管是哪一種，我總是以為，包容

它是最好的解決方式。沒有人會喜歡苦痛，也不是人人都能包容苦痛。一般的人都持對抗態度，要把苦痛當作敵人去消滅掉。但苦痛無盡，你今天能憑堅強的意志與勇氣跟苦痛鬥爭，結果你成功了，把苦痛壓了下去，把它打垮了。但明天或往後可能有另外的苦痛來臨，你能每次都抗拒苦痛，把它打垮麼？人始終是肉身，是生命力領域，不是精神性格的上帝。生命力是有限的，它會被耗盡，會變成枯竭。總有一天你的生命力會用盡，不能再與苦痛爭持，而被它反壓過來，被它打垮，你便完了。苦痛無盡，生命力有盡，以有盡撼無盡，不是很不智麼？

　　對於苦痛，並不是一開始便能把它包容過來。那是不成的，苦痛不是那麼容易便對付得了。我們得先要承認它的存在性，接受它，看它的作用與流程（passage），把它的弱點找出來。苦痛是生滅法，它雖然常常是強勢而來，排山倒海而來，但不會總是這樣地唬嚇人的。它會變化，在它的流程中，總有較為軟弱的地方、處所。這裏有我們對付苦痛的契機。我們應多向這軟弱的處所用力，盡量讓這契機持續下來。這樣我們便具有對付苦痛的希望，看到解決苦痛問題的曙光。就我自己的膝蓋的問題來說，我在一次車禍中被嚴重地撞傷了膝蓋，腱帶斷掉，膝骨破裂，周圍軟組織壞死，需要進行多項手術。手術做完後當天晚上，麻醉藥散去，痛得死去活來，頗有意志撐持不下去，隨時會崩潰死去的危險的感覺，整個左膝像是一個不斷在燃燒的火球，不知痛發生在哪個位置。過了幾天，苦痛慢慢放緩，我也漸能感到膝蓋到底哪一些部分在發痛。這些部分正是醫生替我做手術的地方。我也漸能找到一個擺放腳部的位置和姿勢，讓苦痛不會太猛烈地刺激自己。這個位置和姿勢，便

是苦痛流程的弱點，也是我對待苦痛的契機。我便盡量保持這種位置和姿勢，讓自己不會感到太痛苦。

藉著這個位置和姿態，你便有了應付苦痛的本錢，可以與苦痛協商，和它周旋，和它討價還價，在心理上和它交個朋友，雖然這是很不受歡迎的朋友。最重要的是，不要把苦痛當作敵人看。在人生的旅程中，朋友越多越好，敵人越少越好。對待苦痛也是一樣，你不要刻意排斥它，更不要存有把它消滅而後快的念頭。我們應以王道方式對待苦痛，不要採取霸道。這樣，苦痛便不會對我們產生很強的張力。張力消減，痛苦的程度也會隨之消減。

在這種對付苦痛的過程中，第一，忍耐始終是最關鍵性的一點。人生需要忍耐，對付苦痛更需要忍耐。而苦痛也不限於身體上的，在心理上、精神上也可以說苦痛，例如屈辱與冤屈。苦痛不會說話，你要以另類方式和它溝通。最好的溝通方式，我想還是上述的抓著苦痛流程中的弱點和自己找到的契機。以這弱點為焦點和苦痛打交道，進一步熟悉它、理解它。另外一點是，我們要有苦痛隨時會來臨的心理準備。即使你剛解決了、解除了一種苦痛，也要具有下面會有另外的苦痛到來的心理準備。苦痛是生滅法，是無常的。這表示苦痛會隨時來臨，也會消失。特別是苦痛是可以改變、會消失這樣的認知，會給我們帶來解決苦痛問題的信心。

具備了上述的那些點，我們便可以談包容苦痛了，甚至是點化苦痛、轉化苦痛了。關於這點，我在拙著《苦痛現象學》中有詳盡解說。

至於冤屈的解決或消解，則稍不同於苦痛的處理，雖然冤屈也可以說是一種苦痛，但重點不同。冤屈與屈辱的意味比較相近，牽

涉到不平等的對待、誤會以至「扣帽子」的涵義，這些涵義讓當事人感到自己的人格、自尊，或人格尊嚴受到傷害；這基本上是心理上、精神上的問題，而不是身體上的問題。冤屈與屈辱之間也有些微不同，冤屈涉及某種誤會，讓當事人感到不舒服，覺得自己未有受到恰當的處理、對待。屈辱則比較嚴重，關連到當事人感到受侮辱，在道德操守上受到干擾、挑戰的意味。關於屈辱，我在這本書上面已有很多討論，現在我只聚焦在對冤屈一問題的處理方面。對於冤屈是需要申張的，把真相解明，不讓自己受到誤會，致名聲受損，和受到不恰當的對待。達摩禪的《二入四行》中提到報怨行或報怨的實踐，有「體怨進道」的說法，所謂「體怨」，是包容怨忿、冤屈的意味。一邊包容冤屈，一邊努力實踐，讓自己逐步趨近真理，這便是體怨進道。對於冤屈，我想只是包容是不夠的，是消極的做法。必須主動站出來把事情說清楚，不讓自己蒙不白之冤，才是正確的做法。

　　現在我想再回到上面提到的大問題：一個人即使很理性地生活與做人，但仍免不了災劫，那是人生的非理性的荒謬性所使然。對於這種荒謬性，我們應該如何應付呢？首先，我認為這種荒謬性其實是存有論地內藏於人的生命中的魔性，像阿部正雄的《非佛非魔》書中所說的魔那樣，它的表現、活動，是不依理性規則的。它也不內屬於理性，為理性所操控。在人的生命存在中，它的存在層面並不低於理性。在這種情況下，我們不必亦不應以理性的方式來應付它。但這並不表示我們不以理性來生活，不以理性來鎖定我們的生命方向。一個本來便不依遊戲規則來遊戲的人，我們怎能以遊戲規則來與它遊戲呢？

　　對於這樣的問題的解決，不能以直道，只能以曲道。即是說，我們不能認真地以理性來直接與非理性、魔性、荒謬性對壘。我們應讓自己屈曲一下，方便施設地以一些具有技術性、策略性的（strategic）方式來應付，哪怕這些方式是不合理性的。對於一個殺人魔王，一個暴君，你能直截了當地規勸他，批他的逆鱗嗎？他可能一下子便把你殺掉。在《封神演義》中兇殘的紂王殺賢相比干，是很顯明的例子。直截了當的方式解決不了問題。

　　以下論屈曲的方式。首先，我們要在心理上作一些涵養工夫。荒謬性、魔性在人生中、人性中（此人性不同於孟子的性善之性），人人本來便有的，並不是只有自己才有。不過，它發不發出來，便人人不同。在這一點上，沒有甚麼原因可說。它不在我們所能掌握、操控的能力之中，不在我們所能預知的能力的範圍之中。因此，荒謬性或魔性之出現在自己身上，只是一種偶然的、湊巧的事，不必視之為大禍來臨。這種惡魔即使今天不來，明天、後天或甚麼時候總會來。

　　第二，對於這種惡魔，我們常常沒有即時應付的能力，只是感到徬徨、無奈與無助而已。但這並不表示我們已被打垮，沒有希望了。我們其實有很多生命的資源可運用，如意志（鬥志）、思想、認知、隨機應變的能力，等等。不過，這種惡魔通常會來勢很兇，我們唯一能做而且應該做的，只有馴服（submission）而又不馴服而已。馴服並不是認輸投降，我們還未上戰場，還未與敵人過招，怎能輕易認輸、放棄呢？不過，我們也不要而且不應該與惡魔硬碰，這是很傷氣力的。我們應該站穩住腳，不與惡魔抗爭，暫時隨順它的指令，忍受它的折磨，卻在暗中窺探它的性格、長處、弱點，以

便稍後正面交鋒時盡量避開它的長處，找它的弱點處下手。這便是馴服中的不馴服。

第三，這也是最重要之點，便是忍耐。忍耐的目的，如上所述，是爭取時間，以恢復元氣，同時也可對當前的形勢作深層的判斷與思考。有一點是挺重要的：我們表面上所感到自己發出來的力量，並不是我們力量的全體。有很多持久而有效的力量，深藏於我們生命的隱蔽處，在通常的情況下，不會展露出來。這要在一些關鍵性的時刻，透過相應的契機，才會展現出來，發揮影響力。我們在忍耐之中，正好培養契機，讓這種力量在關鍵的時刻發揮作用。在這一點上，我們要有信心，不要低估自己。文天祥詩云：「時窮節乃現」，我們強大的生命力量，在「時窮」時便會爆發出來。

第四，在心理上，我們不要老是想著這惡魔只在對自己的侵擾。你越是這樣想，便會越覺得孤立，把自己與他人隔絕開來。你要把這件事（惡魔侵擾的事）推廣開去，推廣到群體的眾人方面去，明瞭惡魔不單侵擾自己，同時也侵擾他人。這樣，你便能把自己與他人聯成一條統一戰線，知道自己並不是孤軍作戰的。一群人共同做著一件事，共同向一個目標進發，可以產生一種群體的心理效應，這會大大增強自己應付惡魔的膽量與力量（心理上的、精神上的力量）。

第五，惡魔既不是依日常的遊戲規則而活動，則我們對於它也不必拘束。我們不必談道德責任或道德理性問題。我們碰上它，只是運氣差一些而已。它不發生在我自己身上，也會發生在別人身上。它不在今天出現，也會在明天出現。對於這些事情，怎能一一推敲、研究呢？不過，道德理性可以不談，知識理性卻不能不談。

即是說，我們要運用自己的認知能力，對惡魔進行了解，愈了解得深與廣，便愈好。這樣才能解決問題。再有，惡魔既然是魔，自然有很大的殺傷力，不應等閒視之。它既是魔，我們亦可以魔道對待，不必機械地執著正道。只是記著魔道只是權宜之法，不是終極的目標便可。

八、餘下的思索

唐君毅先生在病中寫《病裏乾坤》。一個人在真正的病苦中，會痛得不知如何是好。你縮瑟在一角，呼天喊地，叫號父母，或求助於上帝、佛或菩薩，或乾脆叫救命，哪有心情寫甚麼乾坤呢？在這種狀態，乾坤（世界）便只是苦痛，它在燃燒你的身體的每一個角落、部位。你痛得昏昏沉沉，甚至不知或分不清自己是在生存，在死亡，或在純然的大苦大痛之中。唐先生在病中還能寫書，而且寫得那麼多，那麼快，他的病大概不是很嚴重的病，起碼不是很痛苦的病。

如上面提到，耶穌上十字架，為世人贖罪，他所受的苦痛，有無盡意義。我這次因車禍而受苦，完全是無妄之災，一點意義也沒有。想到這裏，我便憂悶到極點，精神總是提不起來。我真的體會到「喪氣」是甚麼滋味。人為了一個理想而奮鬥，生死相許，這點我能理解，也很敬佩。我也可以為一個宗教理想的實現而捨命忘軀，亦無悔意。但我以理性為主導，在最高級的學術研究機構的 campus 行走，卻為一個惡棍的非理性的駕車所撞倒，雙腿重傷，幾乎連性命也賠上。那惡棍竟撒下漫天謊言，說不是他的車撞我，

而是我撞他的車！我怎能甘心呢？我的心境一直像一個乾涸的潭，了無生氣。對於這個問題，我沉思良久，忽然悟到，一件事的意義，如我碰上車禍受苦，表面上是由客觀事件所決定，但意義（Sinn, Bedeutung）是不是完全由環境決定，而不受納人的意識、意志的不同的解讀方式呢？不同的解讀，可以決定同一事件的不同意義。我認為對於一樁事件，人是可以為它創造意義的。不是人隨著事件的腳跟轉，而是人可轉化事件，活現事件。若是這樣，我的車禍受苦便可有轉機。我可視自己的受苦為為一切在苦難中的人而受苦，因而減輕他們所受的苦，則我受一些苦又如何？這便是意義的現象學的轉向（phenomenological turn）了。在這裏，我們可以開拓一種新的現象學：意義現象學（Phänomenologie der Bedeutung）。這是一個新的課題，我們暫且擱下，希望以後有機會作深刻的探討。

第十二章　苦痛中的屈辱

　　我在寫這篇文字時，內心不免感到沉重與傷痛。因為要探討的問題，不單是苦痛，也不單是屈辱，而是兩者的結合：在苦痛中的屈辱。即是，人在苦痛中，已經難以忍受；在這種難受的心境中，還得面對種種的誣捏與屈辱。在這樣的事情之中，你如何自處，以找得一條生路呢？

　　在我自己的生命歷程中，也曾多次受到這樣的事情的困擾。我現在把其中特別讓自己刻骨銘心的事例說出來，內心會舒服些。這也符合弗洛伊德（S. Freud）的所謂自由聯想法的主旨。這種方法是弗氏的精神分析的基礎；這種做法也很簡單，只要把你的災難性的遭遇與難以承受的對待盡情地說出來，甚至大聲叫喊出來。這樣發洩過後，會有減壓的效果。

　　其中最突顯的事例，正是關連著我在中央研究院校園內遭遇到幾乎是致命的車禍。在這椿車禍的意外中，我首先體會到的是，你被人非法地駕車撞倒在地，雙腿受到重傷，他不認賬，賴得便賴，不但不跟你談和解賠償的事，還肆無忌憚地捏造事實，把責任推向你這方面，為自己開脫。結果你要束奔西走（其實是要託朋友或親人東奔西走，你的雙腿受到重傷，根本不能動），向警察局提供口供，接受醫院所安排的手術，花錢請律師向法院呈刑事或民事狀紙，控告肇事

的對方，甚至要提出一筆數額不小的擔保金，向法院申請執行假扣押，扣住對方的物業，不讓他把它賣掉，然後逃去無踪。這些事情，你可能要搞上大半年，弄至身心俱疲，還是沒有結果，案子還是沒完沒了。在這段時間，對方可以一些事情也不用做，如常上班，天天在辦公室喝咖啡。有時還得到上司的包庇，好像甚麼事情都沒有發生那樣。

最要命的是，由於車禍發生的場合，沒有第三目擊證人在場，肇事者可以胡亂說話，推卸責任，以保護自己，甚至炮製事端，以白為黑，以黑為白，混淆是非黑白，把這件案子拖延下去，讓受害人花錢找醫院療傷，承受巨大痛苦之餘，還受到誣告、屈辱。即是說，肇事者被傳召到法庭回答問題，講述當天發生的事。雖然交通裁判所已在裁判書上寫上肇事者駕駛「疏忽」的字眼，由於這裁判書不具有法律效力，只供法院參考而已。肇事者竟然瞪著眼睛瞎說話，說車禍發生的原因，不是他的客車超速左轉，把我撞倒在地，卻是我撞向他的客車，自己倒地受傷，然後把雙腿伸進他車底，云云。這不啻把我說成是白痴、「人頭豬腦」，看見牆壁是用磚頭砌成的，還是猛地把頭撞過去，致頭破血流。肇事者這樣做，與台灣的交通規例賤視人命有直接關連。在一場交通意外中，你即使在眾目睽睽下把行人撞倒，致成為植物人，或竟死掉，罪名成立，也只需賠償一千多萬台幣而已。我的情狀，只是傷手斷腿而已，肇事者顯然不當作一回事看。反正台北市的交通混亂，是出了名的，每天不知有多少宗交通意外發生。據調查，二〇〇六年台灣因交通意外而死亡的，便有超過五千人，輕重傷者更不計其數。法官審理這些案子，忙個不了，難以細心處理。肇事人抓著這個弱點，扯謊瞎

說，根本不當作是甚麼一回事。

　　但傷是在我的雙腿中，在醫院中捱過兩次繁複的手術，痛得很，在醫院療傷的四十多天，天天都要在床上渡過，苦不堪言。遺憾的是，那兩次手術都做得不很好，需要回香港找較好的骨科醫生跟進，也不免要再接受手術，還要忍受肇事人在法庭上作的謊話瘋言，這樣的屈辱，簡直是痛上加痛（前一「痛」是身體上的痛苦，後一「痛」是心靈上的痛苦），叫我怎樣承受這雙重痛苦呢？

　　在療傷的最初一段時期，我的確不知所措，方寸大亂，由香港來中研院發展的計劃瀕臨瓦解，根本不知如何應付才好。想來想去都是那些負面的東西，甚至擔心今後會否變成殘廢，不能走路？不能參加國際的學術會議？妻子則由於要照顧我，整天忙個不了。她自己的健康狀態本來便不好，為了這件事，最後也病倒了。過了一段時間，我開始冷靜下來，心想不能這樣，自己的確在身體方面有很多病痛，但腦袋沒有問題，而且好像比以前更精鍊，更成熟，應該可以做點思想性的事，不能整日呆在床上自怨自艾。病痛固然令人擔憂、煩惱，但病痛是沒有常住不變的自性、實體的（佛教在這方面說得最多，也強調得最力），而是可以改變的、被治療的，以至被治癒的。你今天不好，明天可以好些，後天會更好，希望總是在前面向你招手。古賢有「生於憂患，死於安樂」的說法，佛教也有「煩惱即菩提，生死即涅槃」的說法，這些說法都不是拿來講的、安慰人的，而是拿來實踐的。自己目下的狀況，不正是要嘗試實踐這些說法的好契機麼？這樣想著想著，內心的鬥志不期然地冒起來了，燃燒起來了。當時我認為當務之急，是要把心力、精神集中起來，不胡思亂想消極的事，卻是要做些積極的、有建設的事。以我當時

的狀態，最應該做和能做的，便是讀書和寫書，即是，做學術研
究。而且要挑那些難讀的書來看，精神才會集中起來，不會分散開
去。容易懂的書不能有這樣的效果，它會讓你還有胡思亂想的空
間。我是弄哲學的，甚麼哲學的書最難懂呢？當時我想，康德（I.
Kant）的書不算難懂，胡塞爾（E. Husserl）的書也可以應付，海德格
（M. Heidegger）與葛達瑪（H.-G. Gadamer）的書也難不倒我。最難懂的
哲學，應該是懷德海（A. N. Whitehead）的機體哲學，特別是他的論
形而上學特別是宇宙論的鉅著《歷程與實在》（*Process and
Reality*）。我這樣決定了，便找懷德海的書來看，第一本便是《歷
程與實在》。我很費勁地看，而且在重要的地方做了札記，表示自
己的理解與回應。過了一段日子，好歹把這部書捱過了，便找他的
另外的重要的書來看，例如《觀念的冒險》（*Adventures of Ideas*）和
《自然的概念》（*Concept of Nature*）。都看了，再拿其他的作品來
看，包括他論宗教問題的《宗教的形成》（*Religion in the Making*）。
像看第一本《歷程與實在》那樣，我每看一本書，便隨即做了札
記，作出自己的回應。我的回應，基本上是就自己近年提出的純粹
力動現象學的哲學體系而作出的。書看得差不多了，便開始寫書。
我一方面寫懷氏的機體哲學，一方面以自己的力動現象學或力動論
作回應。最後完成一本對話性質的學術性的專著，題為《機體與力
動：懷德海哲學研究與對話》。我把這書稿寄交台灣商務印書館，
供他們審查，看看是否有印行出版的價值，他們很快便有正面的、
積極的回應，這本書的出版，便這樣決定了。

我研究完懷德海的哲學後，對懷氏的具有美學情調的創發性思
想，有進一步的理解。在這中間用功的一段日子（大約有半年至八個

月），我沒有白過，只是如常生活，如常看醫生覆診，如常接受檢查。漸漸地，我已把這些節目視為自己生活的一部分。特別是，我自車禍以來，一直都不能獨立地走路，有杖子（stick）也不成，我需要靠四腳的助行架（walker）來助行，只能在室內慢慢地行，不能到外面去。直到現在，我還是要待在家中，不能外出。若要往醫院或診所覆診檢查，便要靠計程車，有時還要帶備輪椅。這樣走路與外出，初時的確不習慣，甚至有抗拒心理。由於我的思維仍然清醒、清晰，對人生的問題，好像能看得更深，更遠，對於音樂（西方古典音樂）有更親切的感受，更能夠融入它所傳達的諧和的境界中去。精神生活不但沒有萎縮，反而更為充實。我時常對自己說，不要灰心，不要失去信心，要向前憧憬，不要往後緬懷；今天行動不方便，但情況會有改善，一年半載之後，當我復原，又是一條好漢了。以《易經》的辭彙來說，我現在是「潛龍勿用」，將來還是可以「飛龍在天」的。

　　更值得一提的是，在我在醫院養病期間，很多中研院文哲所的同事、朋友和外邊的朋友來看我，給我安慰，替我解悶。其中有好一些是從未謀面的。有一些學生更坐飛機由香港來看我。最讓我感動和難以忘記的是一對青年男女特別從老遠的中部趕來台北，帶來了一束鮮花來看我，他們是我在香港浸會大學教書時的一個學生的網上認識的朋友，聽到學生說我在中研院罹車禍受傷，那位學生因有職務在身，不能來台看我，便二話沒說，即時買車票北上。他們的樣子很純樸，像是從農村來的；他們帶來的鮮花，對我來說，分外美麗與幽香。遺憾的是，他們離去時，連姓名和通訊地址電話也沒有留下。我在這裏，只能遙遠地表達自己對他們的感激與祝福。

　　回返到苦痛中的屈辱的問題。車禍發生已經超過八個月，我在這段時期嘗了很多苦楚，仍未聽聞肇事人和他所屬的分子生物研究所的上司的任何消息。這的確很令人感到驚異與失望。我和肇事人無怨無仇，你把我弄成這個樣子，還在法院內濫發謊言，製造事端，含血噴人，你到底講不講人性呢？他的上司也很奇怪，一直讓肇事人龜縮在一角，不催促他站出來面對車禍事件，承擔責任。我在一封致中研院李遠哲院長的信件中，曾以「涼血」字眼來說他們。他們全都受過高級教育，是博士、教授，在他們的研究領域內有卓越的成績，怎麼會在一般人際關係上表現得這樣差勁呢？怎麼會完全不履行上司的責任，監管自己的下屬呢？倘若他們能切身處地地想一下，車禍中的受害人不是我，而是他們自己，會有甚麼感受呢？一個科學家完全不能保證他的良知醒覺、道德操守，只表示他在自己的本行中具有豐富的知識而已。這良知醒覺、道德操守不應只是人文學科方面的問題，也應是科學家要注意、要培養的質素，倘若他們要做一個真正的人、具有人性的人的話。一個科學家倘若只會製造導彈、核子武器來保護自己，殘殺別人，又或把這些武器賣給別人以謀巨利，他會值得人們尊敬麼？

　　像上面所說的那種苦痛中的屈辱，的確很讓人沮喪、難受。我除了依循正途，委託律師行循法律訴訟來處理，以尋求這椿意外能有一合理的、公平的解決外，在個人的認識與感受上也作過一些反思。例如，我本來認為一個人明明做了某一件事，如穿過一件衣服，而事後又泰然自若地扯謊，說從來沒有做過這件事，沒有穿過這件衣服，是難以想像的。隨著人生經驗與閱歷的增長，我漸漸明白到，一個人為了保護自己，讓自己能從一些自己應負上責任的事

情中開脫，而扯出漫天謊言，是很常見而又自然的事，這是人性在某一方面的本然，大家都具有這種傾向的。倘若你認為這是大逆不道的事，背著道德理性的包袱來斥責當事人，在道理上來說，你這樣做是對的，是完全正確的；但在現實上，你這樣做，可能不單不能達致對你來說是合理的結果，反而會讓你激發起情緒上的波瀾，讓自己受到不必要的傷害。世間事情是不停在變化的，是活的，但道德觀與價值觀一旦被放置到原則的層面，則會變成僵化的、死的了。我們是生活在一個流變無常的環境（經驗的環境）中，若一往無前地堅持道德原則，不知變通，結果事情可能便呈僵硬的、膠結的狀態，問題得不到解決，反而為自己帶來很多不必要的困擾與煩惱。因此我認為，倘若原則方面未有受到出了位的、不可忍受的扭曲，某種程度的變通與讓步，還是可以接受的。在有關的那椿交通意外來說，肇事人和他的上司可能未能體會到我在肉體上與精神上所受到的重大傷害，因而認為不是那麼嚴重，扯謊也好，龜縮也好，在他們看來，並不是傷天害理的事。這當然是人性的負面的表現，是人性的汙點。但這是事實。在這種情況下，十個人中有九個都會選擇扯謊與龜縮來逃避責任，以保護自己；只有一個人會挺身而出，承擔責任，接受應有的懲罰。那你會怎樣做呢？是不是要堅持道德理性的大原則，所謂擇善固執，整天跟那些惡棍抗爭呢？看來也不一定值得這樣做。因為這樣可能會導致你的情緒過分地燃燒起來，終日想著這件喪氣的事，甚麼也不能做。

　　孔子說「以直報怨」，不說「以怨報怨」。這個「直」字很巧妙，有正直、正途的意味。在現代語彙與生活來說，以直報怨可解為通過法律訴訟的途徑來解決怨忿、怨恨的問題，後者也可包括屈

辱在內。有人或許會問：為甚麼不以怨報怨呢？這是不成的，冤冤相報何時了？這會造成無盡的仇怨或仇殺。「以直」是訴之於法律，倘若進行得順利，一審判決，便可了結整件事情。

　　達摩禪法有所謂「體怨進道」的說法，如上面所說，這怨可以指怨忿，也含有屈辱的意味。這種做法較孔子的以直報怨為困難，但境界較高。即是說，這有濃厚的轉化、救贖的意味。體怨即是當下體認、體驗以至包容、擁抱怨忿或屈辱；即在包含、擁抱屈辱之中，向真理邁進，縮窄自己與真理的差距，最後實現、體證真理。這種做法難度很高，但若能真正做到，便可使主體臻於絕對真理的境界，能把心靈懷抱敞開，不單能容納恩德，同時也能容納怨恨、屈辱，而當下點化、轉化怨恨、屈辱，而入於無恩無怨、無榮光無屈辱的絕對境界。或者說，克服了恩與怨、榮光與屈辱的二元對峙局面，超越這種二元性格的相對層面，而悟入絕對真理之中，與後者合而為一。

　　進一步說，我們可以對屈辱有不同的解讀，因而在理解屈辱的作用或效應上，也可以不同。由這點再進一步，我們可以對屈辱有不同的價值性的評價：有負價值的評價，也有正價值的評價。而在以正價值來評價屈辱時，若能同時進行屈辱的行動轉向（activating turn），則屈辱或屈辱感可以引生出有價義的行為，特別是具有轉化的、救贖的宗教性導向的行為，它的影響可以是非常巨大、非常深遠的。這點很重要。以下我即較具體地、詳盡地作闡釋與發揮。

　　所謂對屈辱有不同的解讀，是就意義與作用言。我舉一個例子。在秦、漢之交的名將韓信，以他的傑出的謀畧與靈活的調兵遣將技巧，幫助劉邦擊敗項羽，一統天下，開兩漢的隆盛局面，這是

很多人都知道的歷史事實。但韓信在未得到劉邦重用時，貧窮潦
倒，廣為人所賤視。一天他為人所凌辱，要在後者胯下穿過，他也
照著做。圍觀的人都恥笑他，說他不是人，而是狗。但韓信不這樣
想，認為是老天或命運對他的嚴酷的考驗。他通過這個考驗了，奠
定了他的忍辱負重的鬥志的基礎。憑著這一點，他成功地幫助劉邦
打敗項羽，得居齊王之位。

　　對於一個概念（如屈辱）的意義可有不同的解讀方式，胡塞爾
曾意識到。他在解釋「意義授予」（Sinngebung）一問題時，表示我
們的知覺（Wahrnehmung）是一個歷程，由某一知覺階段到另外一知
覺階段之間，原來的意義授予有它的效應。❶這效應不是封閉性格
的，它會連續不斷地顯現出新的事物，從已經穩固地「被提前授予
的意義」（vorgegebener Sinn）中展示出新的要素。他強調，在知覺
中，意義是不斷地變化更新的，不斷地調節自己。❷這種說法很有
意思，很有新意，有很強的啟發性。意義不是永遠固守著本來的位
置，不執著於既定的內容（意義內容），而是能不斷轉移，不斷發
展、變化，是一種有機的機制（organic mechanism）。意義的這種不固
定性（indetermination, indeterminability），給予有關的當事人一種作出主
體決定的空間，作為他所抉擇的行為、行動的觀念的理據。「屈
辱」對於韓信來說，正反映出這種具有詮釋學性格的解讀方式。這

---

❶　意義本來與意識有密切連繫，與知覺的關係則比較疏離。但胡塞爾認為知覺
　　與意識作用有極密切的關連，甚至把知覺看成是某種意識作用。因此，他在
　　知覺的歷程中說來自意識的的意義授予問題。

❷　E. Husserl, *Phänomenologie der Lebenswelt, Ausgewählte Texte II*, Stuttgart:
　　Philipp Reclam Jun, 1986, S. 74.

種解讀的方式不要求普遍性與必然性，它只提供給當事人多一種對
觀念的理解的參考，讓他在抉擇他的行動方面有更強的自信。

在這裏，我要作一點澄清。這裏說意義的不固定性的詮釋，是
在現象學的脈絡（phenomenological context）下提出的，不是在心理學
的脈絡（psychological context）下提出的。這與魯迅筆下的阿 Q 精神或
心態不同，又不同於德國現象學怪傑釋勒爾（M. Scheler）所提的人
依於妒恨（resentment）而對某些事情或意義作出出位的詮釋。這後
二者是心理學的意味。有關阿 Q 的故事，我們比較熟悉，故我不
想在這裏詳加交代。我只說一點；阿 Q 被人欺負，拳打腳踢，不
能還手，但在內心卻想著：兒子打父親，為了忍讓兒子，父親不還
手也不足為奇。這樣把自己比作父親，把打他的人比作兒子，父親
總比兒子為尊貴。這樣想著，便覺得還是佔了便宜，心安理得了。
這是在心理學上自己對自己隱瞞來安慰自己，為自己開脫。釋勒爾
的說法比較複雜。他在其《妒恨》（Ressentiment）一書中，提到某些
人先天上的無能性（impotence），被人欺凌，心生惱恨，要報復，但
由於別人強壯（physically，在身體上），自己脆弱，不能在現實上、在
經驗上報復，對人以牙還牙，只能在思想上、概念上做工夫，把正
常的價值觀來一個大顛倒，以強健為惡劣、為低下，以羸弱為優
秀、為高尚。即是，在自己的心理上製造一些價值評估上的假象，
以強健為負價值，以羸弱為正價值。這不啻是自我欺騙、自我愚
弄，完全談不上現象學意味。這正是釋勒爾自己所說的「價值的顛
覆」。

第十三章　關於人的尊嚴問題
與生死問題

　　一個人年紀大了，便會有很多疾病，接踵而來，要住進醫院，接受治療。病情較嚴重的，特別是危殆的，更要留在加護病房（深切治療部），由護士二十四小時看管，以防病情突然惡化，不能及時急救。在這種情況，鼻孔與口部要插喉插管，下身也要安上便管，來幫助病人呼吸、吸收水分與營養和排泄體內污穢或有毒的東西。這些安排都是免不了的。要這樣做，你的身體的全部，都得暴露在護士或看護小姐面前。不管你是男性抑是女性，都是這樣。做手術時，你更要全身赤裸，只穿一襲醫院提供的手術袍。你在麻醉（全身麻醉）後，失去知覺，以主治醫師為首的手術小組如何看與接觸你的身體，你也完全不知道了。另外，倘若你的病情嚴重，施手術的時間很長，要輸血，和手術帶來巨大的痛楚，你便要僱一個看護，在晚上替你擦洗身體和幫助你大、小便。在這種情況，你的整個身體也會暴露在看護（通常都是女看護）的面前，沒有一吋肌膚會受到遮掩。這樣，便會有人的尊嚴問題。

　　我在就讀中學時有一個同班女同學，對男女的問題非常敏感，對男女之間的接觸非常抗拒。她曾對我說，她不能接受任何男性接

觸她，連握一下她的手，以手掌按一下她的前額，看她是否在發燒，也不能接受。我對她說，人會生病，你也不能例外。倘若你有嚴重的病，要接受手術治療，要全身麻醉，手術的醫生不單在看，也可能接觸你的身體的任何部分。你對男女關係這樣忌諱，是不是不能做手術呢？她竟說，在全身麻醉的情況，自己並無知覺，醫生怎樣看她和接觸她，自己都不知道，因此沒有問題。我認為這樣說是不通的，看便是看，接觸便是接觸，怎能以在沒有知覺狀態為託詞呢？迷姦的當事人是沒有知覺的，難道能接受別人這樣對待自己麼？若對這種感覺抓得太緊，則與異性結婚便不可能，也不能說生兒育女，只能找「同志」來作伴。一百年後，人便會滅絕了。

　　所謂人的尊嚴問題，在醫護的情況是不能說的，不存在的。醫生的目的是救人性命，為了達致這個目標，他會毫不考慮甚麼人的尊嚴問題，而接觸你身體的任何部分。看護為了清潔病人的身體，不讓它受任何髒物所感染，會洗擦病人身體的任何部分。有些病人做完手術，不能下床，大小便都需在床上解決，難道他會為了保住所謂人的尊嚴，而不讓異性的看護拭抹自己身體的敏感部位麼？

　　關於這個問題，我在三軍總醫院中有頗多的體會，以下我只舉一個例子來闡明一下。有一天下午，我正在大便，由於雙腿都傷了，站也站不穩，更不要說行到洗手間裏面去了，因此只能在床上解決。剛好為我做手術的王大夫（台灣流行尊稱醫生為大夫）帶同幾個學生來巡房，當時簾布拉了開來，我請來的看護也告訴王大夫說不方便。怎知他毫不理會，逕自走到我的床尾，與我談病情，幾個學生也一直伴著他。我一邊大便，一邊回應他的問話，覺得場面非常尷尬。但大夫根本不把大便的事放在心上，如常地巡房。站了片

刻，他們便出去了。這一次經驗讓我知道，所謂尷尬，是自己弄出來的，他們醫務人員根本沒有這種感覺，一切自然得很。人的尊嚴，云云，在他們看來完全不是甚麼一回事。

　　進一步說，大夫們幾乎每天都做手術，有時一天做幾台。他們開刀，宰割人的身體，像宰割一頭牛、一頭羊，或一只雞那樣，根本沒有尊嚴不尊嚴的想法。另方面，由於這是與部隊有密切關聯的醫院，一切依紀律、規則來行事。成規總是第一，病人的個人感受，只能排在第二位。舉一個例子，在我接受第二次手術時，他們先把我推到手術室前面的一個大房，房內陰森恐怖，到處擺滿病床，令人有身處於停屍間的感覺。我在那裏待了大半個小時，一直沒人理會。間中有一兩個穿著手術袍的人走過，總是匆匆忙忙的。我見有人走過，便大叫：這是甚麼地方？你們要把我在這裏擺多久呢？你們要把人當人看呀。不管你怎樣叫，總是沒有人應。後來我才知道，他們一清早便要病人作好接受手術的準備工夫，甚麼時候（鐘點）進行手術，要看他們甚麼時候能把手術室準備妥當而定。在這個軍方醫院裏，只有病人等待醫務人員，沒有醫務人員等待病人的事。

　　不過，他們的目標是救人性命，這倒是非常清楚明白的。在這個大前提下，一切其他雜務都要放在一邊，甚至是病人的感受，也置若罔聞。在我接受第一次手術（大腿駁骨）時，他們對我的健康背景作過評估，認為手術本身帶來的危險性（凡是做手術都有一定的危險性），還比不上施麻醉藥所可能引致的危險性。因此他們便用局部麻醉方式。在進行第二次手術（左腿膝蓋有多處受傷，包括腱帶嚴重斷裂）時，他們非常審慎，因這需要全身麻醉。為了避免過重的麻醉

藥會對我的某些神經線帶來永久性的傷害，因此在施行麻醉時，用藥輕了一些。在做完五個多小時的手術後，麻醉藥的效應消散得很快，我差不多全醒過來，卻疼痛得大叫大喊，無法控制自己，我真有「痛不欲生」、「生不如死」的感覺，膝蓋好像被燃燒成一個火球那樣。他們便馬上為我注射嗎啡藥止痛。但在極度疼痛的情況下，注射嗎啡，根本起不了作用，吃止痛藥更不用說了。那時我所能做的，只是強「忍」，沒有其他選擇。我能否抵得住那種巨大的痛苦，熬得住，不會崩潰下來，他們顯然沒有考慮。

我已接近六十歲，大半生（四分之三）已經過去，餘下的日子不多，但要做的事（主要是把純粹力動現象學這一哲學體系建構起來）則很多，是否能夠達成願望，現在很難說。有些人（例如最近逝去的宋美齡）很長壽，能活到百歲，甚至不止。我自己想，長壽而且健康才好；長壽而不健康，身體滿是慢性的病，長期要家人照顧，插管插喉，老是處於等死的狀態，便毫無意義，而且也很痛苦難忍。這樣地勉強活著，天天儼如一個死人，倒不如死去好了。在這種情況，安樂死顯然是一種值得考慮的事情。一個人不能決定自己如何被生，甚麼時候被生，但應有權利決定自己如何死去，甚麼時候死去。這正是一個人的尊嚴問題。人赤裸裸而來到世間，卻滿身是疾病，長年痛苦，在家人哭哭啼啼下離去，一點尊嚴也沒有，這有甚麼好呢？基於此，安樂死是值得提倡的。這不是鼓吹自殺風氣，而是要平和地、愉悅地、有尊嚴地離開這個世界而已。

人的生，沒有尊嚴可言。你出生時，根本上還是一團渾沌，連知覺還未發展，意識更不用說了。但人對於自己的死，應該有決定的權利，起碼在死的方式方面。不過，人對於死，或生死，的確有

很多不知道之處。

　　讓我從自己的切身的體驗說起。幾年以前，我獨個兒到日本旅行，到本州的北部看砂丘。這是鳥取大砂丘，是日本三大砂丘之首，因此很有名。當時是下午、黃昏，是太陽逐漸下降的時刻。極目所見，都是砂粒，太陽是暗暗的，好像被一層薄紗布遮蓋著。我想起唐人詩句「大漠孤煙直，長河落日圓」，覺得頗能描繪出當時的景像。我慢慢地在細砂中踱來踱去。由一邊踱到另一邊，估計需要半個鐘。踱得倦了，便在靠海的那個部位坐了下來，向著日本海那邊望過去，只是茫茫一片的微弱波浪一重一重地向自己這邊湧現過來。

　　四面無人。我突然想起母親，一個善良但是受盡苦痛折磨的農村女人。她是在生我三弟後由於不明白的原因，雙腿變得癱瘓，以後的日子，都在床上度過。起初我們住在農村，只靠父親在香港教書寄回來的微薄的錢度日。母親省吃斂用，時常把較好吃的和較有營養的餸菜留給我們兄弟吃，自己只吃白米飯充飢。為了自己的子女，她甚麼事情都願意做。她在一九九六年繼我的父親去世，靜悄悄地也去了。

　　當時我在想，母親一生勞苦，不能到人多、屋宇密集的地方，只在鄉村中的左鄰右里朋友經過我們的門前時，和他們打個招呼，閒聊幾句而已。因此，知道她的人很少。她讀書不多，只讀到小學二年級的程度便停學了。她不能看報章雜誌，又不看電視機播映出來的新聞，有時只看一下播映出來的粵劇罷了。因此，她幾乎沒有跟這個世界溝通，認識她的人又這麼少，她靜悄悄地逝去，跟這個世界告別，這個世界並不因為她的逝去而減少甚麼，充其量只如大

海中少了一滴水而已。她來到這個世界，停留了四分之三個世紀，大部分時間都只是一個人在房裏悶坐。文天祥留芳千古，秦檜遺臭萬年，很多人都知道他們的存在。而母親呢，知道她的存在的沒有幾個人，她只存在於我們兄弟和農村裏少數人的心中；我們百年之後，她的存在性會全部消失，在歷史上沒有留下任何痕跡了。這樣，她靜悄悄地來到這個世界，然後靜悄悄地離開，這到底是甚麼一回事呢？她從甚麼地方來的呢？她又回到甚麼地方呢？我能否和她溝通呢？倘若可以的話，要怎樣做，才能和她溝通呢？想到這裏，我向前看，是大海茫茫，向背後左右看，是黃砂處處，突然覺得非常孤獨與惆悵。

我特別感到困惑的問題是，母親的這樣平凡的一生，到底有甚麼意義？她為甚麼會到這個世界來？是誰讓她這樣做的呢？她又為甚麼要離開這個世界呢？

這如許的問題，一言以蔽之，是生死問題；更具體言之，是病痛與死亡的問題。我們通常說人生的根本問題，是生、老、病、死。生、老、病可以生或生存來概括，死則是死或死亡。對於生與老，是沒有甚麼可說的。兩者都是自然的、經驗的現象，起碼從表面來說是如此。我們對於這兩者，沒有決定的權力。即使佛教與前此的婆羅門教，也只能訴諸業（karma）與輪迴（saṃsāra）來說。但這種說法缺乏建設性，有逃避問題之嫌。好人遭殃而橫死，壞人得益而逃之夭夭，對於這種不平等、不合理的現象，若說是宿業的結果，那麼宿業又如何形成，如何被決定，這最後勢必追溯至無明（avidyā）。這樣的解釋，從理性的角度來說，早已失去說服力了。

病倒是一個非常嚴重的、值得關注的問題。人是由肉身做成，

不是金剛不壞身。肉身是生滅法，是經驗性格。人生的一切苦痛煩惱，幾乎都與病分不開。不過，病痛也是生滅法，沒有常住不變的實體，因此是可以變化的，被醫治好的。但理論上是可以這樣說，實際上，人在暮年所生起的病，多是慢性的，幾乎是不可能完全醫治好的，它們會永遠地伴隨著你，以至於死。例如高血壓、糖尿病、頭痛、腰、背痛、關節痛，等等，只要它們不惡化，不發作，便很好了，要它們完全痊癒，在現實上幾乎都是不可能的。拿我母親下身癱瘓的例子來說，在發病之初，她仍是很積極的，用盡種種方法來治療，包括生吞蛇血與蛇膽，結果都不管用。最後她索性認命了，放棄了，接受終身癱瘓的命運。

現在我所最關心的問題是，一個終身殘障的人，來到這個世間，受苦受難，毫無幸福可言，最後靜悄悄地、無聲無臭地離開這個世界，這是甚麼意義呢？這表示甚麼訊息呢？這是上帝的意旨或安排麼？我完全不能明白。我更不能明白、不能接受的是，母親一生品性純良，生活儉樸，含辛茹苦地把我們三兄弟撫養，以至於能獨立地照顧自己。她對人友善，從不欺騙、欺負別人，只有別人欺騙、欺負她，她看到鄰家的孩子過來，總會拿一些糖果、餅乾與他們吃，跟他們閒聊。她雖然雙腿不能動，不能走路，只能坐著，也總會找一些家務來做，如洗衣服、煮飯煮菜、縫補衣服，等等。她從來沒有非分之想，連我父親在香港找了一個女人來照顧自己的健康，娶「二奶」了，她也不埋怨，還處處為父親辯護，說自己沒用，父親的確需要找一個這樣的女人來照顧起居飲食。這樣心地善良的人，為甚麼會終生受苦，受人詛咒自己的殘疾，無聲無臭地來到這個世界，又無聲無臭地離去，沒留下半點痕跡呢？這到底是甚

麼一回事呢？倘若說這是上天、上帝的刻意安排，則我會說上天無眼、上帝無良。我不能接受這樣的上天、上帝的存在性。

就我自己提的純粹力動現象學來說，則母親可說是來自本體的世界，她是應跡地來到這個現實的世界，進行某些任務。任務完畢，復又回歸到本體的世界：她所自來的地方。母親的這樣的出現與消失（在現實、現象世界的出現與消失），並不是有甚麼刻意的安排，只是純粹力動作為宇宙的終極原理在世間示現的千千萬萬個事例的一個事例而已。這是純粹力動自身的法爾自然的事，說不上甚麼意志或人格性的問題。

就關連著生、死的問題來說，母親作為純粹力動的無量數的應跡事例中的一個表現，是生；她還原、回歸向純粹力動，是死。她從本體世界來到現象世界，轉了一圈，復又回到本體世界，這是純粹力動呈顯自己的兩種不同的形態，或是兩個階段的形態，無所謂生、死。

最後，關於死亡的經驗與知識一點，我想說幾句題外話。我們可以具有死亡的經驗，但不能具有死亡的知識。這一點是清楚明白的，並不難理解。在死亡之先，我們沒有死亡的經驗，也不能有死亡的知識。在死亡之中，我們可以有死亡的經驗，哪怕只是局部的。至於知識方面，在死亡之中，我們已在昏昏迷迷的狀態中，死亡的經驗對於我們來說，不是很清楚明白，這好像月亮隔了一塊白紗巾，我們只能朦朧地看到月亮，但只得一個大概，不能清晰，因此不能有對死亡的知識； 在死亡之後，我們已死了，當然可以說經驗了死亡的整個歷程。至於知識方面，我們雖然經驗過死亡，但人已死了，不能以知識的機能（感性 Sinnlichkeit，知性 Verstand）來經驗

死亡，也不能以言說告訴別人有關死亡的知識。因此，死亡的知識對於我們來說，永遠是一個謎。

·屈辱現象學·

第十四章　苦痛、屈辱、失落、默思、騰飛、遊戲三昧

　　這幾年來，是我有生以來最多激盪的日子，身體上的疾苦與思想上的開拓匯聚在一起，這兩者好像成了一個背反（Antinomie），把我的生命夾在中間，讓我透不過氣來。我一方面為不斷下滑的健康所帶來的苦痛而悲戚、焦慮，另方面又為對生命的體證和哲思上的突破而感到歡愉、滿足。此中的複雜、起伏的心情，實在不足為外人道。這些本來都是自己的事，並無寫出來發表的必要。但想深一下，這些事情與感受不完全是主觀的、個人的性格，它有一定程度的客觀性，人誰沒有生命上的、心靈上的悲戚、焦慮與歡愉滿足呢？我在這種背反的夾縫中，受過鉅大的衝激與進行過深沉的反思，最後終於找出一條生路，並為將來要做甚麼事和怎樣去做定了位。這些人生的經驗與感受，對一些青年朋友，特別是那些仍在人生的歧路中感到茫茫然的人，或許有些參考價值；因此我仍然決定在身體的健康狀態還不是很穩定中寫出這篇東西。

一、苦痛

　　苦痛表面上是身體上的事，但總不會不影響及精神、情緒，這已是一般人的常識了。雙方息息相關，不能分開。只有少數具有大勇的人，能夠為了一個崇高的宗教的或道德的理想的實現而從容地捨己忘軀的人，才能把它們分開，不受肉身上的苦痛所糾纏，而堅貞不渝，矢志不改地昂步前進。我不是這種人；對我來說，苦痛便是苦痛，在身體上、心靈上都受到鉅大的壓力。問題是你能否善巧地想出一些方法去舒緩苦痛，甚至轉化苦痛而已。在這方面，我頗有一些經驗，作過深沉的反思，這都見於拙著《苦痛現象學》中。

　　我最受苦痛困擾與折磨的，莫如腰患所帶來的鉅大而恆久的痛楚。這腰患是在一九八六年初發生的，到現在（二○○四年末）已足足十九年了，期間未有實質上的好轉，雖然中間曾接受過兩次高危的脊骨融合（spinal fusion）的大手術，苦痛得到一些舒緩，但效果並不顯著。十九年來，我一直都背負著腰痛這個大包袱做人、做學問。即使現在寫這篇東西，還是背著腰痛來進行的。我已確認這種病患沒法痊癒，也接受了這個事實，因而把承受腰痛作為自己的生活中不可或缺的一部分了。倘若你能這樣想，以達觀的態度面對腰痛，接受現實，便會感到舒服一些。倘若你要排斥它，以對抗的心情，矢志去克服它、消滅它，這非徒無益，反而會受到更大的張力，這來自對抗腰痛的張力，會加倍對你折磨。人生到了某個階段，很多慢性疾病會接踵而來，它們不會取你性命，但也不會完全康復，卻不停地折磨你。在這種情況，你最好認命，接受它們，以平和的方式和它們周旋，也不妨跟它們交個朋友。你所能積極地解

決這些問題的空間並不多。

　　第二次苦痛經驗是來自五年前的腮腺癌的發現。苦痛的高潮是腫瘤的切除和跟著而來的電療。對於這種惡夢性格的經驗，我很快便接受，未有提出「為甚麼會落在我的身上」一類問題。我知道人的鬥志可以是無比地堅強，能摧破面前的一切障礙；但在肉體的生命上，人可以是脆弱不堪的。你今天可以意氣風發地高談闊論，臧否古今風流人物，明天可以被發現患了末期肝癌，不旋踵便離開這個你所依戀的、熟悉的世界，被拋擲到一個無底的深淵，為黑暗所吞噬。最近去世的傳媒界的風雲人物黃霑的現象，便是一個顯明的例子。對於這種經驗，你最好是能看得開些，「一笑西去」，強力掙扎地要支撐下去，是沒有用的。我的情況比較幸運，發現得早，因此能夠及時治療。但也給我帶來恆常的災難性的結果。由於腫瘤太貼近左邊腮腺，為了安全起見，醫生替我把腫瘤連同左邊腮腺一起割掉。腮腺是產生唾液的，割去了左邊那一個，便只餘下右邊那一個，口腔恆時呈現乾涸，影響傾談、教學。更困擾的是，電療的效應對牙齒帶來無可彌縫的傷害，對牙齒問題構成嚴重影響。牙痛是平常事，很自然的。最要命的是你不能脫牙，勉強去脫，由於電療對牙床肌肉帶來終生的傷害，會讓它潰爛。這潰爛會擴散開來，遍及整個口腔。結果我不得不辭去大學的教職，到台灣去找棲身之所。

　　第三次苦痛經驗則是去年（二〇〇三年）九月底的車禍受傷了。該年九月初，我和妻子到日本旅行，主要是到四國散心。其後到中央研究院應聘為研究員。三天後便在中研院內遇上交通意外，致雙腿受到重傷。那是九月二十六日下午六時許，我由中研院正門步行

回中國文哲研究所,行至分子生物研究所門前,被一輛小客車左轉急駛撞倒。雖然我看到前面有車出即停止步行,但已來不及,結果左邊膝蓋內有多處受傷,然後跌在地上,右邊大腿骨立時折斷,疼痛難擋,便大聲呼叫,小客車才停下來。當時我發現下半身被捲入車底,上半身則朝天露出車外。才看見有一個人由車頭閃過來,這便是那個冒失鬼的車主謝某,他竟說:「我沒有看見你呀!」他顯然在左轉時以高速行駛,沒有留意左方的車輛及行人(他根本沒有向左邊看),因而把我撞倒在地面。倘若在左邊前行的不是作為行人的我,而是車輛,則兩架車勢必碰撞在一起,由於謝某的車轉勢猛烈,他也必受重傷無疑。

這椿交通意外為中研院門警知悉,即電召救傷車來搶救。他們好不容易把我從車底拖出來,送到三軍總醫院檢驗。結果發現我的右側股骨近端骨折、左膝外側脛骨平台骨折、十字韌帶斷裂及內側半月狀軟骨破損,等等。翌日院方便安排我接受大腿斷骨手術,到十月十日(台灣國慶日)替我作左膝手術。

這兩椿手術所帶來的苦痛,我在另外的文字中已有敘述,在這裏我不想多贅。我只想強調的是,左膝手術歷五個小時才完工,麻藥過後我的苦痛達到了極點,不停叫喊,覺得手術部分活像一個不斷猛烈燃燒的火球:膝蓋的火球。我好幾次幾乎昏了過去。這次所受的苦痛,較我過去的脊骨融合手術所引發的強烈得多。我在醫院住了四十多天才出來。期間吃、睡、抹身,都在床上度過,拉屎送尿自不能免。你根本沒有所謂人的尊嚴可言,只感覺自己是一頭動物而已。

出院後,疼痛還是持續著。左膝比較好些,右大腿骨則未有好

轉，斷骨部位仍留有相當寬闊的縫隙。雖然按時回醫院覆診，主診和替我做手術的王醫師都沒有說甚麼，只是按例著我去照 X 光片。半年多以後，才說斷骨裂縫沒有癒合，需要再做手術。他的助理並說裂縫繼續存在，是由於我經常挪動大腿而引致大腿上端的螺絲釘鬆脫的緣故。那螺絲釘是鑽進大腿骨中，穿過其中的金屬條（手術時放進大腿骨中的鈦金屬棒），用以固定大腿骨與金屬條的。我有些疑惑，覺得自己很少挪動身體，即使挪動也很小心，螺絲釘是沒有理由那麼容易鬆脫的。我因此對王醫師的手術的周延性有點猜疑，便把手術後所拍的 X 光片寄給香港的張維醫生檢視（張醫生是我在香港一直看的骨科醫生）。張醫生的回應果然與我的猜疑暗合，他說手術後翌日所拍的 X 光片已顯示螺絲釘是鬆脫的了。這表示王醫師根本未有把螺絲釘鑽得夠牢固、夠深入，結果讓骨斷地方半年來也不能癒合。

我於是對三軍總醫院骨科部失去信心，雖然王醫師提出一種補救方法，我還是半信半疑。我於是去訪台大醫院和長庚醫院的骨科部，讓他們檢視。怎料他們提出各自的補救方法，與王醫師所提的也不同。到底應採取誰的提議呢？我無法決定下來，結果決定回香港找張醫生做跟進的工作。我分別於二〇〇四年四月與十一月回香港接受張醫生的治療。

即是說，我因在中研院內的車禍受傷已先後接受過四次手術了。結果如何，還是未知之數；以後需否再接受手術，也很難說；何時才能康復，能拋開助行器，獨立走路，也是天曉得（最後張醫生替我做第五次手術，拆除金屬棒）。除了要承受身體上的苦痛外，也得飽受精神上的煎熬。最明顯的一點是，由於行動不便，不能外出，

只能整天待在家裏，氣氛納悶，天天都受頭痛的折磨。那是所謂的偏頭痛。這種疾病非常麻煩擾人，你疼痛起來，甚麼也不能做，縮瑟在床頭一角，抱著頭顱在叫苦，覺得半邊頭顱被斧頭劈開那樣。有沒有藥物治療呢？有的，有兩種藥：Cafergot 和特別昂貴的 Imigran，那是專門對付偏頭痛的，也很有效，但有很強的副作用，服用多了，遺害無窮。據醫書所言，偏頭痛症源於頭部的神經線為血管所壓；血管越是膨脹，便對神經線越壓得緊，疼痛便越難受。那兩種藥有讓血管收窄的作用，血管收窄了，神經線的受壓會減輕，痛苦便得舒緩下來。但血管若時常被收窄，便會不斷收縮，以至於管道阻塞，血液不能暢順流通。嚴重起來，血管有爆破的可能性，這是會致命的。因此，這種藥不能天天服用。我需要天天服用，其實是一種慢性自殺。

二、屈辱

台灣的交通狀況的混亂程度，是出了名的，台北市更是全台交通混亂之冠。關於這點，不必多說。特別遺憾的是，台灣的交通罰則，是特別對駕車人士寬容的。你因疏忽而撞倒行人，即使要了他的性命，或把他變成植物人，亦僅需賠償一千萬元（台幣）而已。把人撞至重傷（指身體上某部分或肢體之類因傷而無法治療），罰金亦不高。至於一般的傷人案，肇事者只需賠上幾十萬，便可以脫身了。這跟外國很不同。在美國，你撞倒了人，讓他因傷不能營生，肇事者是需要養他一世的。一般的交通傷人案，罰則也遠較台灣的為重。你在美國被汽車弄傷，那是你的造化；在台灣被汽車弄傷，那

是你的倒霉。中央研究院是台灣最高的學術研究機構，理應是一個
環境優美、寧靜和安全的地方，我完全沒有想過院內會有嚴重車禍
發生的，何況院內有嚴格的車速限制。但不幸的事竟發生在我身
上，絲毫不假，而且在我應聘後的幾日發生，我注定是倒霉了。在
我被那個冒失鬼撞倒的那一瞬間，我感覺到一陣驚愕，「殘廢」、
「死亡」的想法突然掠過心頭，跟著便倒下了，下身被捲入車底。

　　很明顯地是由於台灣交通意外罰則輕微的緣故，肇事人有恃無
恐。為了脫罪，甚麼漫天謊言都製造得出來。肇事人一時辯說交通
意外的原因，不是他的小客車撞向我這邊，而是我向小客車撞過
去。我是瞎子麼，是要自殺麼？為甚麼要撞向他的客車？南港（中
研院的所在區域）警察局的查案組的職員一下子便識穿了：若是我真
的撞向他的汽車，那如何解釋我被捲進車底的事呢？我是故意爬進
車底麼？肇事人在另一場合又說他的車沒有撞向我，我也沒有撞向
他的車。雙方根本沒有接觸過。他駛出馬路後把汽車停在路中心，
我向他的車所停下來的位置行過去，突然看到他的車，便自動摔倒
在地面，自己弄傷自己。這便更荒唐了。他的汽車是老虎麼？我又
不是沒有見過汽車，為甚麼見到他的汽車便自動倒下呢？這樣的辯
解，簡直是耍賴，我的律師也說，他賴得便賴。這分明是侮辱他人
的識見與智慧，把檢察官、法院的人和我自己都當作白痴看。

　　肇事人是分子生物研究所的職員，在中研院服務已超過二十
年。這樣的無賴、流氓、惡棍，竟然能擠身於中研院的資深職員的
行列，委實讓人感到驚異與失望。他的這種讓人感到屈辱的狂態與
橫行無忌的行為，除了恃著台灣的過輕的交通意外罰則這一背景
外，與分子生物研究所的高層人士對他的包庇也大有關連。我們文

哲所的副所長曾多次要求彼方分子生物研究所的副所長敦促他出來談判，面對責任，他總是拖延時日，最初說他要出國，待回來時才談。到他回來後；我方舊事再提，他又說甚麼他的老婆患病入院，他要安排她入院的事宜，需要十天後才有空。但十天後，仍然接不到他的回覆。倘若他的上司不包庇他，他能這樣膽大妄為麼，他能三番四次行使拖字訣麼？另外，他的同事也在明顯地掩護他。據院方門警的供詞，他知道車禍的事後，即在第一時間跑到肇事現場，見到我被客車捲進車底，同時分子生物研究所的幾個職員也在場，看到同樣的事。倘若這些職員不是有意掩護肇事者，他能振振有詞地說我撞向他的客車麼，或我見到他的客車便自動摔倒在地面麼？肇事人的辯解完全無法解釋我被捲入車底的事。

最讓人感到屈辱的事，是事件發生後，我作為受害人，需要做很多工夫，包括請律師協助在內，才能進行法律訴訟。這需時超過一年。在這段時間中，肇事人可以不理不睬，也從未問及我的傷勢、治療等事，祝願更加欠奉。即使是在雙方接受檢察官的詢問時，和談和解時，在面對面的場合，對方竟視你如陌路人，全不打招呼。當時我是坐在輪椅上出席的。你把人撞傷成這個樣子，卻毫無悔咎之意，連道歉一聲也懶得說，只管製造謊言為自己脫罪。你講不講人性呢？你是人抑是動物呢？在這一年之間，我和妻子奔波多次，求醫治療和完成法律訴訟程序，對方卻大可以天天在自己所內煎煮咖啡喝，內心處之泰然。到需要出來答辯，便炮製謊言來支吾應付。

三、失落

台北市的交通是有車速限制的，在中研院內的車速限制則更為嚴格。肇事者的客車的車速，顯然遠遠超過這個制限。這樁車禍是在中研院的校園內發生的，而且正對著肇事人所從屬的分子生物研究所的大門。既然是在園內或院內發生，我想院方應有一些條文來規管這樣的事故的，不必一下子便把這個案子拿到法院去解決。國有國法，家有家規。中研院是一個學術研究的大家庭，在這個範圍內發生的嚴重事故（違法的事故），如強姦、傷人、殺人之屬，總管處總應該出來關注一下，主持公義，並作出適當的處理，對應負責任的人員作出合法的處分。李遠哲先生是中研院的院長，是大家長，他的學術研究的成就是讓人高度欽敬的。當時我初到中研院應聘當研究員，才三兩天，不幸的事便發生了。我對院方一切都感到陌生，最初對於這樣的災難性的事故不知如何處理，很自然地便想到應向李院長求助。於是我先後寫了三封信給李院長，說明原委，說肇事人在院內違法駕車傷人，事後又龜縮起來，不出來負責任。我的願望與請求是李院長出來主持公道，以大家長的身份，對惡棍職員課以應有的紀律聆訊和合理的懲罰。

那三封信是直接寫給李院長的，我又附寄副本給我方的所長，又把第一封信的副本寄予分子生物研究所的所長。我很認真寫這些信件，因我對它們有很大的期望。結果是失望與失落。我只收到李院長的秘書的回應，說可以推介我到台大醫院就醫。至於分生所方面，則渺如黃鶴，沒有回應。在我寄出第三封信後不久，我收到院內總務部方面的來信，說李院長很關心我的情況，有關其他問題，

則由於這樁事件已涉入法律訴訟階段，院方不便插手，云云。這封信對問題的解決，起不了作用。

我現在只想提如下的問題。中央研究院的分子生物研究所的職員犯刑法（士林地方法院）第二百八十四條第一項以客車把我的雙腿撞至重傷，分子生物研究所不管，中央研究院也不管，倘若那個惡棍依同樣刑法把我輾死，則分子生物研究所管不管呢？中央研究院又管不管呢？所方與院方有沒有一些條例來規管研職人員的違法行為呢？倘若這些問題沒有妥善解決，則中央研究院能否被視為一個不安全的研究機構呢？

我應聘中央研究院，委實不容易。首先，我要承受家庭分離之苦，離開在香港的兩個子女，帶同妻子來台。第二，我要克服原來在香港浸會大學當教授包括本薪、房津、公積金福利的高薪津的誘惑（我在浸會大學所領的這份高薪津，相當於我在中研院當研究員所領薪酬的六倍強）。在這兩點上作出犧牲，我是無怨無悔的。我來中研院的目的，只有一個；那便是要藉著中研院的自由學風和寧靜環境，完成自己很晚才構思成功的純粹力動現象學的著作計劃。我是屬於魯鈍的一族，悟性不高，但也不妄自菲薄，而以學力補足。我初來中研院不久，便獲得傑出人才基金會（董事長是李遠哲博士）所頒的傑出人才講座，總算能替中研院特別是自己的文哲所爭取得一些榮譽。但甫來院方報到即碰上這樁莫名其妙的車禍。已一年多了，還是要坐輪椅出入，不知要坐到甚麼時候，才能復原，能自由行走。這種打擊，讓我的心情跌至谷底。理想雖未幻滅，但失落總是事實。對於這種失落，我真希望肇事人和他所屬的分子生物研究所的上司能親身體會一下。他們只需待在病床一個星期，吃飯、睡覺、拉屎、送

尿、淨身、上點滴，都在床上解決，便夠受了。

四、默思

現在，交通裁判所的裁判書、台北市車輛事故鑑定委員會鑑定意見書、台北市政府交通局的鑑定覆議意見書和台灣士林地方法院檢察署檢察官聲請簡易判決處刑書都一致裁定肇事人在刑法上駕駛疏忽，應對那樁車禍所造成的傷害負上責任。肇事人大概不能再狡辯卸責了。對於肇事人，我並無怨恨之心。我只是痛心，一個人犯了錯，做了違法的事，讓別人身體受到重傷，需要妻子日夜照顧，却無悔咎之心，反而振振有詞地通過律師狡辯，以黑為白，務求為自己脫罪。台北是一個大都市，是文明之地，竟有這樣的人存在，而且又是中央研究院的職工！這真是汙辱了台灣，讓中央研究院蒙羞。這種人倘若不徹底悔改，繼續受到他的頂頭上司包庇，則他今天可以把我撞倒，致於重傷，明天也可以犯同樣的錯，生起奪命的車禍，把別的倒霉的研究員活活輾死。反正台灣的交通罰則這樣輕，輾死一個人，即使狡辯不成功，也只需賠上一千幾百萬而已。這樣的後果可以非常嚴重，令人膽寒。中研院的有關人士實在很需要正視這個問題，避免禍事重演。不然的話，任何在中研院工作的人士，都可能遇上類似的災難與悲劇，不管你是院長也好，副院長也好，所長也好，研究人員或一般職工也好。

雖然這樁不幸的交通意外發生在一年多之前，但它對我的現實生活的負面影響，還是沒完沒了。我不知道要到甚麼時候，才能了結。但人總是要生活下去，不能因為這件事便意氣消沉，自己放棄

自己。猶記幾年前浸會大學宗哲系的一些畢業同學要我寫一些有紀念性和勉勵性的話語，我不加思索便這樣寫：

人生多苦厄，隨時會倒下，意志不認輸，掙扎站起來。

當時我是這樣激勵學生，想不到現在對我反而最受用。我為客車所傷，倒了下來，現在真的要掙扎站起來，繼續走人生之路了，即使要以輪椅代步，還是要這樣做。

在過去漫長的一年多（這段日子對我來說，的確是漫長得很，我一天數一天來過日子），我都不斷地沉思，想著將來的日子應該怎樣過。不管活得怎樣艱苦，人總是要撐下去、熬過去的，除非你要自殺。但自己毀掉自己的生命，解決（真正地解決）不了問題。才過了一年多，以後還有一大段人生之路要行，怎能這麼早便認輸呢？以下是我在期間沉思的所得：

第一，人的生命，從現實的、現象的層面說，必定是有起有伏，有璀璨的時刻，也有暗淡的歲月的，因為這種層次的人生是生滅法。自車禍發生以來的一年多，正是我的暗淡的時刻。在我的接近六十年的生命歷程中，有榮光，也有屈辱。榮光與屈辱是相互涵有對方的，兩者性格雖然相對反，但總是糾纏在一起，形成一個背反（Antinomie）。你要擁抱榮光，也得接受屈辱；像要能生存，也得承受死亡一樣。榮光的另一面是屈辱，屈辱的另一面是榮光。君不見楚霸王項羽麼？他兵伐咸陽，火燒阿房宮，三月不息，是何等威武，何等意氣風發。曾幾何時，他竟成為自己一直看不起的劉邦的手下敗將，最後被困於垓下，八千子弟灰飛煙滅，無顏面見江東

父老，而自刎於烏江。楚漢相爭便落幕了，成為歷史。叱咤一時的
霸王尚且落得如此激越的、悽厲的下場，不免慷慨激越而悲歌：

> 力拔山兮氣蓋世，時不利兮騅不逝，騅不逝兮可奈何，虞兮
> 虞兮奈若何！

我輩凡夫受一些車禍之苦，又算得甚麼呢？

　　第二，人生的際遇或生命的現象有反彈的性格，其目標是要趨
附一個平衡的狀態。即是說，一個人在某些活動上遇到挫折，幾乎
抬不起頭來；則在另一方面總是會有某種激勵的因素，作為對所遇
到的挫折的補償。對於這種生命現像，我姑以「反彈」（rebound）
名之。例如，一個天生身體傷殘的人，他會在物理軀體之外的某些
方面，例如意志、智慧方面特別活躍，有異常超卓的表現，以為補
償。先天是如此，後天也是如此。一個人由於一些意外的事而弄斷
雙手，則他往往能在身體上的別的部分，例如雙足或口部發展出特
強的能力，以替代失去的雙手，表現雙手的功能。例如一個畫家，
他本來是用雙手作畫的，倘若在意外中失去這雙手，則他會在另外
的地方用力，例如雙足，以足趾挾著畫筆作畫，或以口銜筆桿來寫
字，在書畫方面有奇特的表現與成就。這便是我所謂的反彈。特別
是在思維、智慧方面，反彈的力量可以異常地強大，讓人成為一個
傑出的、偉大的人才，有大功於當世。美國的海倫·凱勒和英國的
史提芬·霍金便是顯明的例子。先天的身體缺憾如眼盲、肌肉萎縮
難不倒他們，反而成為他們的腦袋的意志、思維與智慧的催生劑，
讓他們在這方面發出強大的力量，而成為傑出的文學家與物理學

家。對於這種在生命上的反彈或補償作用的現象，我國古哲老子已看得很清楚，不過，他是在形而上的道的終極真理的脈絡下說的。他說：「天之道，其猶張弓與！高者抑之，下者舉之；有餘者損之，不足者補之。天之道，損有餘而補不足。」（《老子》書第十七章）所謂損有餘而補不足，便是要在萬物之中建立一種平衡狀態的意味，不讓一個或少數人獨大，拿其他的人作陪襯之義。

　　這樣的生命現象，也的確在我自己的成長歷程中不斷出現。最近的一次是在一九九九年，我被發現患有腮線癌症，這當然是很不幸的、很不願意被沾上的事。但既然來了，便只有接受治療。割除了腫瘤後，我竟在接著而來的苦痛無比的電療中體證得無我，又在其後養病期間悟到作為宇宙的終極原理的純粹力動觀念。這兩個目標都是我奮鬥了幾十年而無法達致的。於是我便可以為多年的研究生涯寫上句號，而構思與打造自己的以純粹力動觀念為基礎的現象學體系。去年在中研院內遇上的車禍，固然完全是負面性的；它讓我在肉體上與精神上受到重大的創傷與痛苦，研究的計劃一時被全盤打亂。起碼表面看來是這樣。但我能否從另一面或較深的一面來看這樁事件呢？這樁事件能不能促發我下更大的決心去完成自己造論、建立新現象學體系呢？那個瘋狂的惡棍只是把我撞倒在地上，傷害我的雙腿，而沒有把我輾死，是否表示這個時代、這個環境（或乾脆說為是如老子所提的道）不讓我的生命就此了結，而給我最後一個機會去完成自己的志業呢？我過往曾有過幾次瀕死經驗（參考拙著《苦痛現象學》）而倒下，結果還是掙扎站起來，活過來，這次的車禍受傷，是不是也一如過往的瀕死經驗，對我自己的鬥志作釜底抽薪式的歷練與考驗呢？對於這些問題，我想都可以作沉痛的、

深刻的思索，探求其中蘊涵的生命的訊息。我應該嘗試點化這椿車禍，讓它從純然是負面的意義與作用上徹底轉化，最後讓自己在完成既定的志業上得益。

第三，一個人在事業（包括學術研究）上是否成功，取決於主觀因素與客觀因素。主觀因素是就當事人的意志、意向與能力說；客觀因素則指當事人在進行事業時的周圍的有關條件，這客觀因素的範圍可以很廣遠，概括當事人的合作夥伴、所涉及的對象或被處理的東西的狀態，以至周圍的環境，等等。主觀因素是當事人自身便可決定的，或操控的；客觀因素則非當事人所能操控，作不得主，需看在事業進行時整個客觀環境、形勢而定。以做生意為例，一個人營商，要以誠信為原則，不欺騙顧客，這種誠實不欺的營商態度，當事人完全可以決定下來，這基本上是有關他自己的意志、意願問題。另外可以決定的是他的本領、營商的能力，包括遊說顧客等。但營商的結果能否讓他賺到錢，那便要看很多方面才能確定，這除了包括他自己的主觀因素，例如誠實不欺的態度外，也包括一切客觀因素在內。後者如他營商時周圍的經濟氣候，和附近是否有人和他競爭，拉走顧客等。所謂周圍的經濟氣候是很重要的；倘若周邊的人都很窮，吃的問題也未能解決，而你又在銷售化妝品一類非必需品的話，光顧的人便可能會很少，你便賺不到錢，甚至會虧本了。

在這兩方面的因素中，只有主觀因素牽涉意志特別是自由意志的問題，可以說自由、自主、自動、自決。客觀因素則是外在的，它所展示的限制，是當事人無法操控的，甚至不能預料的。在這裏沒有自由、自主、自動、自決可言。嚴格意義的價值，只能就主觀

因素說，不能就客觀因素說。在這裏，我們走觀念論的路，不走實在論的路。事業的成功與人生的價值應該區分開來。前者雖關連著主觀因素，但主要還是受限於客觀因素，有很濃厚的宿命意味在裏頭，所謂「時勢造英雄」也。時勢便是客觀因素。這樣說的英雄，是就事業上的成功說的，他是（起碼主要是）客觀因素所造成的。因此，英雄不一定表示價值，而價值也不必就英雄說。一個人可以不是英雄，却能過著很有價值的人生。此中的關鍵，在於意志特別是自由意志、善的意志的透顯與否。透顯便是價值，不透顯便不是。

這樣，在事業上成功歸成功，主觀或主體努力歸主體努力，只有後者才有真正的價值可言。則我的突如其來的、無法預料的車禍問題便可以解決。即是，儘管我遇上車禍而受傷，在想像中會實質地影響我的研究，亦即是我的事業。但這並無損我作研究（在車禍受傷後作研究）的價值。只要我能全心全意繼續作研究，價值仍然存在在那裏，即使研究的步伐是減慢了，成果是減殺了，也應不妨事。當然，我要在受傷的健康狀況與研究兩者之間取得一個平衡，研究只能慢慢做，不能操之過急，但這已是技術問題，不影響我實質上能過著具有價值的研究生活。在這種理解與考慮下，我仍然可以在健康狀態容許的程度下，繼續做自己本來定下的研究，包括拓展自己的現象學體系了。至於研究的成績如何，便變得不那麼重要了。

為甚麼說只有主體努力才能說真正的價值呢？這個問題很不簡單，但也可以長話短說。價值的根源在心靈、主體，這亦是一種超越義的自由意志。所謂超越外在的價值，是說不通的、不能成立的。一切價值，只有在自由、自在的主體的確認下，才能成立。自

由、自在的主體或主體性的實現、呈顯，便是價值。它的呈顯的場所，可以包含多個文化領域，如道德、宗教、藝術之屬。自由、自在的主體性便是在呈顯它自身的德性（virtue）的歷程中，成就價值。這是價值的原則。至於總的成就有多大，反而不是那麼重要了，如上段所說。

第四，在有關車禍的法律訴訟問題上，我最初的確很感煩惱。文哲所的一些同事曾說過，這樣的交通意外案子可以一拖幾年，另外，受害人也不必能取得他應取得的合理的賠償。法律界的朋友也說過即使訴訟成功，取得賠償，也只能視為一種補償而已。台灣的交通意外多得很，罰金也很輕，根本無法抵消受害人由身體上、精神上的受傷而帶來的痛苦與損失。關於這點，我早已有了心理準備。台灣的政治環境的確很差，民進黨、國民黨、親民黨天天對罵，族群的撕裂，已到了非常嚴重的地步。但殺人賠命，傷人也應接受合理的懲罰，這是天經地義的事。事實擺在眼前，肇事的惡棍即使請一百個律師（他已請了三個律師了）為他製造事故，狡辯脫罪，也沒有用。這樣的人，理應受到懲處。所謂以德報怨，只有甘地這樣的偉大的宗教家才能做到。在這一點上，我倒覺得我們儒家的孔子所說的「以直報怨」為合理，為可行。所謂「直」，不妨解作依既定的法律規條來處理。律師的本務，應是協助受害人在怨中求直的。因此，我把這椿事情交由律師處理，我相信他們能為我爭取得公義。這樣，我便能夠從繁瑣的法律訴訟的雜事中脫却開來，專心做自己一貫要做的事了。請律師，當然是要化錢的。

至於醫療方面，有病自然要求醫，但關鍵在要找到一個好的醫生。台灣的醫療制度與人才都不好，太多人濫用健保。以骨科為

例，大醫院中較有名望的醫生，通常只在一星期中撥兩個上午或下午看門診，病人都在規定的時間擠在一起，有時在一個上午或下午，醫生要看五、六十個症，每個病人進去，三數分鐘便出來。醫生哪有足夠時間檢視病人的傷勢和復原進展呢？就我的情況來說，每次覆診，例必先照 X 光片，然後拿給醫生看，他總只是把照片向空中搖晃了幾下，看一看，便完事了，也從不拿對上一次的 X 光片來對比一下，傷患有沒有進展自然無從談起。這是我不能接受台灣的醫療而折回香港看一向認為好的醫生的主要原因。但傷患進展緩慢，行走不便，出入需用輪椅和助行器，對自己的研究進度自然大有影響，有時根本提不起心情去思考，看資料。後來我想起前賢說過在政治與宗教方面的凱撒歸凱撒、上帝歸上帝的一分為二的處理方式，便若有所悟。我的想法也很簡單，我的傷患，既然找了有信心的醫生來治理，便把整個醫療的組合（package）交託給他算了，給予他足夠的時間，不必多想這個問題，也不再擔憂以後雙腿能不能復原走路；有醫生來解決，自己不必過分介懷，不多管它，要管也管不到。這樣我便可以安心如常地進行學術的研究與現象學的探索了。

五、騰飛

以上默思中的許多點，都是我在三軍總醫院住院時想到的。到了後期，我已能拋開一切思緒上的情結，執筆撰寫《屈辱現象學》了。這本書是拙著《苦痛現象學》的姊妹篇，不過，內容由苦痛問題轉到屈辱問題方面來。我大半生在對人、對事上所受到的屈辱很

多，這點明顯地有我已逝去的母親的遺傳。她在我出生後不久便成殘廢，雙腿癱瘓，不能行走。那時在農村，家裏很貧窮，我又出身於大家庭，母親很自然地成了被欺侮的對象。那些惡棍、流氓在我家門口吐幾下口水，罵一聲「死跛婆」，便揚長而去，母親不能行走，沒能奈他何。

　　《屈辱現象學》寫了十多萬字便打住，暫時停筆，轉到重要著作《純粹力動現象學》方面去。那時我已出院，搬到中研院的宿舍內裏。這本書是我要建構新現象學體系中的第一本，也是重要的一本，基本上是要透過形而上學理論把現象學撐開。這本書在我到中研院應聘時，已經寫了一年多了，應該說是接近兩年了。我只是集中來寫未完的部分。到今年暑假，終於寫完了，便寄給台灣商務印書館印行出版。之後我便繼續寫這現象學體系中的第二本書《量論》或《知識現象學》，目的是要以純粹力動觀念作為骨幹，開拓出一種具有現象學意義的知識論。這種做法，與當年熊十力先生在寫完《新唯識論》的形而上學體系的鉅著後要寫量論相似；不過，熊先生未能完成這個心願，量論沒有寫成。這樣的造論的工夫自然是很費力的，我自己在撰寫《純粹力動現象學》期間，自始至終都懷著戰戰兢兢的心情，生怕不能完工，特別是恐怕在中途生起病來，沒能完成這部大書。結果還是熬了過去，寫完了，當時我的心情如釋重負，大大輕鬆下來。特別值得一提的是，在中研院內遭遇到的車禍致雙腿受到重傷，攔阻不倒我要造論的心願。反而到了後來，越寫越順暢，有下筆不能自休之慨。這是我從來未有過的愉快經驗。

　　關於量論，我計劃以三部分來完成，先寫西方知識論，而聚焦

於康德與胡塞爾。然後寫佛教知識論，聚焦於陳那（Dignāga）與法
稱（Dharmakīrti）。最後才是知識現象學。我的目的是要以西方與佛
教知識論作為參照、資糧，來烘托出純粹力動知識論或知識現象學
的殊勝之處。當年熊十力先生說要造量論，但說了幾乎半個世紀，
還是寫不出來。我想主要有兩個原因：第一，熊先生的《新唯識
論》雖然是走儒家特別是《大易》的路向，但他的學力主要是來自
佛學的。他要寫量論，恐怕在很多方面需要引用佛教知識論，或與
後者接軌。但佛教知識論要到陳那、法稱及以後的發展才臻圓滿，
在這方面的資料，漢譯少得可憐，特別是法稱的漢譯資料，可說完
全沒有。熊先生只能運用漢文資料，沒法吸收以外文來寫的在這方
面的研究，所以量論寫不出來。另外一個原因是，說到知識論，還
是在西方發展得最為周延。要寫量論，無論如何不能忽視西方的那
一套。熊先生無法吸收這方面的資糧，故還是寫不成。我自己的量
論撰作，規模很龐大。在過去一年多，亦只寫了康德和胡塞爾的知
識論，但已超過十萬字了。主要用力還是在胡塞爾方面。在這一點
上，我主要參考他的兩本著作：《邏輯研究》（ _Logische_
Untersuchungen ）和《經驗與判斷》（ _Erfahrung und Urteil_ ）。胡塞爾的現
象學的知識論基本上表現在這兩本難續的著作中。一般人比較重視
作為胡塞爾的成名作的《邏輯研究》，但我發現，若就對知識論的
闡述而言，《經驗與判斷》較《邏輯研究》重要得多。原因顯然是
《經驗與判斷》遠較《邏輯研究》為後出，前者所展示的胡塞爾的
知識論，較後者為周延、成熟。

　　在過去的一年多中，我除了完成上述的撰著外，還有一意外的
收穫。當我續寫《純粹力動現象學》時，由於其中有兩章是專就世

界觀（Weltanschauung）的問題與當代兩個西方大哲進行對話的，他
們是胡塞爾與懷德海，我對胡塞爾的生活世界（Lebenswelt）理論比
較熟悉，寫這一章並不難。對於懷德海，特別是他的宇宙論，則只
有一般的哲學史水平的認識。因此要拿他的重要著作來細看，特別
是他的《歷程與實在》（*Process and Reality*）與《觀念的冒險》
（*Adventures of Ideas*）。《歷程與實在》是出了名難懂的，我亦早有
了心理準備，很細心地看。我覺得其中所展示的形上學特別是宇宙
論，充滿創新的機體主義成分，有很濃厚的啟發作用。難看自是意
料中事，但自己總算能把握到懷氏的要點。我看完懷氏的最重要的
七、八部著作後，把抄錄得的資料加以處理。怎料資料太多，倘若
要全部處理，而又運用自己的純粹力動現象學來回應，勢必要寫到
接近二十萬字，是一本書的篇幅了。於是便索性以專論的態度來
寫，寫完每一章後，便展開自己的回應。整本書寫得很順利。竣工
後，我抽出其中有關論世界觀的部分，進一步加以解釋闡明，那是
配合著《純粹力動現象學》的脈絡來做的。我便把這部分放入該書
中，成為其中的一章。至於已經寫好的那本書，便以《機體與力
動：懷德海哲學研究與對話》的名稱拿去出版。機體指懷氏的機體
主義哲學，力動指我自己的純粹力動現象學；對話指我在每一章的
末尾本著這純粹力動現象學的立場對懷氏哲學的回應。

　　約實而言，我在過去一年多中所作出的思考與撰著，比過往任
何相當的期間所做的都要充實、豐富，這是我本來想像不到的。此
中的原因，自與我辭去香港浸會大學的教職有關。不用教書、改
卷、開會、應酬，我行我素，收穫自然豐盛。另外更重要的是，我
沒有為在中研院所碰到的不幸的車禍受傷這一意外所嚇倒。意外發

生後，的確有一段時間讓我驚惶失措，腦海一片茫然。但不久便恢復狀態，專心投入思考與研究，連最難懂的懷德海哲學也難不倒我，起碼我自己覺得基本上能理解懷氏哲學的深微涵義。

六、遊戲三昧

以上所述，是我在過去一年多的故事。其中的經驗讓我深深地感到，人的肉體生命可以是非常脆弱的；你隨時會跌倒受傷，甚至死亡。弔詭的是，人的精神生命或意志可以很堅強；在緊要關頭，它可以散發出極其巨大的力量，表現出深遠的智慧與洞見。最奇妙的是，人的生命存在內部有一種自動調節的機制（mechanism）：肉體的生命力減損，精神的生命力會增強。精神生命萎縮，肉體生命便會膨脹，如上面所說。基於此，我們可以說，人的生命存在是一個整一的機體（organism），身與心、肉體與精神相互關連，此消彼長，以達致平衡。君不見歷史上很多風流英傑，散發出璀璨的光輝，照耀千古，但總是英年早逝，讓人生起無限惋惜與悲怨？而頭腦單純的市井之徒，或荒野村夫，往往能得高壽。這正應了老子所說的「天地不仁，以萬物為芻狗」。大道是公平的，它不會偏私，卻總是損有餘而補不足。

就我自己而言，我少年頗為得志，學業成績超卓，考試必名列前茅，但身體羸弱，覺得只能活到四十歲而已。大學、研究院年代，轉趨平淡、收斂，以求學為務，健康狀態也變得穩定，少有波濤。中年以後，強探力索，要成就大學問，稍有成果，但身體總是為頑疾侵尋，結果只能帶病精進。近年在學思上有突破，洞見頻

生，既有真的問題，也有真的觀念（純粹力動觀念）以解決，剛好要建立體系，成一家言，健康狀況却大幅下滑，致命的惡病接踵而來，生死只有一線之隔而已。

達摩禪的《二入四行》中有體怨進道的說法。這個意思作為一種實踐方式看，很能道出我目前的生活內容。我們一方面擁抱著生命上的苦痛、悲怨，而即在這種擁抱之中，體證生命的真理，向作為人生的目標的大道邁進。我們也可以更徹底地說，真理即此即內在於我們的日常生活之中、苦痛與屈辱之中，不在遠處，我們即就當前的生活狀況中便可體證真理，不必他求。倘若再配合著懷德海的歷程哲學來說，在平常生活中體認、指點出真理，在生活的歷程中努力，接觸真理，這樣已是具有無限價值義的生活了，至於結果如何，成就如何，反而不是那麼重要了。

我已接近耳順之年，人生的一大截路已走過，很快便到暮年。在農村，我出生於貧困之家，踏著泥土與牛糞長大。在香港、台灣、日本、德國、加拿大接受教育。年青時，在學習之餘，也盡量找機會旅遊，增廣見聞，接觸不同民族的文化，也能讓腦筋鬆弛下來。歐洲、非洲、日本、北美以及大陸內地，都跑遍了。家庭生活上的娶妻、生子、賺錢養家，都交了功課，雖然做得不是太好，但已是盡了力了。過去所受到的屈辱，似乎都漸漸離我而去，只存在於回憶之中。現在讓我擔憂和感到困惑的，是疾病一浪接一浪地衝過來，身體上的苦痛，有增無已。不過，如上面所說，我只預算自己有四十年壽命，現在已遠遠超越這段時間，這其餘的日子對我來說，可視為上天的恩賜。幾次的瀕死經驗，包括去年的車禍和所接受的手術，都沒有把我壓倒，把我搞垮。每次倒下，我總能掙扎站

起來。捱了一段日子，熬過苦痛，又是一條好漢。我有甚麼好埋怨呢？對於過去的日子，包括自己的抉擇在內（學習最艱深的語文和弄最難懂的哲學），我是無怨無悔的。在餘下的日子，我只希望能專心地、平穩地把造論的幾部著作寫完，完成自己的新現象學體系，那便謝天謝地了。即使做不完，我覺得已寫好的《純粹力動現象學》、《機體與力動：懷德海哲學研究與對話》，再加上一些重要的佛學著作，如《佛教思想大辭典》、《唯識現象學》、《龍樹中論的哲學解讀》和英文本的《天台佛學與早期中觀學》，已足夠向歷史交代了。

禪宗人士喜言遊戲三昧。《六祖壇經》、《無門關》都有提及，日本京都哲學的西谷啟治也說到。但如何解讀這種說法，則沒有一貫性，主要要看讀者的體會。我對遊戲三昧，頗有自己的一套看法，這在拙著《遊戲三昧：禪的實踐與終極關懷》及《中國佛學的現代詮釋》中有很清楚詳盡的說明。我先把這個說法分開成「三昧」與「遊戲」。三昧即是禪定，相應於梵文的 samādhi，指主體自身的不斷精進地修行，累積功德。遊戲則是三昧的起用，即是，要以在三昧中所修證得的功德為基礎，在這個世俗的、假名的環境起用，教化眾生，以至轉化他們，使轉迷成覺。在這種教化、轉化的過程中，修行者能當機地運用適切的功德或法門，幫助、引導迷執的眾生，讓他們趨向覺悟之域。由於修行者功力深厚，因而能無礙自在地運用這些法門以渡生，其收放自如，流暢運作，技術之高，如庖丁解牛，更如小孩子遊戲那樣，自由自在。我自己當然沒有這種功力，但心嚮往之。人生有很多有價值的事去做，但未必事事都能成功，這除了要看自己的主觀的努力外，還要看客觀的因素

能否配合得好。不管如何，倘若你能認定目標，確證價值的所在，然後全心全意去做，義無反顧，則你的這種意志與行為，便有無盡的價值在其中。能做得成功，自然最好；若不成功，也可向自己的良知交代，價值還是存於那裏，人生的意義還是存於其中。若能這樣一分為二，把成功與價值分開，不以成功與否來決定價值，便庶幾了。

　　我目下的想法，便是這樣。說來也很簡單，只要認定價值的目標，便全心全意去做，無怨無悔便成。結果如何，想不得那麼多了。古人說「難得糊塗」，倘若糊塗是指認定價值的目標來做人，像小孩般沒有機心，不計較成敗，不以這些東西來論英雄，內心感到愉悅、自得，則過糊塗的人生又何妨？人生本來便是一場遊戲，能樂在其中，便很不錯了。我自然未到這個境界，但認定這是自己所應走的路向，便這樣做了。

　　另外一點是，所謂遊戲，禪門本來用以指普渡眾生的活動。我研究佛學和開拓純粹力動現象學，解決佛學中的體用難題，以幾十年苦學所得，向讀者疏導佛教義理方面不無貢獻，也可以說是宏法有功吧。這應可視為另類的遊戲。而我的苦學，便是三昧。

附錄一：
給李遠哲院長的三封信

一

尊敬的李院長遠哲教授：

您好。

我是研究院內中國文哲研究所的研究員吳汝鈞，去年九月底應聘來文哲所加入研究的行列。我對能加入中研院而為其中的一分子，感覺非常榮幸，我非常珍惜這個機會。本來我很早便申請加入文哲所了，於一九九六年底接到聘書要來應聘，但由於我是香港來的，我在香港所服務的香港浸會大學方面還有很重要的研究計劃要完成，同時也不便帶同家人一同離港來台，於是申請要求院方允許延期應聘，於一九九九年九月才來。當時蒙　院長與文哲所籌備處主任戴璉璋先生慨允所請，延期應聘，此種安排，聽說當時仍未有先例，因此我對　院長的慨允感到非常榮幸與感激，印象非常深刻。不幸的是，在一九九九年春夏之交，我被發現患有腮腺癌症，由於要進行腫瘤割除手術和接受電療，那年九月又不能來了。直至去年，我終於排除一切障礙，辭去大學教職，再度申請加入文哲

所，於是我帶同妻子於去年九月來應聘了。

我是於去年九月二十四日辦妥應聘手續，正式成為院方的研究員的。我是專誠來文哲所幫助發展佛學研究的，所方一直找不到研究佛學方面的人才，故對我的加入行列，有一定的期望，我也希望自己能盡一己之所長，與所方同事共同努力。

不幸的是，我應聘後數日（二十六日），行經院內分子生物研究所時遇上車禍，一輛自用小客車突然駛出左轉，要出正門。駕駛人謝繼遠疏忽未有注意，不停車又快速左轉，只看右方，未注意左方，當時我站立於左方，由於汽車轉駛太速，我未能及時後退躲避，致該車側面猛力撞擊我的雙腿，讓我猛然倒在地上，右側股骨近端骨折，左膝外側脛骨平台骨折合併後十字韌帶鬆弛及內側半月狀軟骨破損等嚴重傷害（據醫院方面紀錄）。當時我的處境非常危險，我的左膝被輪軸嚴重撞傷，立時倒在地上，其時客車還在移動。及後我因倒地時股骨（右邊大腿）折斷疼痛而大叫，客車才停了下來。我當時發現自己下半身被捲進車底，上半身則露在車外，自己剛好置身於客車前後兩輪之間。倘若客車還不停止，繼續前駛半公尺，我勢必被它壓死。當時駕駛人謝先生才出來，說：「我沒有看到你呀！」（他在交通警察錄口供時說自己當時只看右方，未有留意左方）其後我被送往三軍總醫院接受急救，動了兩次手術。特別是接受左膝手術後，當晚疼痛難當，覺得自己實在熬不下去，便急電請戴璉璋老師來醫院，以防萬一有生命危險，他可以照應。戴老師及師母來了，他們非常擔憂與焦慮。那晚我在妻子及看護（私家看護）陪伴下，勉強熬了過去。

駕駛人謝先生於事後將肇事之小客車移動至馬路中央，意圖製

造有利於己的證據，脫免肇事責任。此事是警察當晚在醫院中替我錄口供時告訴我的，並說此種事故時常發生於車禍之後，他們已經見慣了。

　　我在三軍總醫院住了超過四十天，每晚都需要請私家看護陪侍在側。在這超過四十天的生活中，吃喝、抹身淨身，以至大小便都需在病床上解決，苦不堪言。那種感受，真是難以為外人道。我自己每天都有生不如死的感覺。在這四十多天之中，謝先生所任職的分子生物研究所方面，只有他們的副所長趙裕展先生來看過我，此外並沒有該所的任何人員，包括肇事人謝先生在內，與我有任何聯繫。出院以來，迄今已超過四個月了，情況仍是一樣，該所沒有任何人跟我有任何聯繫。這種情況讓我感到非常非常驚異與失望。他們所的下屬在院內魯莽駕駛（交通裁判所給謝先生的裁判是「左轉疏忽」），把別的所的研究人員撞至雙腳重傷，幾乎取人性命，他們的所怎麼完全沒有人出來負責任呢？他們的所的研究不是與生物、生命有直接關係麼？他們有沒有把我當作一個有生命的人看待呢？迄今我仍未聽到分生所的高層人員（例如所長、副所長之類）對肇事人有任何紀律聆訊或任何紀律處分。我一直對作為國家的最高的學術研究機構的中研院懷有極高的敬意，現在卻讓我深深感受到院內實在有些人是那樣的涼血與冷酷。一些民主的國家（例如英國與日本），倘若閣員有任何嚴重過失，或犯有醜聞之類的事件，作為最高層人物的首相是要負責任的，輕的是把有關的閣員革職懲處，嚴重的情況，首相要請辭，甚至解散內閣，俾能對人民有所交代。分子生物研究所的高層人士對發生在我身上的車禍和對肇事的人如何看呢？我實在很想知道。

·317·

　　肇事人謝先生在事後總是避不出面，從未主動與我商談有關賠償或和解等事。經我委託律師（時代法律事務所，電話：8192-2001，傳真：3393-2031）發函要求賠償我的損失，他總是以一些大大小小的理由避不見面，例如出國、妻子生病要安排她住院等。他顯然在拖延時間，並揚言要告便告，表示得有恃無恐的樣子。這是我無法忍受的，也是極不公平的。

　　我在手術之後迄今已經超過五個月，康復情況並不理想。右邊大腿駁骨部位留有相當闊的空隙，痛楚難耐。目前仍只能待在中研院宿舍，出入走路要依賴四腳的助行器，往醫院覆診要預訂康復巴士或救護車，目前還未能坐計程車，因雙腳無法站立，需要坐輪椅。最讓我感到困擾的是，我曾接受過兩次脊骨融合手術（anterior spinal fusion, posterior spinal fusion），都是在脊骨最下方做的。自車禍發生後，我覺得在脊骨做手術的位置不時發出劇痛，而且痛楚越來越嚴重。我自己的估計，是我在車禍中被撞跌倒著地的位置是大腿上方向側的一面，那裏很接近脊骨融合手術的處所，我在這處所感到劇痛，可能是那次被撞跌倒著地所引起。但真相為何，需要回香港找替我兩度作脊骨融合手術的醫生作全面的檢查，才能決定。是否真的要回香港接受檢查，我還未能決定，真有六神無主之感。

　　由於無法行動，出入需倚仗輪椅，故我無法如常人般到研究室做研究、上班，也不能到外邊參加學術研討會。也由於疼痛關係（我每天都需服止痛藥和抗憂鬱藥，但效果不大），不能專心做研究。我原來的研究計劃，包括替文哲所發展佛學與宗教研究計劃，也全盤被打亂。不知何時才能恢復研究，更不知能否恢復正常的行走。另外，由於肇事人總是龜縮著不出來，我要委託律師進行法律訴訟，

目前已把刑事起訴狀呈上法院，已繳交了五萬元新台幣作為律師費，如一審不能了結，要繼續追究，我便要繼續交付律師費，將來作附帶民事訴訟，請求損害賠償。宣告假執行，則需七十萬元新台幣或以上供擔保。我由香港帶來的錢，在付醫療費（五十多萬）、租住宿舍購買傢俬爐具等居住必備品方面已花去一大筆，無法籌措上面所提的法律訴訟費用。這是我目前在研究和處理法律訴訟以解決車禍受傷事方面的最大困難。目前我的感覺是孤立無援，無助與無奈。

我辭去香港浸會大學的教職而應聘中研院，很不容易。單是薪酬方面的差距便大得很（我在浸會大學月薪為九萬多港元，房屋購置津貼三萬七千港元，合起來超過十三萬港元，折合台幣為接近六十萬元，相當於我在中研院所領十萬元薪酬的六倍）。但人的生活，特別是作學術研究，總不能向錢看。要實現研究與教育理想，往往便得在經濟方面作出犧牲。我相信　李院長作為令人尊敬的諾貝爾級學者，在來台應聘中央研究院院長之職之前，必曾考慮過離開美國的學術機構所會面臨經濟上的損失。但　李院長最後來了，把自己的卓越的學術研究成果和教育理念，貢獻給國人。這是我們對　李院長最敬佩的地方。我也是懷著相近似的想法來中研院的（當然我的學術研究的成績不能和李院長比）。但來了才幾天，便碰上這樣倒霉的事，那是我做夢也沒想到的。但我更難想像在中研院內會有這樣一些涼血的人，包庇做了錯事的下屬。今天他的下屬撞斷別人的雙腿，他不管。明天若他的下屬在中研院內特別在他們所方附近殺了人，他管不管呢？

關於這次車禍受重傷的事，由於對方一直在躲避，我除了委託律師辦理外，也嘗試在院內尋求解決的途徑。負責跟進此事的文哲

所副所長蔣秋華老師與分生所方面有過多次的詢問，不得要領。文哲所另一位副所長華瑋老師曾與院內劉副院長談及此事，劉副院長表示可以找院內公共事務組科長張正岡先生求助，我聯絡張先生，他給了我一些資料與意見，但與問題的解決沒有直接的關連。我又想到院內有法律顧問，想找他幫忙，但我從一些朋友方面得悉，法律顧問是不管這些事的。我在院內嘗試過找不同渠道來解決這問題，都落空了。我的用意是希望這件不幸的事能在院內所與所之間解決，不涉及院外任何機構或機制，以免影響中研院的聲譽。我這樣想，中研院是國際性的學術研究院，不停有外邊的學者過來交流、開會，倘若讓他們知道像中研院這樣一個寬敞的、寧靜的學術研究的地方也會發生這樣讓人難以想像的車禍，而肇事人所屬的研究所的高層又是那樣的涼血，不肯站出來負責任。中研院不是一個安全的研究學問的地方，他們可能不會來了。這對院方會帶來一定的負面影響。

在車禍發生後不久，我在醫院時已聽到　李院長已知道和留意此事了。我一直盼望著　李院長能出來主持公道，給我一個交代，讓該被懲處的人受到一定的懲罰。這樣的事情雖然可以求助律師幫忙解決，但我覺得中研院是一個學術研究的大家庭，倘若下邊有些甚麼人做了非法的事，禍及院內的成員和他的家人，總應有人出來主持公道，跟進這件事，讓它能得到公平、合理的解決。分生所的所長、副所長等高層人士既然不管，大家都袖手旁觀，我便只能向院內作為大家長的　李院長求助了。我們倘若縱容一個惡棍嚴重傷害一個人的身體，下一次他可以駕著小客車把另一個人活活輾死。這是絕對有可能的事，是不難想像的事。

　　我寫這封信的目的，是希望　李院長能親自出頭為這件不幸的事主持公道，讓違規傷害他人身體的人受到懲罰，應該負責任但只是袖手旁觀甚至有意包庇下屬者受到告誡，起碼成立一個調查委員會或小組調查、研究這件事，對有關人士作適當的處理。

　　我現在已無路可行。繼續留在台灣，我無法負擔那高昂的律師訴訟費用；回香港去，又不能恢復原來的香港浸會大學的教職，我的妻子也不可能回復高級中學的教職（她是辭了職跟我一道來中研院的）。因此冒昧直接上書向　李院長求助，最好能促成庭外和解，不必經由法庭，俾能省回律師費用與法庭費用，並把惡棍繩之於法。這不單是我自己的福，也是中研院的福。

　　我希望很快能得到．李院長的回應（大概在半個月以內）。倘若李院長日理萬機；沒有時間處理的話，我便把這封信公之於報章，讓人民大眾來評理，以求公義。

　　耑此祝
身心康泰

吳汝鈞敬上

2004.3.14

電話：26518691

二

尊敬的李院長遠哲教授：

您好。關於我在去年九月底在院內遭車禍受重傷的事，我曾於今年三月十四日向　您陳詞，要求協助。蒙　您的關注，指示總務部的主任負責跟進此事，我非常感激，先在此向　您表示謝衷。據聞總務部主任曾要求我所（文哲所）的副所長蔣秋華先生與肇事人所屬的分生所的副所長趙裕展先生商談這件事的解決。但這事迄今已接近一個月，雙方雖有過接觸，但對解決問題，完全沒有進展。我謹把其中有關事項列述如下，希望　院長能關注並協助。

一、蔣先生曾與趙先生在電話中（可能也見過面）談及這個問題，但趙先生說他們以為我只以刑事案來告肇事人，那麼肇事人只需賠償我的醫療費用便成。但我的律師很早已經致函肇事人，要求他在刑事上賠償醫療費外，更要在民事方面賠償我在研究上、開學術會議上及精神上的損失（也包括妻子因照顧我而終日奔波），兩方面合起來約二百萬元。趙先生不可能不知道這件事，他回應要求我提供在醫療方面所付出的收據，俾肇事人可依此準備賠償的事。這讓我感到困惑不解，覺得分生所方面有意包庇肇事人，想把事件盡量縮小與淡化了事，同時拖延時日。

二、有關我的治療方面，並不順利。骨斷地方還有空隙，半年以來都未有癒合，致大腿上部持續感到酸痛。最近更發現在右邊大腿上部為了鞏固插在大腿骨中的鋼條而鑽進去的兩個螺絲釘都呈鬆脫狀態。醫院（三軍總醫院）方面解釋這是由於半年來我的身體由於進食、上廁所、洗澡而有移動所引起。我感到疑惑，覺得院方的解

釋不能接受。因為這半年來我幾乎做甚麼事都在床上進行，只有最近幾個月才勉強下床，活動一下，但絕無劇烈的動作，螺絲釘不可能這樣容易鬆脫。因此把半年以來每次回院方覆診所拍的 X 光片寄到香港，徵詢彼方醫科專家的意見。彼方的骨科專家（張維醫生，電話：25216565，傳真：28779709，傳呼機：71128668 叫 2711）細心檢視 X 光片，表示在手術完成後甫拍出來的片子顯示螺絲釘根本未有安妥，本來便鬆脫了。這表示三總方面的手術有錯失，我對三總已失去信心，又不知道應到哪家醫院尋求補救，我也曾考慮到香港或日本（我是從香港來的，以前也曾在日本做過幾年研究，對彼方在骨科的治療情況很清楚）尋求後續治療。但這樣做需要自己負擔全部的費用，我無法應付。

三、肇事人和我分別應台灣士林地方法院檢察署之囑到台北市政府警察局南港分局先行接受調查，彼方警察透露肇事人的口供是車禍的原因是我在他駕車左轉時撞向他的客車，而不是他不小心、左轉時不減車速又不看左方因而把我撞倒。警察說他在偽做事故，我的律師（她陪我到警察局）說肇事人在「賴」、「賴得就賴」。

四、我聽聞肇事人現在正在申請退休，這樣便可領取退休金（他在院內服務已超過 22 年）。同時，他又要變賣自己在新店的房屋。這些動作，是否與因車禍有關呢？他拿了退休金，賣了房子，便可以跑到別的地方。此中有很大的嫌疑空間，我的律師要我密切注意此事。

基於以上諸點，我覺得分生所方面對解決這件事情缺乏誠意，由雙方的副所長來作表面的傾談解決不了問題。同時，我的腿傷的後續治療也不能拖下去。醫生說拖延越久，痊癒的機會便越小。由

於車禍是在中研院內發生（雖然我和妻子跟很多人，包括計程車司機，談及此事，他們的反應都是這樣的交通意外在作為最高的學術研究機構的中研院院內發生，是極難想像和極難置信的事），我始終覺得最好能在院內解決，不要讓它被搬上法庭。以後者來解決，不單荒廢時間，還要負擔龐大的律師費，我根本應付不來。最重要的是，這件事若在法庭中解決，勢必被公開於報章，讓人知道中研院內會有這樣釀成行人重傷的車禍發生，因而有中研院不是一個安全的研究機構的印象。這會對中研院帶來極為負面的影響，那是我萬萬不想見到的。

由於上面所陳的困難，我在萬不得已的情況下，向　院長提出兩項要求，希望　院長垂注。

一、把談判解決院內車禍問題的層次由有關雙方的副所長提升至院長層次，希望　李院長能親自出來，以徹底解決這項不幸的事情，包括進行紀律聆訊，要求肇事人和包庇他的上司出來負責。我國古賢提出殺人賠命。我覺得嚴重傷害他人身體，亦必須受檢舉，接受相應的紀律懲罰。

二、關於我的大腿骨折不能行動的後續治療問題，我曾不斷奔波於三軍總醫院、長庚醫院、台大醫院的骨科主治醫師之間，他們各自提出不同的治療方法，我無法作出決定，感到非常困惑，而醫師的共識這個問題越早解決越好，遲了會很不利，也予我極大的壓力。我很想儘快回香港再接受手術治療，但我付不出那龐大的醫療費用，台灣的健保根本不管用。由於車禍是在院內發生的，而又是駕駛人「左轉疏忽」（這是交通裁判所對肇事人所作的判決）所惹來的，我自己受重傷，完全是無辜的。我因此懇請中研院方面能發放適當數額的經費，讓我能儘快回香港接受治療，同時也檢查和解決脊骨

手術因車禍而被波及的疼痛問題。這問題我在三月十四日給　院長的函件中也提過。

　　以上兩點請求，希望　院長能盡量考慮，協助我解決困境。謹先在此向　院長致謝衷。　敬祝

身心康泰

吳汝鈞敬上

2004.4.13

文哲所研究員

電話：26518691

正本：中研院李遠哲院長

副本：中研院文哲所王靖獻所長

　　　中研院分生所姚孟肇所長（部份內容略去）

三

正本：中研院李遠哲院長

副本：中研院文哲所王靖獻所長

　　　中研院分生所姚孟肇所長（部分內容略去）

尊敬的李院長遠哲教授：

　　您好。這是我向您寫的有關去年九月下旬發生在我身上的交通意外的事的第三封信了。今年四月我接到院長室孟小姐的電話，說院長很關心我的傷患，可以立時推介我到台大醫院接受最好的治療（三總的治療不理想，手術後超過半年斷骨之處沒有進展，未能癒合）。對於院長的關心，我謹在這裏表示謝衷。不過，由於當時我已與香港方面的醫生（Dr. Julian W. Chang，Tel：852-25216565）有過多次聯繫，已決定回香港請他跟進，結果我在四月二十日回香港，Dr. Chang 在四月二十二日替我再做一次手術，一切順利，估計斷骨處會慢慢癒合。不過，Dr. Chang 提出有三點「永遠傷害」，無法治療：一、右腳有長短足問題；二、左膝不能內屈超過一百度；三、左膝以後會長時期有關節炎，引起疼痛。我已於六月十五日回文哲所。

　　七月二日我和肇事人分子生物學研究所職員謝繼遠先生應士林地方法院檢察署刑事部之召喚出庭接受問話，報告當日車禍發生的經過。肇事人改了口供（他一直說當時他駛車左轉時只留意右邊沒有留意左邊，因此把我碰跌倒在地上，當時我在他的左邊），說當時他的小客車停在分生所前面馬路中心，我自己撞向他的車子，倒地受傷。很明顯地是他已到了無可再賴的地步，只得製造這種謊話。原因如下：一、

當時我已被他的客車捲進車底，上半身在車外，下半身在車底。倘若他的客車是停在馬路中心，我主動撞向他的客車，如他所說，則我怎樣會被捲進他的車底呢？二、我為甚麼要撞向他的客車呢？除非我要自殺。特別是，我是今年傑出人才講座中中研院方面的唯一得獎者，這項講座得來不易，說我無緣無故撞向他的客車，不單是對我個人理智上的侮辱，同時也是對傑出人才講座的侮辱。

　　我的律師提醒我：當事發時（去年九月二十六日下午五時四十五分左右）天還未黑，院內下班回家的人不少，肯定有人目擊車禍事件的發生，倘若找到他／她們，可請作為現場目擊證人，指證肇事人的謊話，讓此一刑事案盡快了結。（時代法律事務所，Tel：81922001，33932031，林美倫律師、陳豪杉律師）律師因此提議我向院內作廣泛查詢，看看能否找到目擊證人幫忙。

　　我仔細想過，認為這是一條可行的途徑。但自己人微言輕，對院內的一切，包括人員與各機構所在地，都感陌生（我來院才三天，便遇上車禍，到現在還無法走動），如何進行查詢呢？最後想到可能還是　李院長最能幫我這個忙。因此便又冒昧寫這封信，煩擾　院長，希望　院長同情，運用適當方式，進行查詢，希望能找到目擊證人，使這件不幸的事能早日得到解決。

　　這件事對我的打擊實在太大，除了身心受到重創外，原來的研究計劃也被打亂了陣腳，不能進行。希望　院長能同情理解，給我援手，我便感激不盡了。

　　耑此　敬頌
大安

吳汝鈞謹上 2004.7.4

文哲所研究員

宿舍電話：26518691

副本送：王靖獻教授（文哲所所長）

附錄二：
第二次脊骨大手術的煎熬

　　二〇〇一年六月中旬，我進香港有名的山頂嘉諾撒醫院接受第二次脊骨融合手術，操刀的仍是邱明才醫生，他是我的第一次脊骨融合手術的操刀者。他是一個在脊骨手術方面具有極高超的技術和具有百分之百自信的人。這次手術本來不在原來的計劃中。我原來的計劃，是在五、六月之間到德國與瑞士旅行，並提出自己近年所構思的純粹力動現象學（Phänomenologie der reinen Vitalität）的形而上學體系，和彼方的學者交流一下，聽取他們的意見。另外，由於我近年的身體健康狀況一直不好，準備到那邊作較長期（三個月左右）的休養，讓身體的健康狀況變得好些，九月回來，再接受脊骨融合手術。但事與願違。在五月下旬，由於浸會大學的學生的一些事情，讓我暫時離不開。經過幾次的改延日期，仍然無法成行。最後，我決定先接受手術再算。我心裏想，人們可以阻止或拖延我的德瑞之行，但不能干預我進醫院接受手術。健康的因素，一向都是被優先考慮的。

　　我曾在一九八七年十二月接受第一次的前部脊骨融合（anterior spinal fusion）手術。那是由於我的腰部第 4、5 椎骨之間的軟骨鬆

脫，不能支撐周圍的肌肉，致神經線被壓，引起疼痛。手術的程序
是在腹部下端開刀，把內裏的器官翻起，因此便露出脊骨了。通常
的人想起這樣的手術，都認為應在後背開刀，因脊骨是在靠近後背
那一邊。邱醫生做這類手術與常人不同，他喜歡在腹部開刀，那是
他自己創造的方法。原因是我們的脊骨後面便是一條腔道，內藏著
密麻的神經線。若在後面開刀，需要經過這些神經線和腔道，才能
接觸脊骨本身。倘若這樣做，神經線受傷的機會比較大。從腹部開
刀，手術過程雖然複雜些，但較為安全，傷到神經線的可能性較
低。

　　第一次脊骨的手術是把第 4、5 節椎骨之間的軟骨挖掉，塞進
一塊鈦（titanium）金屬，讓它和上下的椎骨連合起來，成為一體。
這樣，周圍的肌肉便會被固定起來，不會壓著神經線，因而由此而
來的痛苦便得以舒緩下來。這第二次的手術，則是由於第 3、4 節
椎骨之間的軟骨又有鬆脫的傾向，需要用兩條鈦金屬條貼近第 3、
4、5 節椎骨，然後在每節椎骨之中，交叉以兩粒鈦金屬的螺絲釘
鑽進椎骨之內，這樣，第3、4、5 三塊椎骨連同中間的軟骨便被固
定在一起。不過，這次手術不是從前面開刀，而是從後面開刀
（posterior spinal fusion），原因是上次手術從前面開刀，腹部中很多血
管及其他管道已與一些器官粘著一起，不能再碰它們，故需要從背
部開刀了。

　　手術歷時近五個小時，很成功，沒有傷及任何神經線，但帶來
巨大的痛苦，較第一次帶來的痛苦有過之無不及。而且，由於年齡
的關係，覺得對痛苦的忍受，比第一次大為艱難。最嚴重的問題
是，由於巨大的疼痛與心情低落，院方提供給我服用的安眠藥完全

不管用，即使三、四倍服用也沒有效果，我每天晚上都無法入睡，總是輾轉反側，定不下來，害得臨時請來的女看護整晚都忙個不了，有時我要喝水，有時要小便，有時要聽古典音樂，有時要抹汗，總是沒有安定下來。我在醫院度過的七個晚上，都是這樣，基本上毫無睡意，很多時都是眼光光地看著天花板，以至於天亮。唯一稍能讓我小睡一下的是聽古典音樂，一面聽，心思一面隨著音樂的旋律轉，被帶入音樂的世界，一時沒有了知覺。但當音樂完畢，便又醒過來了。

在醫院的七天之中，我都不能安睡，連一個小時的熟睡也沒有。當時的狀態非常差劣，情緒非常低落。這七天給我的感覺是，我被隔離開自己一向熟悉的、感覺親切的價值的世界，而被掉進一個黑沉沉的、陌生的、沒有價值可言的世界，很有海德格（M. Heidegger）所說的「被拋擇性」（Geworfenheit）的感受，一切由外緣的東西所主宰，沒有選擇的自由。這裏沒有生命，沒有光明，死亡像一重重波濤萬馬奔騰地向著你猛撲過來，要把你捲進一個無底的深潭。

我當時感受到的痛苦，不單是肉體的，同時也是情緒的、心靈的、精神的。肉體上的痛苦，我是接受的，而且早早便有了心理上的準備。做這樣的手術，幾乎沒有一個病人在手術完後不會後悔，後悔當初作了這樣一個做手術的決定，因為這種手段帶來的疼痛是那樣的巨大難忍，沒有一個過來人不會連聲大叫大喊，呼天喚地，在痛哭，在追悔。在我鄰床有兩個病人，都在我之後接受類似的手術，被帶回病房後都是這樣地喊天喊地，喊父喊母，哀號之聲，令人下淚。不過，護士小姐在病房中進進出出，只管做自己的事，對

他們的呼喊，毫不動容。很明顯地是她們面對這樣的情景多了，多得已經沒有甚麼感覺，都麻木了。她們所能幫助病人的，也很有限。安慰的話語變得完全沒有用，便索性不理不睬，只是在有需要時和在適當的時候（每次相隔不能少於四個小時）為他們注射嗎啡止痛。不過，對於這種巨大的痛苦，嗎啡也沒有明顯的舒緩作用，只使病人變得更為昏沉而已。

關於這樣的手術所帶來的痛苦，一般的情況是，病人在手術當天的晚上，會感到空前的痛苦。但翌日才是痛苦的高峰期。因為在第一天，麻醉藥還未完全散去，故還有一些麻醉的作用在內。但到第二天，麻醉藥會完全散去，痛苦會不斷增強，好像沒有極限的樣子。這時，病人通常都不時提出共同的哀求：注射嗎啡以止痛。但如上所述，止痛藥的作用始終有限，而且注射得多了，會對身體帶來傷害。病人若能熬過這一天，第三天之後，便會覺得好過些了，但仍會覺痛苦悽厲得難擋。

要應付這樣的痛苦，的確很不容易，或可說是困難之極。據我過去兩次的經驗所得，心理上的盼望非常重要。即是，這樣的手術，通常都是在病人無法長期忍受殘酷而持久的背痛或腰痛，用盡了一切較溫和的方法（如服藥、物理治療、帶腰箍、做腰部與背部運動、推拿、游泳，以至中醫跌打所提供的種種雜亂的方法，甚至包括針灸一類被視為無所不能的治療法），都不奏效，沒有顯著的效果的情況下的最後的選擇，也是費用最為高昂、最痛苦、最高危（手術做得不好，傷及神經線，會讓雙腿癱瘓，不能走動）的治療法。病人總是在戰戰兢兢的心態下接受這種手術，總是希望這種最後的選擇能真正為自己解決問題，讓自己能夠從長期糾纏自己、使自己長期處於痛苦狀態的頑疾

中得到解放。

這最後一句的意思是關鍵性的，那便是病人從這種手術所盼望的：病痛的消失，身體的康復。在人的生命歷程中，沒有其他任何東西比健康更為重要。一個人倘若沒有了健康，你即使把整個世界都送給他，也沒有用，也不會讓他快樂。只有回復健康，才會讓他快樂。一個人不管在肉體上受了多麼痛苦，精神上受到多麼折磨，只要健康、康復的目的能達到，則他的勇氣、鬥志便來了。在他看來，只要能獲得健康，一切代價的付出（包括對苦痛的忍受）都是值得的。對於健康的盼望，是一個人承受和忍受任何痛苦的勇氣與鬥志的泉源。

以上所說到的應付苦痛的方法，是心理學意義的，其重要性是不可懷疑的。不過，這不是直接跟痛苦打交道、直接對付痛苦的方法。直接對付的方法是忍：忍受與忍耐。說忍是一種心理也好，一種意志也好，或是具體的武器也好，重要的是，它是對直前的、當下的痛苦問題的解決方法。盼望、希望雖然重要，但所盼望的東西，總是在未來出現的，不是直下的、現前的。病人目前地、現前地遇到、感到的痛苦，需要有一種現前的、具體的方式來應付，來解決。盼望、希望表示一個預期的目標，不管它怎樣重要，但不能拿來當飯吃。即是，當一個人處於極度飢餓的狀態，他所最渴求的是一碗能充飢的白米飯，任何將來才兌現的支票，如五天後才能拿到手的滿漢全席的承諾，都是沒有用的。忍便是這樣性格的東西，它本身含藏著一種巨大的力量，能抵受痛苦，把痛苦一口吞下，然後慢慢消化它。我們即使對痛苦沒有即時的處理辦法，但暫時忍住它，和它打交道，周旋一下，便能爭取多些時間，等待積極的方法

或助力，以對付痛苦。

接著下來的第三種方式，就我自己的多次體驗與經驗來說，是在忍受痛苦當中，靜悄悄地體會、理解它的作用，它如何困擾和侵害自己，從而找尋應付它的有效方法。即是，苦痛是生滅法，它不會恆常地停滯在你的身體的固定位置，永遠讓你感到同樣的困擾。每一種痛苦，在你的身體中肆虐，總不會同樣地、一成不變地對你構成滋擾。它有一個流程：它會活動，有時又會暫時消逝，然後又會再來，這便是它的流行。譬如說，在一天之中，在不同時段，痛苦對你會有不同程度的困擾、傷害。同時，它會有一個行程，在你的身體中流轉，有時它會在 A 處流轉，有時會轉到 B 處。再有的是，你自己的身體的活動方式，如行、住、坐、臥，進一步言，如何行，如何住，如何坐，如何臥，痛苦的程度都不同。例如膝蓋損傷所帶來的痛苦，便會依你的仰睡和側睡的不同睡姿而有不同。這都需要你自己細細去體會、窺探，並積極採取有效的相應的方式，讓痛苦極度困擾你的程度減至最低，讓它對你只有較輕微的困擾的情況反復出現。每一種病苦都有它的死穴，都有它的弱點，你必須要準確地抓緊它的死穴、弱點，然後集中在該處著手應付，痛苦對你便不會有那麼大的威脅了。

就脊骨手術所帶來的痛苦來說，通常側臥（不管是左側抑右側），所感受到的痛苦會較平臥、仰臥所感受的為輕。原因很簡單，手術是靠著背面進行的，平臥、仰臥對傷口會造成較大的壓力，痛苦便自然較為劇烈。側臥則可讓傷口免受身體的壓力，因此痛苦的程度會降低。同樣道理，就腹部開刀來說，若是左腹開刀，則應靠右側臥；若是右腹開刀，則應靠左側臥。

在接受第二次脊骨手術的經驗中，我覺得最難熬的，自然是手術帶來的巨大的肉體上的痛苦。另外，不能成眠也是挺難捱的。在白天，護士和清潔女工來來往往，鄰床來探病的家屬也多，讓人難以休息靜養。晚上則總是沒有睡意，躺在床上，雙眼望著天花板，不知做甚麼才好。你越是想睡覺，便越是睡不著，即使能睡一下，也睡得不熟，很快便醒了。睡不著時，心情不免煩躁；心情煩躁，靜不下來，便更難入睡。這樣便成了惡性循環，的確讓人非常難受。護士拿來的安眠藥，也不管用。後來我輾轉求醫，才瞭然自己的真實境況。我是由於腦部的某些細胞不能承受脊骨手術所帶來的重大痛楚，因而不能正常運作，讓心情陷入極度憂鬱狀態，這是生理影響心理的明顯例子。因此，我的問題是憂鬱（depression）問題，不是睡得著睡不著的問題，吃安眠藥是沒有用的。必須先解決憂鬱問題，睡眠問題才能迎刃而解。

在手術後，我在醫院待了一個星期，最後出院，由兒子開車接我回家。途中，我見到一些看來似曾相識的建築物，感覺自己漸漸由那個曾被拋擲下去的死亡的深淵中被引領回陽間，返回自己一向熟識的、明朗的價值世界。由眼前的景象，回緬過往七、八天的地獄式的遭遇與體驗，真有死裏復生的感覺。人的生與死，可以是那麼接近，只是一線之隔而已。

附錄三：
我與梶山雄一教授：
一點關係與哀思

　　近日一些佛學研究方面的朋友來探我，其中一位提及日本的佛教學者梶山雄一教授逝世的事，我表面顯得冷靜，內心卻感到陣陣的震驚。這種反應，顯然與我跟梶山教授的交往與他在印度佛學上的學養與研究成果有關。這點且擱下不表。翌日我即打電話給從紐約大學水牛城校園退休的美籍日裔中觀學者稻田龜男（Kenneth K. Inada），求證此事，原因是稻田與梶山兩位教授對中觀學都有相當深刻的學養，稻田教授必知此事的來龍去脈。但稻田回應說對此事未有所聞，並表示感謝我通知他這個信息，云云。我於是又打電話給由京都大學退休多年的服部正明教授，求證此事。可惜服部教授不在家，他去了東京。不過，我與服部夫人閒聊了一陣，其間我提到梶山教授去世的傳聞，向她求證。服部夫人說梶山教授的確已於近日因病去世了。❶服部和梶山教授在京都大學共事多年，兩位都

---

❶　後來我終於與服部教授聯絡上，他說梶山教授是死於胃癌的。

是長尾雅人教授的高足。

　　梶山雄一教授的突然去世的新聞，是我很不願意聽到的。一方面是基於我和他的特殊關係，最重要的是他在印度佛學研究方面的卓越成就。在日本以至國際佛學研究界，他都被視為一個「很強的學者」（a powerful scholar）。

　　大約三十年前，即一九七四年四月，我申請得日本政府教育部（文部省）頒發的獎學金到日本留學，先在大阪外國語大學留學生系（掛）學習日本語，半年以後，即同年十月，我到京都大學報到，以研修員的身份，學習梵文與研究佛學邏輯與知識論。當時我被安排在佛教學部掛單，指導教授正是該學部的教授梶山雄一。當時梶山正在盛年階段，與印度哲學史學部教授服部正明與梵文學部教授大地原豐鼎足而立，這三個學部的研究生共用一個研究室，一個圖書館，一切以梵文典籍為主。所謂學部，有系（department）與課程（program）的意味。京大的學系的分法有點特殊，與一般的不同。關於哲學方面，它有西洋哲學史學部、中國哲學史學部、印度哲學史學部、佛教學部，和傾向宗教方面的宗教學部。當時這些學部的人才非常鼎盛，宗教學部先有西谷啟治，他退下後，由武內義範和上田閑照接上；佛教學部有長尾雅人，他退下後，由梶山雄一接上；印度哲學史學部有松尾義海，他退下後，由服部正明接上；中國哲學史學部有牧田諦亮。至於西洋哲學史學部，由誰人掌舵，我不大清楚，但京大文學院的院長山田晶，是希臘哲學權威，大概有關西方哲學的事，都是他管的。由於佛教學部、印度哲學史學部和梵文學部的課，都以梵文為主導，因此，梶山雄一、服部正明與大地原豐有很密切的來往。牧田諦亮則很低調，中國哲學也不受重

視。研究中國學問的，如平岡武夫、小川環樹和日比野丈夫等都跑到京都大學人文科學研究所方面去，連禪宗史與典籍研究的權威學者柳田聖山，也去了。京大人文研以藏有豐富漢學研究資料而知名於當時，能夠和它比的只有哈佛大學的圖書館。

京都學派哲學在宗教學部和西洋哲學史學部有很大的影響力。上面提及的西谷、武內、上田諸人都當過教授。另外還有研究海德格（M. Heidegger）的辻村公一，他算是半個京都學派成員，或學派的邊緣人物。我來往較多的是西谷先生，另外還有阿部正雄先生。阿部先生在奈良教育大學任教，他始終進不了京大，這是很可惜的。另外，懷德海（A. N. Whitehead）專家山本誠作也在京大，他也被視為京都學派的一位成員。

這一代之後，京大在有關這些學部方面的人才方面，顯然走向式微，雖然各方面都後繼有人，但在學養或學問的功力方面，都遜於他們的前輩。如御牧克己接替梶山雄一，赤松明彥接替服部正明，德永忠雄接替大地原豐。在京都學派方面，人才顯得凋零，只有藤田正勝任教授之職，但所在的學部，是他自己所組織的日本哲學史學部。其他成員，則散在其他大學。如大橋良介在京都纖維大學，花崗永子在大阪府立大學，後者退休後又受聘於奈良產業大學情報學部。很多很具潛力的學者，都不能入職於京都大學或東京大學等一流大學。例如在佛教知識論特別是法稱（Dharmakīrti）理論的研究方面，桂紹隆在廣島大學，岩田孝則在早稻田大學。

如上面所說，我初到京大，在梶山教授的指導下做研究，後來覺得梶山一人不能滿足我在學問上的需求，又要求服部也作我的指導教授。我初見梶山教授，所得的印象是充滿自信和傲慢，對我提

出的問題以批判性的態度回應。跟著幾次談話都是一樣。例如，他對我說我的哲學知識可能不錯，但顯然缺乏佛教文獻學的基礎。這是因為在討論中，我們涉及原始佛教問題，當時我說不出阿含文獻的名稱，甚至 Āgama 這個字眼也說不出來。他又說我不懂梵文、藏文，怎能研究中觀學呢？他又批評窺基的邏輯學養，說玄奘可能還懂一些因明學，但窺基在這方面的基礎則嫌薄弱。他又提到中國人的現代佛學研究難有成就可言，只是法尊翻譯了一些藏文的典籍為可取。他又說曾留意印順的中觀學方面的解讀，覺得完全缺乏文獻學的工夫。他對我的提問，基本上都以負面答覆來回應。不過，在很罕有的情況下，他也說些勸勉的話。例如，他說藏文知識對印度晚期的佛教發展的研究非常重要，並且說，有了梵文的學養作為根基，不難學習藏文的文法，甚至在半年內便可以掌握了，云云。他又帶我參觀他們的研究室，即上面說過的佛教學部、印度哲學史學部與梵文學部的研究生所共用的研究室，說他的學生都非常用功，天天都在研究室中苦讀。他特別指著一個年紀不輕的洋人，說他非常勤奮好學，是比利時人，說法文的，他的梵文與藏文知識進展得非常快。他又強調一個佛教學者需要掌控最少八種語文，才算合格。這八種語文是梵文、藏文、巴利文、漢文等原典或古典翻譯的語文，和英文、日文、德文、法文，這是佛學研究的溝通語文。言談間明顯地傳達要我必須把語文文獻學學好的訊息。他又盛讚研究生御牧克己和助教桂紹隆的藏文了得，特別是御牧克己，他不單能看、能辨析古代的藏文殘卷，還能說流利的藏語。

梶山教授也曾帶我參觀上面提到的三個學部共用的圖書館，內中藏有很多梵文與藏文的古典佛教與印度哲學的文獻，又有大量現

代學者以英文、法文、德文和日文來寫的研究著書。其中自然也有大量在日本與歐美各地編集與印行的學報。各種語文的大藏經更是少不了的。他又帶我去見梵文學部的小林信彥助教授，委託他負責我在京大研習梵文的事。結果小林教授找了當時的研究生賴宮勝作我的私人導師，跟進我學習梵文的事。到了後期，小林教授又教我演讀梵文《薄伽梵歌》（*Bhagavad-gītā*）和《奧義書》（*Upaniṣad*）。費用是由文部省代支的。

關於我在京大學習梵文的事，梶山和小林兩位教授總是抱怨我進展得太慢，特別是小林教授，不止一次地督促我要加快步伐來學。他並說他們的學生（指本科大學生，不是指研究生或日本人所說的大學院生）學習的速度是我的兩倍至三倍！我心想這樣比較並不公平，我當時已經二十八歲，滿腦子是佛學、儒學與德國觀念論的概念、理論，又花了不少時間學習德文，他們的學生的腦袋仍是空洞的，自然容易把梵文裝進去。而且，他們比我年輕了幾乎十年，記憶力自然比較強。不過，我的確比他們慢了很多拍，小林教授這樣說我也沒有惡意，便只得硬著頭皮，加倍努力學習。不過，效果仍是不顯著。我顯然缺乏學習語文的天份與興趣。

梶山教授在京大開了兩門課，一門是梵文佛典的解讀，我既不懂梵文，聽日語又有困難，自然不能旁聽。我選了他的另一門課來旁聽，那是佛教概論、佛教史性質的。課室很大，最初出席聽課的人很多，其中有些看來顯然不是京大的學生，他們的年齡不輕，我揣測是慕名來旁聽的。梶山作為本來是帝國大學的京大教授，又有著作，應該具有一定的名氣。奇怪的是，最初課室聚集了二、三十個聽課的人，相當熱鬧，但聽下去，人數越來越少，不但那些慕名

來聽課的人看不見了，學生本身也少了。學期未到一半，已剩下幾個人了，「小貓幾隻」。但梶山並不介意，他根本不理會，還是沉悶地講下去。到了我出席的最後一次，只有兩個人在聽課，在我之外，是一個傻兮兮的小伙子。梶山還是不理，照樣悶悶地講課，他好像也未有察覺我也來聽他的課，而且是稀有的兩個捧場客中的一個哩。那次以後，我也耐不住沉悶，沒有再去了。這門課結局如何，是否因沒有人來聽課而中途被腰斬，我不知道。我只是想，梶山能坐上京大教授的位子，學問與研究成果（著作）應該是不錯的，至於講課的情況，大學的行政高層大概不會很注意。我也想到，有些教授是一個很好的學者，但不是很受歡迎的教師；有些教授不是一個很好的學者，但很能說話，能討學生歡喜。梶山教授大概是屬於前一種。

梶山教授給我的印象是自信心強、嚴苛，說話不大考慮別人的處境與感受，對別人不是 considerate。起碼這是我最初所得的印象。我有時甚至有這樣的想法，他是佛學專家、學者，但好像總是那樣的質實（rigid）、無情，好像在他的學問方面不受用，沒有佛教教義所倡導的那種慈悲、容讓、謙虛的懷抱。他的所學與他的生活，特別是待人處世方面不協調，有明顯的撕離。後來我想，梶山教授可能太專注於學術研究，致沒有足夠的思想的空間去反思人生的立身處事的問題。他所弄的學問，本來要求便很高，你需要弄懂多種極度難學但已失去生命力的語文，如梵文、巴利文與藏文（他所熟習的藏文是譯經性格的，不是西藏人日常所講的藏語），同時，他所專研的佛教邏輯與知識論又要你鑽入概念思維的坑洞之中，這種學問與我們的日常生活有一定的距離，你需要以很理智、客觀與冷靜的

心態去做研究，不能沾上情緒因素，不管是熱情也好，激情也好，一個人整天關在研究室中探究高深、煩難但缺乏實用性、遠離生命的學問，一出來時難免會對世界有陌生的感覺，對人生情緒上的波動起伏感到麻木。一句話說了：學問（專技的學問）無情而生活有情。梶山所研究的佛學，不是用世的學問、生命的學問，而是技術性格的、光板的甚至是悽冷的學問。你在這種研究中鑽探得愈深，你的生命會變得愈是僵硬化，你的動作會變得愈是機械化，而缺乏生活氣息，缺乏現實感，更不要說儒家的悲憫情懷與佛教的普渡眾生的悲願了。當時我想，梶山教授可能是一個很好的學者，但也是一個很普通的人，只是 a man in the street。我的結論是，倘若我的這種想法是正確的話，則他仍有值得自己學習的地方：作為一個一流的佛教學者的學問。我又認為倘若我們能妥善地處理這樣的學問，它仍可以是對生活、人生大有裨益的。

我於是開始留意梶山教授的學問歷程與著作。他畢業於京大佛教學部，受學於長尾雅人。畢業後留校任教，其間曾被當時京大的權威的中國佛教史學者塚本善隆賞識，邀請參加後者所主持的《肇論》（僧肇著）研究計劃。其後遊學印度與英國，在那爛陀（Nalanda）佛教研究中心研究中觀學（Mādhyamika）的清辨（Bhavaviveka, Bhavya）的思想；在倫敦亞非學院作特別研究。特別是，他在印度進行的清辨研究，引起了學界的注意。他又曾留學奧地利，在維也納大學（Uinversität Wien）聽法勞凡爾納（E. Frauwallner）的課。法氏是維也納學派（Wiencr Kreis）的倡導者，強調文獻學與哲學分析的雙軌研究法。當年聽課的，群英雲集，除梶山外，還有舒坦恩卡爾納（E. Steinkellner）、維特（T. Vetter）和舒密特侯遜（L. Schmithausen）。

梶山年齡較大,亦不為意,他只在求學問而已。有一段時期,他曾離開京大,到美國加州大學柏克萊校園研究與講學,那裏有一所佛學研究的中心(Program of Buddhist Studies),由般若文獻學者蘭卡斯特(L. Lancaster)主持,在我那個年代,收生很嚴,梶山能被邀往講學,並不簡單,這表示他的研究受到國際學術界的認同。

　　由上面所述看到,梶山教授在學術研究上的確很具上進心。日本一直是世界最大的佛學研究中心,梶山能入讀京大,已是得天獨厚。他還不滿足,還到印、歐、美留學,吸取外邊多方面的養分,成為國際學者。我自己後來在日本研究期滿後,又先後到德國和加拿大留學,恐怕也受到他的一定的影響。特別是,他提到藏文文獻的重要性(主要是就印度後期大乘佛學的發展言),勸勉我留意藏文,並表示半年便可掌握到它的文法,這是推動我後來自費多留在京大半年專攻藏文的動力之一。

　　作為文部省獎學金的 holder,有義務跟他的指導教授保持密切的聯繫。我自然不能例外,要定期找梶山教授討論和提出問題,報導自己的研究進展。我總是覺得,梶山對中國佛學缺乏好感,特別是在比較印度佛學與中國佛學方面。實際上,他對中國佛學的所知也不多,不夠深入,他和很多日本的佛教學者一樣,當論及整體的佛學發展時,是印度佛學中心論者,他們甚至推崇西藏佛學,以比較地貶抑中國佛學。不過,他們對中國佛學的理解,始終是限囿於前期的發展,例如僧肇、竺道生、六家七宗,及初期的佛性思想與涅槃思想而已。一涉及天台與華嚴,便顯得含糊,說不出其中的要旨,只能順著哲學史或思想史的脈絡來看。這與我後來以中道佛性來解讀天台,為它建立中道佛性詮釋學,完全不同,不能比較。不

過，我們主要還是圍繞著印度佛學為中心來談，梶山教授在這方面的學問的確很強，他對以下幾個論師的思想，尤其嫺熟：龍樹（Nāgārjuna）、清辨、月稱（Candrakīrti）、寂護（Śāntarakṣita, Śāntirakṣita）、蓮華威（Kamalaśīla）、寶作寂（Ratnākaraśānti）與脫作護（Mokṣākaragupta）。這基本上是中觀學的脈絡，龍樹是早期的，清辨與月稱是中期的，其他則是後期的。印度佛學發展到了後期，中觀學與唯識學（Vijñānavāda）已有合流的傾向，成為瑜伽行中觀派（Yogācāra-Mādhyamika）。他對龍樹與脫作護的哲學，尤其精熟。特別是脫作護，他以綜合的型態，把佛教知識論發展到圓熟階段，即以現量、比量和辯證思考來概括我們的認識能力。梶山曾把他的資料同時翻譯為日文與英文，我把梶山在這方面的研究都吸收進來，把它放入正在撰寫中的《佛教知識論》一書中。

說到寂護、蓮華威、寶作寂、脫作護、寶稱（Ratnakīrti）、智勝友（Jñānaśrimitra）、寂天（Śāntideva）、智作護（Prajñākaragupta）甚至法上（Dharmottara）與法稱（Dharmakīrti）這些晚期印度佛學的重要的思想家，我們中文學界對他們的認識實在太貧乏，在這方面我們委實有很廣大的努力的空間。梶山是這方面的研究的權威學者，他的逝世，無疑義地在這方面發出一個負面的訊號：能夠從梵文原典與西藏文翻譯來正確而深入地理解後期印度佛學的發展的強有力的學者越來越少了。

我每次見梶山教授，都預備了一些問題來請教他。他回應的態度並不一樣、一致。在牽涉到文獻學的問題方面，他顯得很嚴刻，很 harsh，認為我作為一個已擁有碩士學位（在當時來說）的年輕學者不應該提這樣的問題，他甚至說，連他們京大的佛教學部的本科

生都不會提出這樣的問題。對於一些關乎義理特別是具有辯證性格
的問題，他則有時顯得困惑，好像不知怎樣回應的樣子。很明顯，
我在香港中文大學的學習與研究背景和指標與他們京大方面的很不
相同。在京都大學，你要寫一篇有關印度佛學的修士（碩士）論文
而不懂梵文，是不可思議的、不能接受的。在中大，原典語文的知
識不是那麼重要，只要你提的問題有研究的價值，論證有據，懂不
懂原典語文或用不用原典文獻，是不太重要的。在我的年代，沒有
一個有資格指導學生寫研究院論文的老師是懂梵文的，甚至連日文
也不懂，你仍可以提交一篇研究印度佛學的碩士論文，不必涉及梵
文，也不必理會日本學者的有關研究，仍可以通過，甚至拿很高的
分數。我的〈唯識宗轉識成智理論問題之研究〉便是一個明顯的例
子。對於梶山教授的回應，在牽涉文獻學問題的負面的回應，我初
時不能接受，覺得被歧視，甚至有被羞辱的感覺。後來我漸漸了解
到，這不是歧視，也不是羞辱，而是日本的大學（特別是國立大學，
京大是帝國大學，自然是國立的）在佛學研究方面的作風，他們很重視
文獻學、原典的研究；在義理的分析上，他們看得比較輕，而中文
大學則剛好相反。一篇在義理的闡發上很有突出表現的哲學論文，
特別是佛學論文，在京大的這種重視文獻學的學術傳統下，可以被
評為不值一錢。

　　我有了這種理解後，便沒有介懷梶山教授對我提的問題的負面
回應。在他來說，所謂歧視、羞辱的問題是不存在的；他只是直腸
直肚，以他們國立大學的學術作風與標準來回應。你聽後感受如
何，他是不理會的。這個心結解開後，我反而覺得梶山教授的負面
意見對我來說具有正面的、積極的作用。我於是開始留意梶山教授

的著作，試圖理解它們的可取之處。大體來說，梶山的著作有些是以日文來寫的，有些是以英文來寫的，也有是以德文來寫的，但那是少數。他以英、德文來寫的東西，幾乎全是標準的、合乎國際學術規格的學術論文，其中很有一部分是涉及佛教邏輯亦即是因明學的。（他的學生和接班人御牧克己在一九八九年將他在這方面的論文搜集整理一過，以《佛教哲學研究》（*Studies in Buddhist Philosophy*）名義出版，很有利於學者對有關問題的研究。）不過，我所特別留意的，不是因明學方面的著作，而是他在有關龍樹哲學方面的研究。這則主要見於他與上山春平合著的《空の論理》一書中，其中的主體部分〈瞑想と哲學〉是他獨自寫的，成稿於上世紀六〇年代末期，介紹以龍樹的《中論》（Madhyamaka-kārikā）為主的中觀哲學。我當時已經能讀懂用日語寫的文字，便很仔細看這一部分，覺得梶山教授有他自己一套方法，去剖解龍樹的論證方式。關於這點，我在自己一些別的學術論文中和拙著《龍樹中論的哲學解讀》中有較周延的交代，有興趣的讀者可以找來看看，我不想在這篇悼念性質的文字中談論太多學術性的問題。當時我又追蹤梶山解讀龍樹的始末歷程，發現他很能利用前賢或時賢學者的研究成果，加以吸收、消化，又自己埋頭經營，最後發展出自己的解讀來。這些學者包拓宇井伯壽、中村元和李察·魯濱遜（R. Robinson）。梶山的這種做學問的方法，正符合現代學者所強調的所謂學術性研究（scholarship）觀念。即是，要研究某一問題，你先周遍地吸收既有的對這個問題的學術研究的成果，以這些成果為資糧，開發出自己的研究。這樣，你便可為自己的研究成績定位：你所說的，哪些部分是自己的創見，哪些部分是前人已經說過了。學術研究便依著這種方式不停邁進，知識便會愈累積愈豐富

起來。最後,我覺得梶山教授的這篇篇幅不算少的文字對我國學者和有興趣的朋友在理解龍樹及在他之後的論師的中觀學的思想很有幫助,便把它翻譯成中文,這便是《龍樹與中後期中觀學》（台北:文津出版社）一書的來由。

這樣,我便對梶山教授有了好感,繼續看他的其他著作,包括很具專技性的佛教邏輯的研究的論文,和一些較一般性的、較輕鬆的討論般若思想、空觀念、輪迴和淨土問題的書。由於這篇東西不是學術性的文字,梶山在這些方面的研究與看法,便擱下不贅了。自此之後,我去看他,即使他對我的提問發出很不客氣的、令人難受的回應,我也能處之泰然,並能反省一下,他的說法有沒有道理。

我的《龍樹中論的哲學解讀》初稿成立於上世紀八〇年代初期,所承接的研究,除了梶山教授的《龍樹與中後期中觀學》外,還包括由上世紀六〇年代末期至上世紀八〇年代初期的研究,特別是在歐美和印度方面的,那是梶山書所未及收入的。另外,我亦透過把龍樹的中觀學思想與中觀學在中國的發展,特別是僧肇、智顗與法藏的闡發,作比較而提出的,在這裏面包含有很多具啟發性的解讀內容,最明顯的是智顗把龍樹的二諦論發展為三諦論,從三諦論特別是中道或中道佛性的觀念來看龍樹的二諦論,你會較清晰地看到龍樹中觀學的特性與極限,這是對比著智顗對龍樹學的解讀與發揮才能抓到的。這是拙著超過梶山教授的《龍樹與中後期中觀學》的地方。不過,我不想做一個中觀學學者或中觀學專家,因而未由留意由上世紀八〇年代初期至目前的中觀學的研究,特別是歐、美、印方面的學者所獲致的。在這個意義下,我們可以說,拙

著比目下的中觀學研究落後了超過二十年，梶山教授的著作更不用說了。他在這二十多年之間，未聞有發表過研究龍樹中觀學的重要著作。不過，拙著中所表現的對龍樹中觀學的解讀，在方法論上肯定受到梶山教授的《龍樹與中後期中觀學》的影響、啟發，即是，先吸收已有的研究成果，然後再提出自己的解讀與詮釋。

時光飛逝。我從日本文部省拿的獎學金到一九七六年三月底便期滿，若要繼續留在日本做研究的話，便需申請續期，要向文部省呈上續期申請書，說明續期的原因，主要是你還要留在日本要做些甚麼研究。我也跟其他留學生一樣，申請續期，並把寫好的申請書的初稿拿給梶山教授看，讓他批閱修改。這是我第一次也是最後一次以日文來寫申請文字或報告。我是依足日語文法來寫的。梶山看後，問了一句：「這真是你自己寫的嗎？」我說「是」。他說寫得還不差哩，只是語句有點生硬，讓人讀起來感到不自在。這是梶山給我的第一句也是最後一句的讚詞。於是他替我作了些修改，然後便呈上文部省審查，等待結果。

結果下來了，申請不獲通過。那是文部省第一次要在支助外國留學生在日本進修這一事項上縮減經費之故。所有以研修員身份的申請都被駁回，只有在讀或即將讀博士課程（不是博士學位）的留學生的申請才有被考慮的機會。這是我們始料不及的。申請既不獲通過，我仍決定自費留在京大半年，目的只有一個，便是學習西藏文。校方要我找保證人，擔保我在這半年之內生活沒有問題。前此我留在京大，是由文部省作保的。關於擔保的事，我自然又去找梶山教授，請他作擔保。豈料他一口拒絕，表示自己不想涉入任何可能發生的錢銀方面的問題中。我大感詫愕，心想梶山怎麼會恁地冷

酷,在這點上對我也不信任。結果我只得找阿部正雄先生作保。後來我回想這件事,覺得梶山教授的這種做法,可能有他的個人理由,他是要保護自己,不想背上任何金錢上的風險。不過,他也太小看了我,我即使在這半年中生活有問題(日本的生活指數不低),也絕對不會找他幫忙,我有自己的辦法。

半年的西藏文學習完畢,我便返回香港。翌年我又飛到德國,繼續自己的佛學研究了。此後我和梶山教授便逐漸疏遠,只是在有機會到日本旅行或作訪問研究時去看他。最後一次跟他見面,是在二〇〇二年夏天。他來酒店看我,我請他到附近的京都飯店進午膳。他變了很多,身體消瘦,步履不穩,像是在生病的狀態中。他告訴我年前曾罹心臟病,在醫院留醫了一個多月。一切學術研究幾乎全部終止,也沒有到佛教大學教課了(他在京大退休後,一直在離自己住宅很近的佛教大學兼課)。不過,他的頭腦仍然非常清醒,思維敏捷,談起學術問題還是很具批判性。這便是我所認識的梶山雄一教授。

這不是一篇學術性的文字,因此我很少談及學術性研究的問題。我只想說,梶山教授的逝去,響起了日本的印度佛學研究界實力派時代的終結的警號。在此之前,是大師的年代,其中有中村元、金倉圓照、上田義文、長尾雅人、山口益、水野弘元,都是能獨當一面的學者,著作等身。梶山這一代,如他本人、北川秀則、服部正明、宮坂宥勝、戶崎宏正等,實力很強,但有惜墨如金的傾向,著作不多,但每有論著出來,幾乎都是佳作,在國際佛學研究界享有一定的地位,他們幾乎都受過維也納學派的文獻學、哲學雙軌研究法的影響,著作的國際性很強。梶山教授的功力,尤其深

厚；他所有的學術性論文，幾乎都受到國際學術研究界的關注。美中不足的是，他未有集中時間與精力寫出一、兩部有份量的巨著，像他的同輩北川、服部與戶崎那樣，這可能與他具有多方面興趣有關，像佛教中的女性問題和中國佛學的一些小問題也寫。不過，這無損於他的學術地位與貢獻。他們這一代可說是名師。再下一代，與我的輩分相若的，便不大成了。單就京都大學而言，佛教學部的御牧克己，印度哲學史學部的赤松明彥和梵文學部的德永忠雄，基本上都往文獻學方面鑽。在他們眼中，佛學研究幾乎等同梵典與藏譯的佛學典籍的解讀。御牧克己則特別有興趣向藏文殘卷中鑽，比他的老師梶山教授差得遠了。

二○○四年四月十六日

書　目

說明：如我在本書中提過，討論屈辱問題的學術論著比較少，反而討論憂鬱、抑鬱、狂燥等的論著則很多，它們基本上把這些問題作為心理學的問題來處理。屈辱不限於是心理學問題，更可以是一種現象學以至宗教現象學的問題，那便複雜得多。以下是我所選擇到的與屈辱問題的探討有多些關聯的參考論著，主要是英語、中語和日語方面的。英語的書比較多，但它們主要談羞恥（shame）、罪過（guilt）、情緒（emotion）、恐懼（fear）、焦慮（anxiety）、憂鬱（depression）、妒忌（envy）、受苦（suffering）等問題，其意思與屈辱自有交集，但不是完全相同，甚至沒有屈辱的那種不甘於受辱而要反彈的自強的現象學意味。中、日文的資料的問題更有混雜感，其中包括一些翻譯。這顯明地不是一個好的書目，但我的涉獵實在有限，所知不多，只能請讀者諒察。

Bendelow, G. a. Williams, S., *Emotions in Social Life*. London: Routledge, 1998.

Braithwaite, J., *Healing the Shame that Binds You*. Deerfield Beach FL: Health Communications Inc., 1988.

Braithwaite, J., *Crime, Shame and Reintegration*. Cambridge: Cambridge University Press, 1989

Broucek, F., *Shame and the Self.* New York: Guilford Press, 1991.

Coate, M. A., *Sin, Guilt and Forgiveness.* London: SPCK, 1994.

Delumeau, J. *Sin and Fear.* London: St. Martin's Press, 1990.

Ferguson, H., *Melancholy and the Critique of Modernity.* London: Routledge, 1995.

Fossum, M. a. Mason, M., *Facing Shame.* New York: W. W. Norton, 1986.

Jackson, S., *Melancholia and Depression.* New Haven: Yale University Press, 1986.

Kierkegaard, S., *The Concept of Anxiety.* Tr. Reidar Thomte, Princeton: Princeton University Press, 1980.

Klein, M., *Envy and Gratitude.* London: Virago, 1988.

Oksenberg Rotty, A. (ed.) *Explaining Emotions.* Berkeley: University of California Press, 1980.

Pattison, S., *Shame: Theory, Therapy, Theology.* Combridge: Cambridge University Press, 2005.

Perkins, J., *The Suffering Self.* London: Routledge, 1995.

Rowe, D., *Depression.* London: Routledge, 1983.

Tillich, P., *The Courage to Be.* London：Fontana, 1962.

柯慈（J. M. Coetzee）著，孟祥森譯《屈辱》，台北：天下遠見出版股份有限公司，2003。

霍普克（Robert H. Hopcke）著，蔣韜譯《導讀榮格》，台北：立緒文化事業有限公司，1997。

榮格（Carl G. Jung）等著，龔卓軍譯《人及其象徵》，台北：立

緒文化事業有限公司，1999。

凱博文（A. Kleiman）著，陳新綠譯《談病說痛：人類的受苦經驗
　　與痊癒之道》，香港：榆林書店有限公司，1997。

佩塞施基安（N. Peseschkian）、波斯曼（U. Boessmann）著、張寧
　　譯《恐懼與抑郁》，北京：社會科學出版社，2000。

舍勒（M. Scheler）著、羅悌倫、林克、曹衛東譯《價值的顛
　　覆》，香港：牛津大學出版社，1996。

申荷永著《榮格與分析心理學》，廣州：廣東高等教育出版社，
　　2004。

陳士涵著《人格改造論》上下卷，上海：學林出版社，2001。

劉翔平著《尋找生命的意義：弗蘭克爾的意義治療學說》，武漢：
　　湖北教育出版社，1999。

劉耀中、李以洪著《榮格心理學與佛教》，北京：東方出版社，
　　2004。

A.タトシアン（A.Tatossian）著，小川豐昭、山中哲夫譯《精神病
　　の現象學》，東京：株式會社みすず書房，1998。

金子晴勇著《聖なるものの現象學：宗教現象學入門》，京都：世
　　界思想社，1996。

北野裕通著《自覺の現象學》，京都：行路社，1999。

木村敏著《分裂病の現象學》，東京：弘文堂，1997。

峰島旭雄編《宗教の現象學》，大阪：東方出版，1984。

山口一郎著《現象學ことはじめ：日常に目覺めること》，東京：
　　日本評論社，2002。

國家圖書館出版品預行編目資料

屈辱現象學

吳汝鈞著. – 初版. – 臺北市：臺灣學生，2008.05
面；公分
參考書目：面

ISBN 978-957-15-1405-5(精裝)
ISBN 978-957-15-1404-8(平裝)

1. 吳汝鈞 2. 傳記 3. 現象學

782.886   97006307

屈 辱 現 象 學 (全一冊)

著　作　者：吳　　　　　汝　　　　　鈞
出　版　者：臺 灣 學 生 書 局 有 限 公 司
發　行　人：盧　　　　　保　　　　　宏
發　行　所：臺 灣 學 生 書 局 有 限 公 司
　　　　　　臺 北 市 和 平 東 路 一 段 一 九 八 號
　　　　　　郵 政 劃 撥 帳 號：0 0 0 2 4 6 6 8
　　　　　　電　話：（0 2）2 3 6 3 4 1 5 6
　　　　　　傳　眞：（0 2）2 3 6 3 6 3 3 4
　　　　　　E-mail：student.book@msa.hinet.net
　　　　　　http：//www.studentbooks.com.tw
本書局登
記證字號　：行政院新聞局局版北市業字第玖捌壹號
印　刷　所：長　欣　印　刷　企　業　社
　　　　　　中 和 市 永 和 路 三 六 三 巷 四 二 號
　　　　　　電　話：（0 2）2 2 2 6 8 8 5 3

定價：精裝新臺幣四八○元
　　　平裝新臺幣四○○元

西 元 二 ○ ○ 八 年 五 月 初 版